经济数学

主　编　蒋秋浩
副主编　盛海林

东南大学出版社

图书在版编目(CIP)数据

经济数学／蒋秋浩主编．—南京：东南大学出版社，2007.8（2015．8重印）

ISBN 978-7-5641-0827-4

Ⅰ．经… Ⅱ．蒋… Ⅲ．经济数学 Ⅳ．F224.0

中国版本图书馆CIP数据核字(2007)第115639号

东南大学出版社出版发行

（南京四牌楼2号 邮编210096）

出版人：江建中

江苏省新华书店经销 江苏凤凰盐城印刷有限公司

开本：787mm×1092mm 1/16 印张：12.75 字数：315千字

2007年8月第1版 2015年8月第3次印刷

ISBN 978-7-5641-0827-4/O．50

印数：6001—8000册 定价：24.00元

前　言

一种科学，只有成功地运用数学时才达到了真正完善的地步.随着科学技术的飞速发展，数学在经济、管理等领域的应用显得越来越重要.为了让从事经济、管理的工作者更多更好地掌握经济领域中常用的数学知识和数学方法，编写一本既系统全面又通俗易懂的教材尤为重要.

本书在编写时注重数学思想的渗透，重视对数学概念的产生及发展的分析.在内容上由浅入深，既保持了数学理论的系统性，又重点突出了数学方法在经济、管理等领域中的应用.对经济、管理领域中广泛涉及的生产成本、商品需求、价格弹性及边际分析等常用概念，从数学的角度给以定量描述与分析计算.在第10章还介绍了经济、管理学上常用的数学模型，便于经济、管理学工作者参考查阅.

本书的第1、2、3、4、5章由蒋秋浩编写，第6、7、8、9、10章由盛海林编写.

在本书出版之际，特别要感谢王艾、李雪玲、王菲等老师为本书做了大量的校对工作，并提出了许多宝贵的意见.

尽管编者力求本书在系统性、应用性、严格性等方面达到完美统一，但囿于水平有限，加之时间仓促，谬误与不当之处恳请广大读者批评指正.

编　者

2007年7月

目　录

第 1 章　函数与极限 …… (1)

1.1　函数概念 …… (1)

1.2　函数的几种特性 …… (5)

1.3　反函数 …… (7)

1.4　基本初等函数及其图形 …… (8)

1.5　复合函数、初等函数 …… (13)

1.6　极坐标 …… (14)

1.7　简单的经济函数 …… (15)

1.8　数列极限 …… (18)

1.9　函数极限 …… (22)

1.10　极限的运算法则及存在准则 …… (25)

1.11　无穷小与无穷大 …… (31)

1.12　函数的连续性 …… (33)

习题 1 …… (37)

第 2 章　导数与微分 …… (40)

2.1　导数概念 …… (40)

2.2　求导法则 …… (43)

2.3　高阶导数 …… (47)

2.4　反函数和复合函数求导法则 …… (49)

2.5　隐函数与参数方程确定的函数的导数 …… (51)

2.6　函数的微分 …… (54)

2.7　导数概念在经济学中的应用 …… (59)

习题 2 …… (62)

第 3 章　中值定理与导数的应用 …… (65)

3.1　中值定理 …… (65)

3.2　罗必塔法则 …… (68)

3.3*　泰勒公式 …… (70)

3.4　函数单调性的判别法 …… (73)

3.5　函数的极值与最值 …… (75)

3.6　曲线的凹凸性、拐点与渐近线 …… (79)

3.7　函数图形的描绘…………………………………………………………(81)
3.8　最大(小)值在经济方面应用举例………………………………………(83)
习题 3 ……………………………………………………………………(84)

第 4 章　不定积分 ………………………………………………………(87)
4.1　原函数与不定积分的概念………………………………………………(87)
4.2　不定积分的性质与基本积分公式………………………………………(89)
4.3　换元积分法………………………………………………………………(91)
4.4　分部积分法………………………………………………………………(96)
4.5　简单有理分式函数的积分法……………………………………………(97)
习题 4 ……………………………………………………………………(99)

第 5 章　定积分及其应用……………………………………………………(102)
5.1　定积分的概念 …………………………………………………………(102)
5.2　定积分的基本性质 ……………………………………………………(105)
5.3　微积分基本定理 ………………………………………………………(108)
5.4　定积分的换元法与分部积分法 ………………………………………(110)
5.5　广义积分 ………………………………………………………………(112)
5.6　定积分的应用 …………………………………………………………(115)
习题 5 ……………………………………………………………………(119)

第 6 章　多元函数微分学……………………………………………………(121)
6.1　空间解析几何简介 ……………………………………………………(121)
6.2　多元函数的一般概念 …………………………………………………(125)
6.3　偏导数 …………………………………………………………………(128)
6.4　全微分 …………………………………………………………………(130)
6.5　复合函数的微分法 ……………………………………………………(132)
6.6　隐函数的求导方法 ……………………………………………………(134)
6.7　多元函数的极值 ………………………………………………………(135)
习题 6 ……………………………………………………………………(140)

第 7 章　二重积分……………………………………………………………(142)
7.1　二重积分的概念与性质 ………………………………………………(142)
7.2　直角坐标系下二重积分的计算 ………………………………………(144)
7.3　极坐标下二重积分的计算 ……………………………………………(147)
习题 7 ……………………………………………………………………(149)

第 8 章　无穷级数……………………………………………………………(151)
8.1　无穷级数的概念 ………………………………………………………(151)

8.2　无穷级数的基本性质 …… (152)
8.3　正项级数 …… (154)
8.4　交错级数、绝对收敛和条件收敛 …… (158)
8.5　幂级数 …… (160)
8.6　函数展开成幂级数 …… (165)
习题 8 …… (171)

第 9 章　微分方程与差分方程 …… (173)
9.1　微分方程的一般概念 …… (173)
9.2　一阶微分方程 …… (173)
9.3　可降阶的高阶微分方程 …… (177)
9.4　二阶常系数线性微分方程 …… (178)
9.5　差分方程的一般概念 …… (182)
习题 9 …… (184)

第 10 章　经济数学模型简介 …… (186)
10.1　数学建模的基本方法和步骤 …… (186)
10.2　经济数学模型的例子 …… (187)

参考文献 …… (194)

第 1 章　函数与极限

本经济数学课程的主要内容是微积分及其应用.微积分与初等数学是有很大区别的,初等数学研究的主要是常量及其运算,而微积分研究的主要是变量之间的依赖关系.函数正是这种依赖关系的体现.函数是微积分中最重要的基本概念.本章将在复习中学有关函数内容的基础上,进一步研究函数的性质、极限和函数的连续性等基本概念,这些内容是学习本课程必需掌握好的基础知识.

1.1　函数概念

1.1.1　区间与邻域

1. 集合

集合概念是数学中一个原始的概念,就是说,它不能用更简单的概念定义,通常可把所考察的各个确定的对象汇总称为一个集合,而每个考察对象都称为这个集合的元素.例如,全体自然数汇总起来就是一个集合,其中每个自然数就是这一集合的元素.又如,一个教室里的学生汇总起来就是一个集合,其中每个学生就是这一集合的元素.一般地说,所谓集合(或简称集)是指具有特定性质的一些事物的总体.

集合一般用大写的拉丁字母表示,即 $A,B,C,\cdots$;元素用小写的拉丁字母表示,即 $a,b,c,\cdots$.

集合常用的表示法有列举法和描述法两种.

用列举法表示集合,是将组成集合的所有元素一一列举在一个大括号内,且列举时不计元素的排列顺序.例如,集合

$$A=\{1,3,5\},\quad B=\{(1,1),(1,2),(2,1)\},\quad C=\{1,\frac{1}{2},\frac{1}{3},\cdots\}$$

分别是由有限个元素或无限个元素组成的集合.

用描述法表示集合,是把描述集合中元素的公共属性或表示集合中元素的规律写在大括号内,一般的描述方法是$\{X \mid X$具有的性质$\}$.例如,集合

$$A=\{(x,y)\mid x^2+y^2=1\}$$

表示 $x^2+y^2=1$ 上的所有点构成的集合.

设 a 是集合 A 的元素,就称集合 A 含有元素 a,或称 a 属于 A,记为 $a\in A$,其中记号"$\in$"读作"属于";$a\notin A$ 表示 a 不属于 A,其中记号"$\notin$"读作"不属于".

我们把不含有任何元素的集合称为空集,记为 $\varnothing$.例如,$\{x\mid x^2<0$ 且 x 为实数$\}=\varnothing$.

2. 实数的绝对值

实数的绝对值有如下性质：

(1) 对于任意的 $x \in \mathbf{R}$，有 $|x| \geqslant 0$，当且仅当 $x=0$ 时，才有 $|x|=0$；

(2) 对于任意的 $x \in \mathbf{R}$，有 $|-x|=|x|$；

(3) 对于任意的 $x \in \mathbf{R}$，有 $-|x| \leqslant x \leqslant |x|$.

关于实数四则运算的绝对值，有以下的结论：对任意的 $x, y \in \mathbf{R}$，恒有

(1) $|x+y| \leqslant |x|+|y|$（三角不等式）；

(2) $|x-y| \geqslant ||x|-|y|| \geqslant |x|-|y|$；

(3) $|xy|=|x||y|$；

(4) $\left|\dfrac{x}{y}\right|=\dfrac{|x|}{|y|}\ (y \neq 0)$.

我们来证明结论(1)，其余的结论留给读者去完成.

证 有

$$-|x| \leqslant x \leqslant |x|, \quad -|y| \leqslant y \leqslant |y|$$

于是

$$-(|x|+|y|) \leqslant x+y \leqslant |x|+|y|$$

所以

$$|x+y| \leqslant |x|+|y|$$

例 1-1 解不等式 $0<(x-2)^2<4$.

解 由绝对值性质可得

$$0<|x-2|<2$$

即有 $-2<x-2<2$ 且 $x-2 \neq 0$，所以 $0<x<4$ 且 $x \neq 2$.

3. 区间与邻域

区间是高等数学中常用的实数集，包括四种有限区间和五种无限区间.

(1) 闭区间：$[a,b]=\{x \mid a \leqslant x \leqslant b\}$；

(2) 开区间：$(a,b)=\{x \mid a<x<b\}$；

(3) 半开区间：$(a,b]=\{x \mid a<x \leqslant b\}$，$[a,b)=\{x \mid a \leqslant x<b\}$；

(4) 无限区间：$(a,+\infty)=\{x \mid a<x<+\infty\}$，$[a,+\infty)=\{x \mid a \leqslant x<+\infty\}$，$(-\infty,b)=\{x \mid -\infty<x<b\}$，$(-\infty,b]=\{x \mid -\infty<x \leqslant b\}$，$(-\infty,+\infty)=\{x \mid -\infty<x<+\infty\}$.

以上，a,b 为确定的实数，分别称为区间的左端点和右端点；闭区间$[a,b]$，半开区间$[a,b)$及$(a,b]$，开区间(a,b)为有限区间；有限区间的左、右端点之间的距离 $b-a$ 称为区间长度；$+\infty$ 与 $-\infty$ 分别读作“正无穷大”、“负无穷大”，它们不表示任何数，仅仅是记号.

区间在数轴上的表示如图 1-1 所示.

邻域也是在高等数学中常用的概念.

称实数集 $\{x \mid |x-a|<\delta\}$ 为 a 的 δ 邻域，记作 $U(a,\delta)$，a 称为邻域的中心，δ 称为邻域的半径. 由邻域的定义知

$$U(a,\delta)=(a-\delta, a+\delta)$$

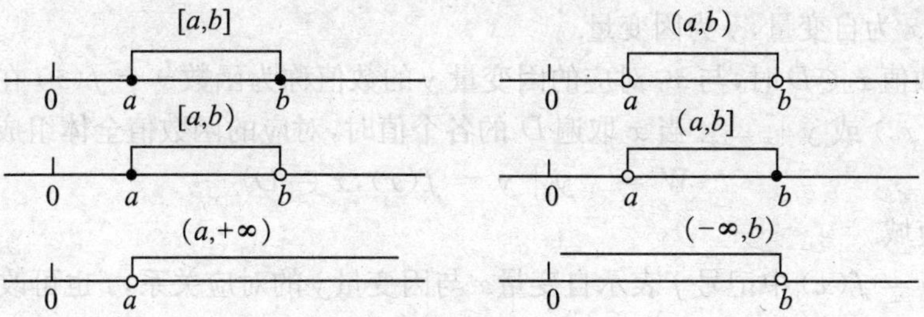

图 1-1

表示分别以 $a-\delta, a+\delta$ 为左、右端点，区间长度为 2δ 的开区间(见图 1-2(a)).

在 $U(a,\delta)$ 中去掉中心 a，实数集

$$\{x \mid 0 < |x-a| < \delta\}$$

称为点 a 的去心 δ 邻域，记作 $\mathring{U}(a,\delta)$，显然 $\mathring{U}(a,\delta)=(a-\delta,a)\cup(a,a+\delta)$(见图 1-2(b)).

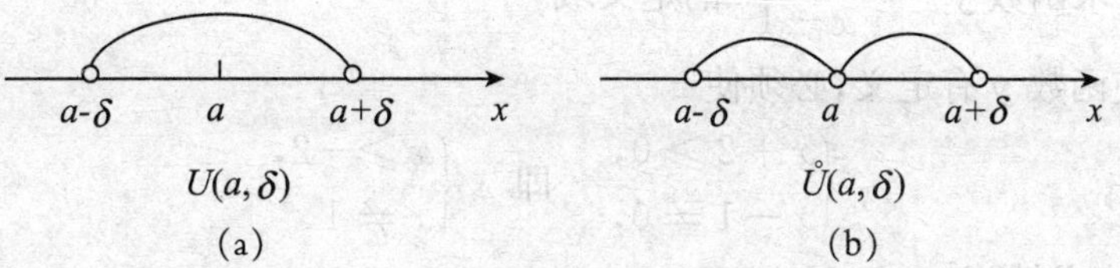

图 1-2

1.1.2　函数概念

1. 变量与常量

在人们观察自然现象或社会现象的过程中，经常遇到一些量，例如温度、时间、路程、长度、面积、物价、成本、利润、收益等. 有的量在观察过程中保持固定的数值，称为常量，通常用字母 $a,b,c,\cdots$ 表示；另一些量在观察过程中会不断变化，称为变量，通常用字母 $x,y,z,\cdots$ 表示.

常量在数轴上表示为一个定点，变量在数轴上则表示为一个动点.

常量与变量是相对的，不是绝对的. 例如，重力加速度 g 在同一地点来考虑，是常量，在不同地点来考虑，是变量；又如，在一定时间间隔内，某种商品的价格，在计划经济模式中是常量，在市场经济模式中是变量.

2. 函数的概念

在研究实际问题时，所涉及的两个变量之间常会具有某种确定的关系. 例如，圆的面积 S 与半径 r 之间便存在这样的关系：对于给定的半径 r，面积 S 可按公式 $S=\pi r^2$ 唯一确定；又如，当某商品的售价 a 不变时，若知道月销售量 x，那么月销售额 y 也就确定了：它们之间的依赖关系可用公式 $y=ax$ 表示.

抽去上面例子中所考虑的量的实际意义，它们都表达了两个变量之间的依赖关系，这种依赖关系给出了一种对应规则，根据这种规则，当其中一个变量在某变化范围内任意取定一个数值时，另一个变量就有确定的值与之对应. 两个变量之间的这种依赖关系称为函数关系.

定义 1.1　设 x 和 y 是两个变量，D 是一个给定的数集. 如果对于每一个 $x\in D$，变量 y 按照一定的法则总有确定的值与之对应，则称 y 是 x 的函数，记作 $y=f(x)$. 称 D 为该函数

的定义域,称 x 为自变量,y 为因变量.

当 x 取数值 $x_0 \in D$ 时,与 x_0 对应的因变量 y 的数值称为函数 $y=f(x)$ 在点 x_0 处的函数值,记为 $f(x_0)$ 或 $y\big|_{x=x_0}$. 当 x 取遍 D 的各个值时,对应的函数值全体组成的数集

$$W=\{y \mid y=f(x), x\in D\}$$

称为函数的值域.

在函数 $y=f(x)$ 中记号 f 表示自变量 x 与因变量 y 的对应关系,f 也可改用其他字母,如 F,Φ,Ψ 等.

由函数定义可以看出,函数关系和定义域是函数的两个要素,在描述一个函数时,必须说明这两个要素. 如果两个函数的对应法则 f 和定义域 D 都相同,则称这两个函数相同,否则就是不同的. 至于自变量和因变量用什么符号表示则无关紧要. 例如,函数 $y=f(x)(x\in D)$ 与 $u=f(v)(v\in D)$ 就是同一函数.

例 1-2 求函数 $y=\dfrac{\sqrt{x+2}}{x-1}$ 的定义域.

解 要使函数 y 有定义,必须使

$$\begin{cases}x+2\geqslant 0,\\ x-1\neq 0,\end{cases}\quad 即\quad \begin{cases}x\geqslant -2,\\ x\neq 1\end{cases}$$

故所求函数的定义域为 $[-2,1)\cup(1,+\infty)$.

例 1-3 下列各对函数是否相同?为什么?

(1) $f(x)=\cos x, g(x)=\sqrt{1-\sin^2 x}$;

(2) $f(x)=|x|, g(x)=\sqrt{x^2}$.

解 (1) 注意到 $\sqrt{1-\sin^2 x}=|\cos x|$,所以,当 $2k\pi-\dfrac{\pi}{2}\leqslant x\leqslant 2k\pi+\dfrac{\pi}{2}(k\in \mathbf{Z})$ 时,有

$$\sqrt{1-\sin^2 x}=\cos x$$

当 $(2k+1)\pi-\dfrac{\pi}{2}\leqslant x\leqslant (2k+1)\pi+\dfrac{\pi}{2}(k\in \mathbf{Z})$ 时,有

$$\sqrt{1-\sin^2 x}=-\cos x$$

因此,虽然它们的定义域都为 $(-\infty,+\infty)$,但它们的对应法则不相同,所以不是同一个函数.

(2) $f(x)$ 与 $g(x)$ 相同,因为它们的对应法则相同,定义域均为 $(-\infty,+\infty)$.

1.1.3 函数的表示法

函数的表示法多种多样,它反映了各种变量与变量之间关系的不同体现方法. 函数常用的表示方法有如下三种.

1. 公式法

用数学式子表示自变量和因变量之间的对应关系,叫做公式法.

2. 表格法

在实际应用中,常将一系列自变量与对应的函数值列成表. 它的优点是可以直接从自变量查对应的函数值. 统计数据、经济分析等各种因素之间的关系,就是常用表格形式反映的,以便从中找出规律.

3. 图示法

函数 $y=f(x)$ 在其定义域内取一个数 x 时，相应地就得到一个 y 值，在平面直角坐标系 xOy 中就以 x,y 为坐标确定一个点 $M(x,y)$，当 x 在定义域内变化时，$M(x,y)$ 就在平面上运动并描出一条曲线，这条曲线叫做函数 $y=f(x)$ 的图像. 因此，函数也可以由平面上的曲线表示，这种表示函数的方法叫做图示法. 它的优点是直观性强，函数的主要特征在图上一目了然.

以上三种方法是最常用的表示法，根据三者的特点，通常可以结合使用.

1.1.4　分段函数

一个函数在其定义域内不同部分用不同的公式表示，这种函数称为分段函数.

例如

$$f(x)=\begin{cases} x-1, & x<0, \\ 0, & x=0, \\ x^2+1, & x>0 \end{cases}$$

是定义在 $(-\infty,+\infty)$ 上的分段函数.

对分段函数求函数值时要注意自变量的取值范围，当 x 属于哪个集合时，就用该集合对应的式子计算.

如上例

$$f(1)=(x^2+1)\big|_{x=1}=2$$

$$f(-1)=(x-1)\big|_{x=-1}=-2$$

应当注意，分段表示的函数是用几个公式合起来表示一个函数，不能理解为几个函数. 经济分析当中函数常用分段函数表示.

1.2　函数的几种特性

1.2.1　函数的有界性

定义 1.2　设函数 $y=f(x)$ 定义在数集 D 上，如果存在常数 $M>0$，对任意 $x\in D$，有 $|f(x)|\leqslant M$，则称函数 $y=f(x)$ 在 D 上有界；如果不存在这样的 M，则称 $f(x)$ 在 D 上无界.

特别地，若存在数 p（或 q），对任意的 $x\in D$，有 $f(x)\leqslant p$（或 $f(x)\geqslant q$），则称函数 $y=f(x)$ 在 D 上有上界（或有下界）.

显然，函数 $y=f(x)$ 在 D 上有界是指既有上界又有下界.

例 1-4　判断 $y=\sin x$ 在 $(-\infty,+\infty)$ 上是否有界.

解　因为对于任意 $x\in(-\infty,+\infty)$，恒有 $|\sin x|\leqslant 1$，所以 $y=\sin x$ 在 $(-\infty,+\infty)$ 上有界.

例 1-5　判断 $y=\dfrac{1}{x-1}$ 在 $(1,+\infty)$ 内是否有下界.

解 因为对于任意 $x \in (1,+\infty)$，都有 $\dfrac{1}{x-1} > 0$，所以 $y = \dfrac{1}{x-1}$ 在 $(1,+\infty)$ 内有下界.

应该注意，函数的有界性与所取数集有关. 例如，函数 $f(x) = \dfrac{1}{x}$ 在区间 $(1,2)$ 内是有界的，而在区间 $(0,2)$ 内无界.

1.2.2 函数的单调性

定义 1.3 设函数 $y = f(x)$ 在数集 D 上有定义，如果对 D 中任意两点 x_1, x_2 且 $x_1 < x_2$，有 $f(x_1) < f(x_2)$（或 $f(x_1) > f(x_2)$），则称函数 $f(x)$ 在 D 上单调增加（或单调减少），也称函数在 D 上是单调的. 如果 D 为区间，则称 D 是 $y = f(x)$ 的单调区间.

单调增加的函数的图形是沿 x 轴正向逐渐上升的（如图 1-3 所示）；单调减少的函数的图形是沿 x 轴正向逐渐下降的（如图 1-4 所示）.

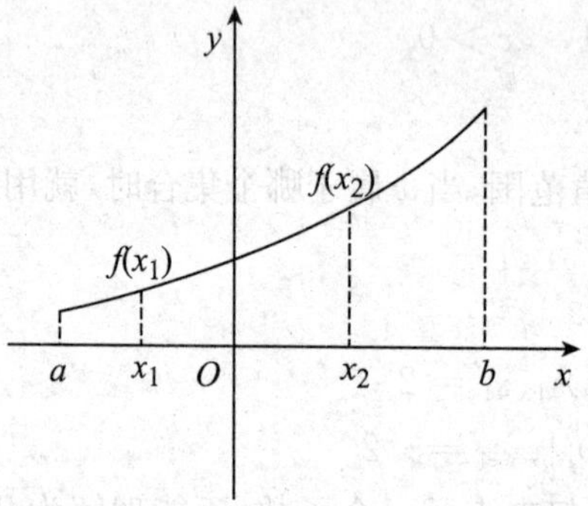

图 1-3

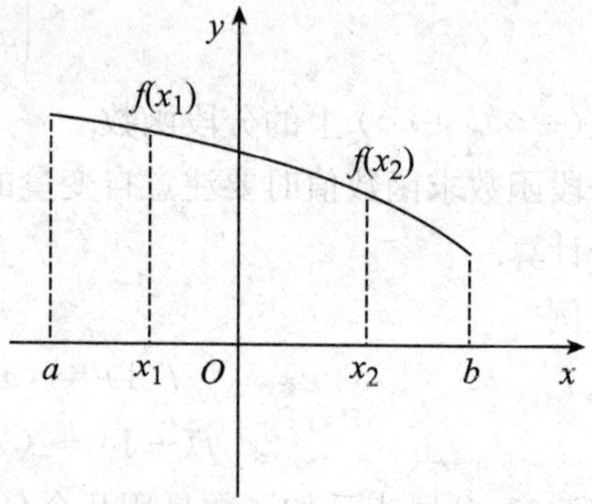

图 1-4

例 1-6 证明 $y = x^3$ 在实数域 $\mathbf{R}$ 上是单调增加的.

证 对任意 $x_1, x_2 \in \mathbf{R}$，设 $x_1 < x_2$，有 $x_1^3 < x_2^3$，因此有 $f(x_1) < f(x_2)$，所以 $y = x^3$ 在 $\mathbf{R}$ 上是单调增加的.

有些函数在定义域上并不是单调的，但在部分区间上是单调的. 例如，$y = x^2$ 在 $(-\infty,0)$ 内单调减少，在 $(0,+\infty)$ 内单调增加，在实数域 $\mathbf{R}$ 上不是单调的.

1.2.3 函数的奇、偶性

定义 1.4 设 $y = f(x)$ 的定义域 D 关于原点对称，如果对于任意的 $x \in D$，有 $f(-x) = f(x)$（或 $f(-x) = -f(x)$），则称 $f(x)$ 在 D 上是偶函数（或奇函数）. 偶函数的图形关于 y 轴对称，奇函数的图形关于原点对称.

1.2.4 函数的周期性

定义 1.5 设函数 $y = f(x)$ 定义在数集 D 上，如果存在正数 T，对于任意的 $x \in D$，使得 $f(x+T) = f(x)$ 恒成立，则称 $f(x)$ 在 D 上是周期函数，称 T 为 $f(x)$ 的周期.

显然，若 T 是周期函数 $f(x)$ 的周期，则 kT 也是 $f(x)$ 的周期（k 为非零整数）. 通常说的周期函数的周期是指最小正周期.

例如，函数 $y = \sin x$ 及 $y = \cos x$ 都是以 2π 为周期的周期函数；函数 $f = \tan x$ 及 $y = \cot x$ 都是以 π 为周期的周期函数.

1.3　反函数

设函数 $y = f(x)$ 的定义域为 D，值域为 W，因为 W 是由函数值组成的数集，所以对每一个 $y_0 \in W$，必定有 $x_0 \in D$ 使得 x_0 与之对应，即 $f(x_0) = y_0$ 成立. 这样的 x_0 可能不止一个，如图 1－5 所示.

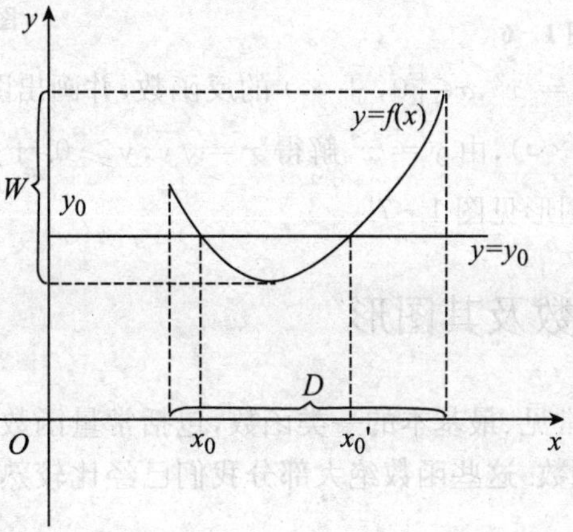

图 1－5

一般地，对于任意的 $y \in W$，至少存在一个 $x \in D$，使得 x 与 y 相对应，且满足

$$f(x) = y$$

按照函数的定义，如果把 y 看成是自变量，把 x 看成是因变量，便得到一个新的函数. 称这个新的函数为 $y = f(x)$ 的反函数，记作 $x = \varphi(y)$，其定义域为 W，值域为 D. 这个新的函数关系是源于函数 $y = f(x)$ 的. 相对于反函数来说，称函数 $y = f(x)$ 为直接函数.

由图1-5可知，即使 $y = f(x)$ 是单值函数，也不能保证其反函数 $x = \varphi(y)$ 是单值函数. 例如 $y = x^2$ 或 $y = \sin x$，它们都是单值函数，但它们的反函数都不是单值函数.

如果函数 $y = f(x)$ 不但是单值的而且是单调的，则其反函数 $x = \varphi(y)$ 也一定是单值并且是单调的.

设函数 $y = f(x)$ 的反函数为

$$x = \varphi(y)$$

则其在直角坐标系 xOy 上的图形与 $y = f(x)$ 的图形是一致的. 习惯上，常用 x 来表示自变量，y 表示函数，所以我们可以将反函数改写成

$$y = \varphi(x)$$

由于改变了自变量和因变量的记号，因而反函数 $y = \varphi(x)$ 在直角坐标系 xOy 中的图形与 $y = f(x)$ 的图形是关于直线 $y = x$ 对称的(见图 1－6).

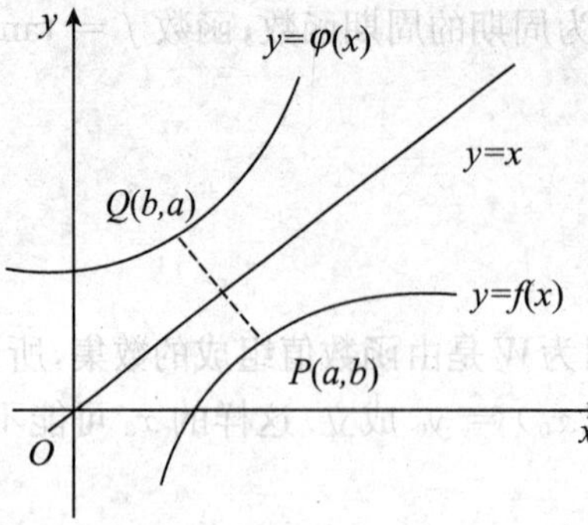

图 1-6

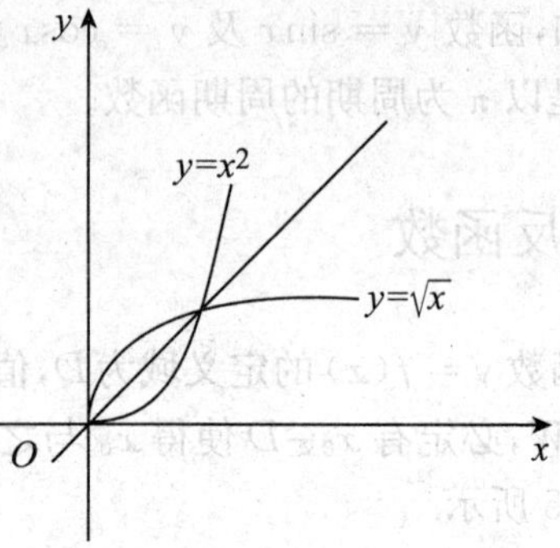

图 1-7

例 1-7　求函数 $y=x^2$，$x\in[0,+\infty)$ 的反函数，并画出图形.

解　因为 $x\in[0,+\infty)$，由 $y=x^2$ 解得 $x=\sqrt{y}$，$y\geqslant 0$. 于是所求函数的反函数为 $y=\sqrt{x}$，$x\in[0,+\infty)$，其图形见图 1-7.

1.4　基本初等函数及其图形

基本初等函数是最常见、最基本的一类函数，包括常量函数、幂函数、指数函数、对数函数、三角函数和反三角函数. 这些函数绝大部分我们已经比较熟悉，下面给出这些函数的简单性质和图形.

1.4.1　常量函数 $y=c$（c 为常数）

常量函数的定义域为$(-\infty,+\infty)$. 这是最简单的一类函数，无论 x 取何值，y 都取常数 c（见图 1-8）.

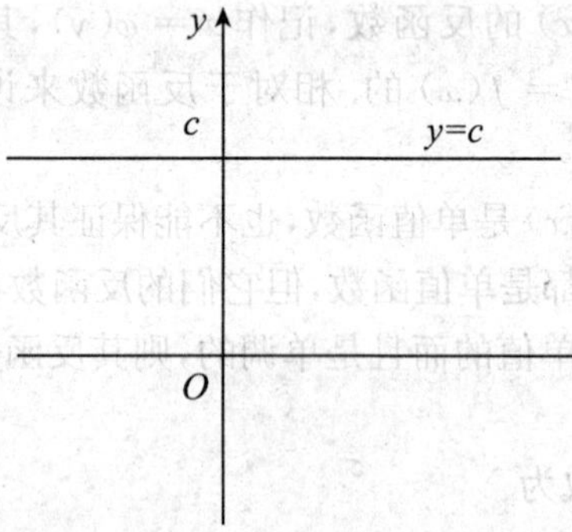

图 1-8

1.4.2　幂函数 $y=x^\mu$（μ 为常数）

幂函数的定义域随 μ 的不同而不同. 但无论取何值，它在$(0,+\infty)$内都有定义，而且图形都经过(1,1)点（见图 1-9）.

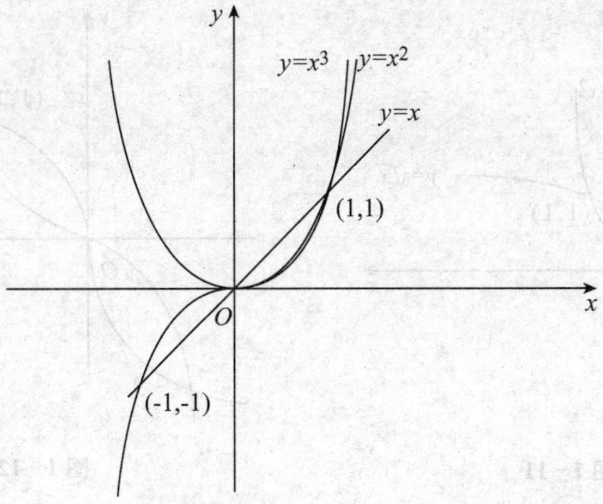

图 1 - 9

(1) 当 μ 为正整数时，x^μ 的定义域为$(-\infty,+\infty)$. 图 1 - 9 给出函数 $y=x^\mu$ 当 μ 取几个不同正整数时的图像. 容易验证，当 μ 为正奇数时，函数 $y=x^\mu$ 为单调增加的奇函数；当 μ 为正偶数时，函数 $y=x^\mu$ 则为偶函数. 所以这些函数所描绘出的曲线都通过点$(0,0)$与$(1,1)$. 当 μ 为正奇数时还通过点$(-1,-1)$，当 μ 为正偶数时，通过点$(-1,1)$.

(2) 当 μ 为负整数时，x^μ 的定义域为$(-\infty,0)$ 和$(0,+\infty)$. 图 1 - 10(a) 给出了当 μ 为负奇数时的几个图像；图 1 - 10(b) 给出了当 μ 为负偶数时的几个图像.

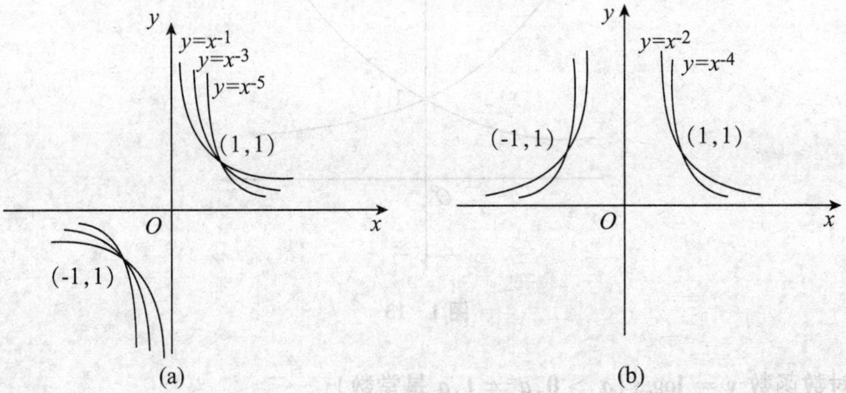

图 1 - 10

(3) 当 μ 为有理数时，情况较为复杂，仅举两例讨论.

例 1 - 8　讨论函数 $y=x^{\frac{1}{2}}$，$x\in[0,+\infty)$ 的单调性，并画出图像.

解　它是函数 $y=x^2$，$x\in[0,+\infty)$ 的反函数. 函数 $y=x^{\frac{1}{2}}$ 在$[0,+\infty)$ 上单调增加，其图像如图 1 - 11 所示.

例 1 - 9　讨论函数 $y=x^{\frac{1}{3}}$，$x\in(-\infty,+\infty)$ 的单调性，并画出图像.

解　它是函数 $y=x^3$ 的反函数，故在定义域上是单调增加的，其图像如图 1 - 12 所示.

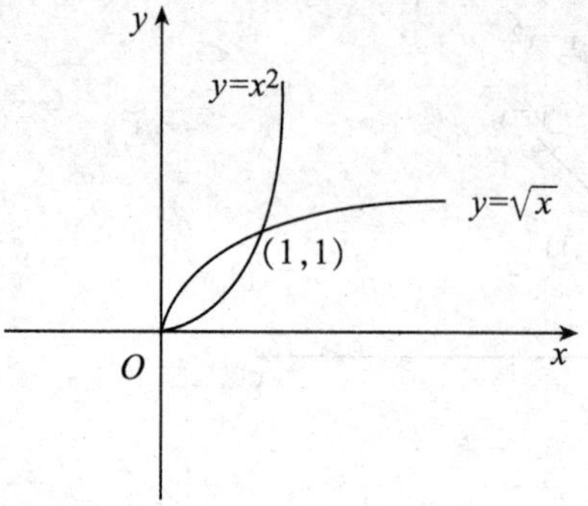

图 1－11

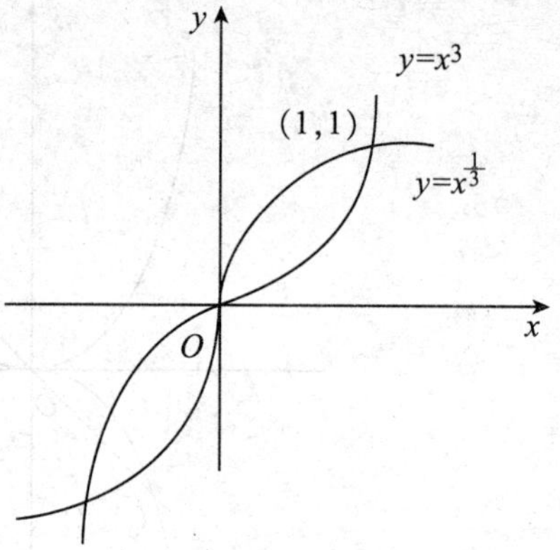

图 1－12

(4) 对于 μ 为无理数情况，规定 $y = x^{\mu}$ 的定义域为 $(0, +\infty)$.

1.4.3 指数函数 $y = a^x (a > 0, a \neq 1, a$ 是常数)

指数函数的定义域为 $(-\infty, +\infty)$. 当 $a > 1$ 时，指数函数单调增加；当 $0 < a < 1$ 时，指数函数单调减少. 对于任何的 a，a^x 的值域都是 $(0, +\infty)$，函数的图形都过 $(0,1)$ 点（见图 1－13).

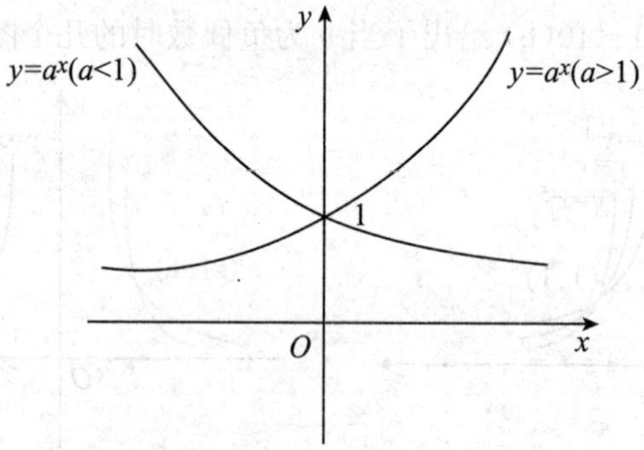

图 1－13

1.4.4 对数函数 $y = \log_a x (a > 0, a \neq 1, a$ 是常数)

对数函数 $\log_a x$ 是指数函数 $y = a^x$ 的反函数，它的定义域为 $(0, +\infty)$. $y = \log_a x$ 的图形总在 y 轴右方，且通过点 $(1,0)$（见图 1－14). 当 $a > 1$ 时，函数单调增加，在区间 $(0,1)$ 内函数值为负，而在区间 $(1, +\infty)$ 内函数值为正；当 $0 < a < 1$ 时，函数单调减少，在区间 $(0,1)$ 内函数值为正，而在区间 $(1, +\infty)$ 内函数值为负. 对于任意限定的 $a > 0$ 且 $a \neq 1$，$y = \log_a x$ 的值域是 $(-\infty, +\infty)$. 特殊地，$a = \mathrm{e}$（$\mathrm{e} = 2.718\,281\,8\cdots$，是一个无理数）时 $y = \log_{\mathrm{e}} x$ 记为 $y = \ln x$（称自然对数）

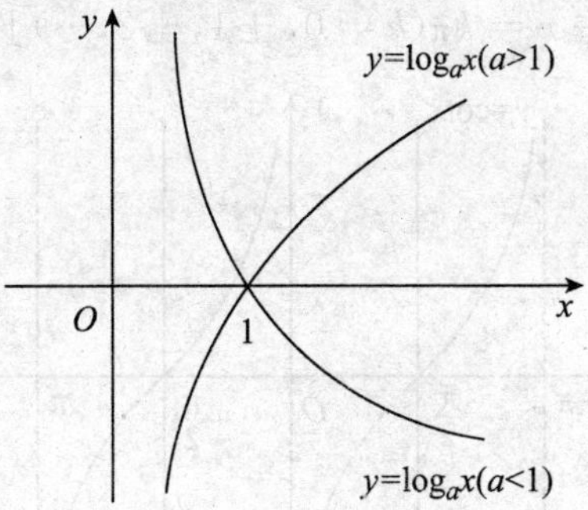

图 1 - 14

1.4.5　三角函数

常用的三角函数如下：

(1) 正弦函数：$y = \sin x$；

(2) 余弦函数：$y = \cos x$；

(3) 正切函数：$y = \tan x$；

(4) 余切函数：$y = \cot x$.

$y = \sin x$ 与 $y = \cos x$ 的定义域为$(-\infty, +\infty)$，值域都是闭区间$[-1,1]$，它们都是以 2π 为周期的周期函数，都是有界函数，分别如图 1 - 15 及图 1 - 16 所示.

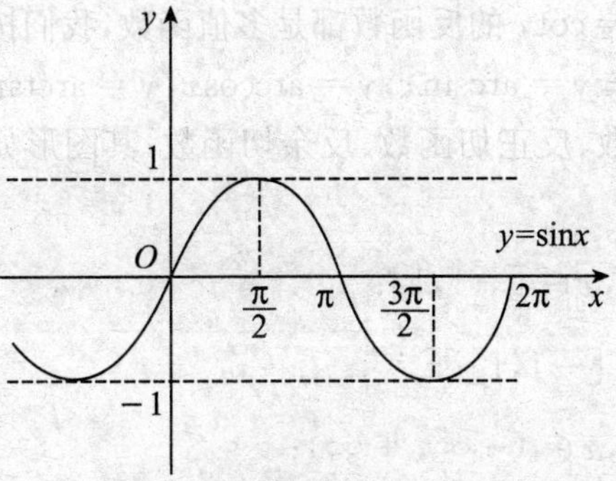

图 1 - 15

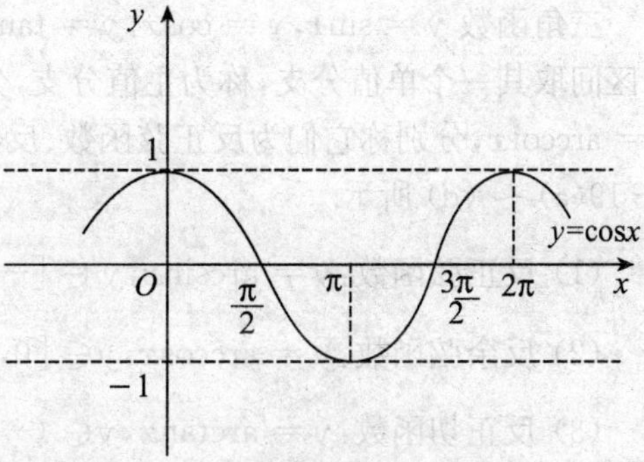

图 1 - 16

$y = \tan x$ 的定义域为除去 $x = k\pi + \frac{\pi}{2}(k = 0, \pm 1, \pm 2, \cdots)$ 以外的全体实数(见图 1 - 17).

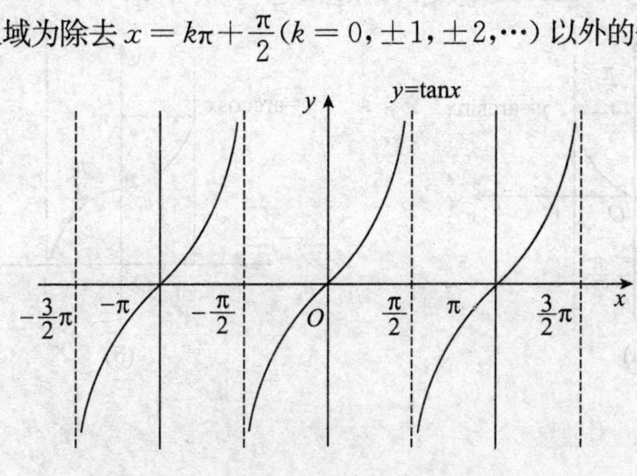

图 1 - 17

$y = \cot x$ 的定义域为除去 $x = k\pi(k = 0, \pm 1, \pm 2, \cdots)$ 以外的全体实数(见图 1-18).

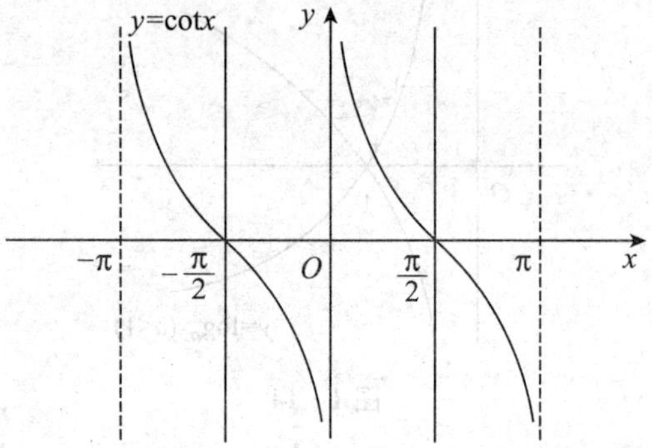

图 1-18

$\tan x$ 与 $\cot x$ 的值域都是$(-\infty, +\infty)$,它们都是以 π 为周期的周期函数,并且在其定义域内是无界函数. $\sin x$,$\tan x$ 及 $\cot x$ 是奇函数,$\cos x$ 是偶函数. 三角函数还包括正割函数 $y = \sec x$,余割函数 $y = \csc x$,其中 $\sec x = \dfrac{1}{\cos x}$,$\csc x = \dfrac{1}{\sin x}$,它们都是以 2π 为周期的周期函数,并且在开区间$(0, \frac{\pi}{2})$ 内都是无界函数.

1.4.6 反三角函数

三角函数 $y = \sin x$,$y = \cos x$,$y = \tan x$ 和 $y = \cot x$ 的反函数都是多值函数,我们按下列区间取其一个单值分支,称为主值分支,分别记作 $y = \arcsin x$,$y = \arccos x$,$y = \arctan x$,$y = \text{arccot} x$,分别称它们为反正弦函数、反余弦函数、反正切函数、反余切函数,其图形如图 1-19(a) ~ (d) 所示.

(1) 反正弦函数:$y = \arcsin x$,$y \in [-\frac{\pi}{2}, \frac{\pi}{2}]$,$x \in [-1, 1]$;

(2) 反余弦函数:$y = \arccos x$,$y \in [0, \pi]$,$x \in [-1, 1]$;

(3) 反正切函数:$y = \arctan x$,$y \in (-\frac{\pi}{2}, \frac{\pi}{2})$,$x \in (-\infty, +\infty)$;

(4) 反余切函数:$y = \text{arccot} x$,$y \in (0, \pi)$,$x \in (-\infty, +\infty)$.

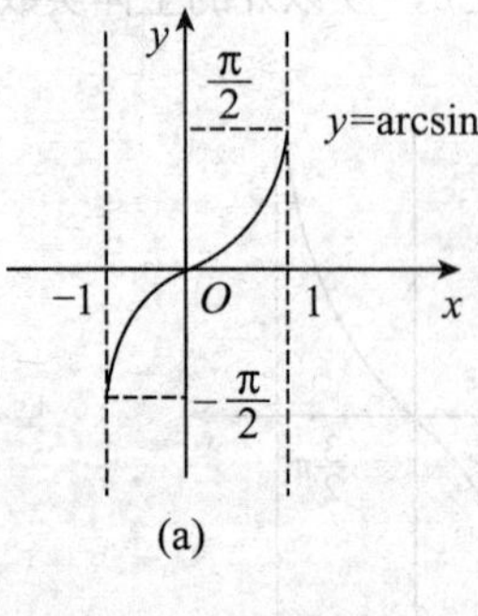

(a)

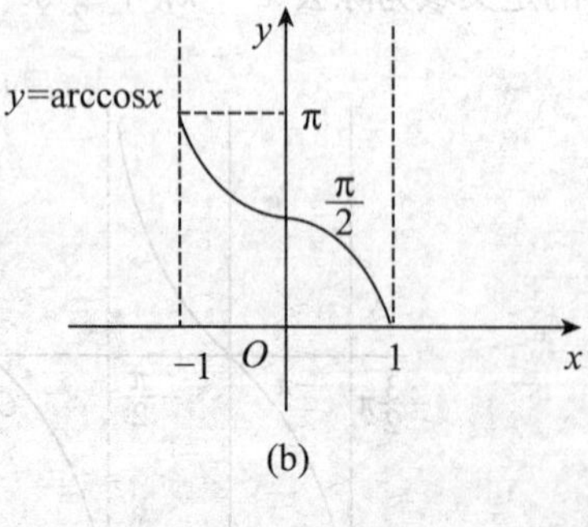

(b)

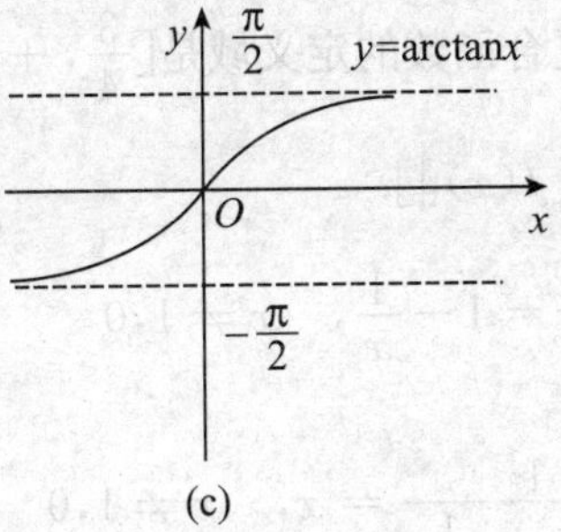

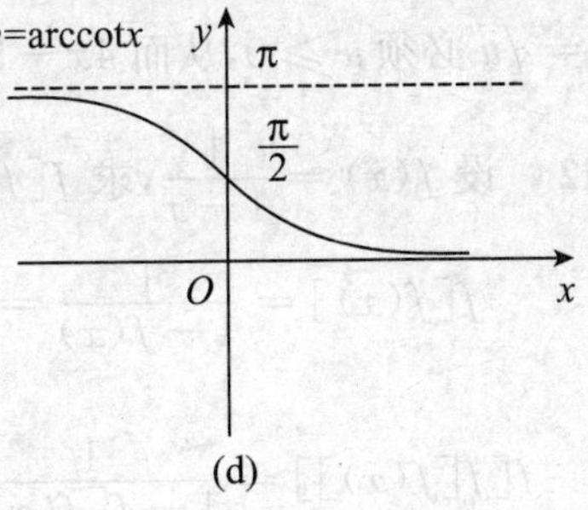

图 1－19

1.5　复合函数、初等函数

1.5.1　复合函数

由两个或两个以上的函数用“对应关系传递”的方法可生成更多的新函数. 例如，函数 $y=\ln u$ 与 $u=x-1$ 构成新函数 $y=\ln(x-1)$. 在这里，y 是 u 的函数，u 是 x 的函数，于是，通过变量 u 得到 y 是 x 的函数. 为了使函数 $y=\ln u$ 有意义，必须要求 $u>0$，为了使函数 $u=x-1>0$，必须要求 $x>1$. 仅对函数 $u=x-1$ 来说，x 可取任意实数. 但是，对构成的新函数 $y=\ln(x-1)$ 来说，必须要求 $x>1$.

定义 1.6　设 y 是 u 的函数，有 $y=f(u)$，$u\in D_1$，而 u 是 x 的函数，有 $u=\varphi(x)$，且 $x\in D_2$，$u\in W$，并且 $W\subset D_1$，则 y 通过 u 也是 x 的函数，称此函数是由 $y=f(u)$ 及 $u=\varphi(x)$ 复合而成的复合函数，记作 $y=f[\varphi(x)]$，并称 x 为自变量，称 u 为中间变量.

由此定义，当里层函数的值域不包含于外层函数的定义域时，只要二者有公共部分，这时可以限制里层函数的定义域，使其对应的值域包含于外层函数定义域，就可以构成复合函数. 例如，函数 $y=\sqrt{1-x^2}$ 可以看成是由函数 $y=\sqrt{u}(u\in[0,+\infty))$ 及 $u=1-x^2(x\in(-\infty,+\infty),u\in(-\infty,1])$ 复合而成，这时其定义域为 $[-1,1]$，是 $u=1-x^2$ 的定义域 $(-\infty,+\infty)$ 的一部分，因为只有当 $x\in[-1,1]$ 时函数 $u=1-x^2$ 的值才落入 $y=\sqrt{u}$ 的定义域 $[0,+\infty)$ 中.

应该指出，不是任何两个函数都可组成一个复合函数的. 例如，$y=\arcsin u$ 及 $u=x^2+3$ 就不能组成复合函数，原因是 $u=x^2+3$ 的值域 $[3,+\infty)$ 和 $y=\arcsin u$ 的定义域 $[-1,1]$ 无公共部分.

复合函数也可以由两个以上的函数复合而成. 例如，函数 $y=\cos^2\dfrac{x}{2}$ 是由 $y=u^2$ 及 $u=\cos v$ 及 $v=\dfrac{x}{2}$ 复合而成，其中 u 和 v 都是中间变量.

例 1－10　分析函数 $y=\mathrm{e}^{\tan^2 x}$ 是由哪几个函数复合而成.

解　函数 $y=\mathrm{e}^{\tan^2 x}$ 是由函数 $y=\mathrm{e}^u$，$u=v^2$，$v=\tan x$ 复合而成.

例 1－11　求由函数 $y=\sqrt{u}$，$u=4x-3$ 组成的复合函数并求其定义域.

解　由于 $y=\sqrt{u}$ 的定义域为 $[0,+\infty)$ 与 $u=4x-3$ 的值域 $(-\infty,+\infty)$ 有公共部分，所以由它们可以组成复合函数 $y=\sqrt{4x-3}$.

由于 $y=\sqrt{u}$ 必须 $u\geqslant 0$，从而 $4x-3\geqslant 0$，故复合函数的定义域是 $[\frac{3}{4},+\infty)$.

例 1-12 设 $f(x)=\frac{1}{1-x}$，求 $f[f(x)]$，$f[f[f(x)]]$.

解
$$f[f(x)]=\frac{1}{1-f(x)}=\frac{1}{1-\frac{1}{1-x}}=1-\frac{1}{x},\quad x\neq 1,0$$

$$f[f[f(x)]]=\frac{1}{1-f[f(x)]}=\frac{1}{1-(1-\frac{1}{x})}=x,\quad x\neq 1,0$$

1.5.2 初等函数

定义 1.7 由基本初等函数经过有限次四则运算和有限次复合运算所构成，并可用一个式子表示的函数，称为初等函数.

初等函数是我们经常研究的函数，不是初等函数的函数的叫做非初等函数.

例如，$y=x^3+x+1$，$y=\ln\tan x$ 都是初等函数，而符号函数 $y=\operatorname{sgn}x=\begin{cases}1, & x>0,\\ 0, & x=0,\\ -1, & x<0\end{cases}$ 以及 $y=x^{\sin x}$ 等都是非初等函数.

1.6 极坐标

在生活中我们经常用距离和方向来表示一点的位置. 用距离和方向表示平面上一点的位置，就是极坐标.

极坐标系是平面上的点与有序实数组的又一种对应关系，是平面坐标系的另一种表示方法.

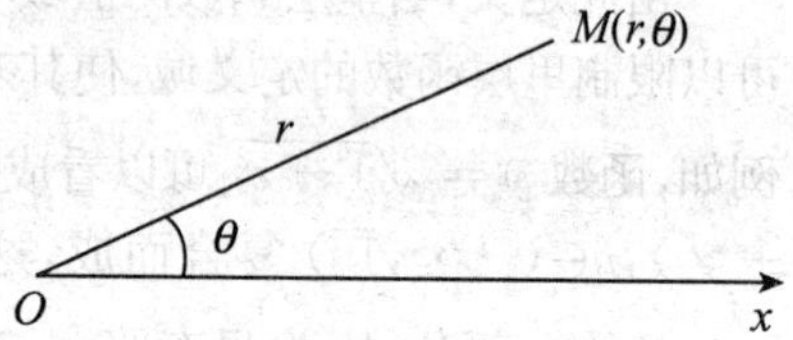

图 1-20

极坐标系的建立：在平面内取一个定点 O，叫做极点；自引一条射线 Ox，叫做极轴；再选定一个长度单位和角度正方向（通常取逆时针方向）. 这样就建立了一个极坐标系.

对于平面上任意一点 M，用 r 表示线段 OM 的长度，用 θ 表示从 Ox 到 OM 的角度，r 叫做点 M 的极径，θ 叫做点 M 的极角，有序数对 (r,θ) 就叫做点 M 的极坐标（见图 1-20）.

极坐标系和直角坐标系是两种不同的坐标系，现建立这两种坐标系的关系. 把极点作为直角坐标系的原点，极轴作为 x 轴（见图 1-21），于是有

$$\begin{cases}x=r\cos\theta,\\ y=r\sin\theta\end{cases}$$

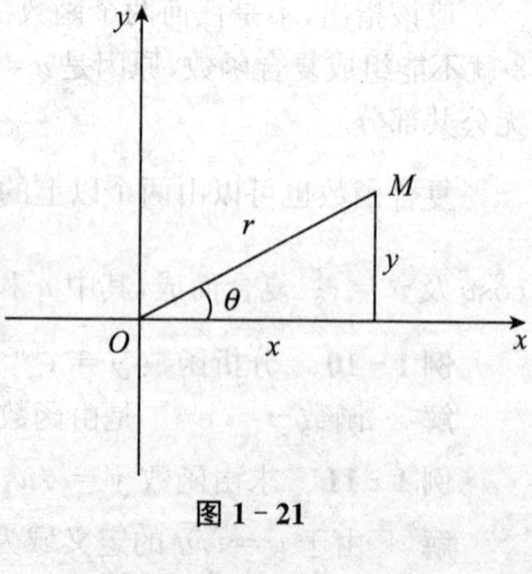

图 1-21

以此可以解得

$$r=\sqrt{x^2+y^2},\quad \cos\theta=\frac{x}{\sqrt{x^2+y^2}},\quad \sin\theta=\frac{y}{\sqrt{x^2+y^2}}$$

利用上面的转化公式，可以由已知点的直角坐标求其极坐标，或由已知点的极坐标求其直角坐标，并可以把直角坐标曲线方程化为极坐标曲线方程，或把极坐标曲线方程化为直角坐标曲线方程.

例 1-13　把 $x^2+y^2-2ax=0$ 化为极坐标方程.

解　把 $\begin{cases}x=r\cos\theta,\\ y=r\sin\theta\end{cases}$ 代入方程 $x^2+y^2-2ax=0$，得

$$r^2-2ar\cos\theta=0$$

即

$$r(r-2a\cos\theta)=0$$

得极坐标方程 $r=0$ 或 $r=2a\cos\theta$.

又因为 $r=0$ 表示一点在曲线 $r=2a\cos\theta$ 上，所以极坐标方程为 $r=2a\cos\theta$.

1.7　简单的经济函数

经济活动中的函数用于分析经济活动中数量间的关系，如供求、成本、价格、收入等，下面介绍几个常用经济活动中的函数的概念.

1.7.1　需求函数与供给函数

1. 需求函数

经济活动的目的是需求的满足. 消费者对某种商品的需求量与人口数量、消费者的收入、人们的习性与嗜好、季节性以及该商品的价格等诸多因素有关. 在数学中我们将问题理想化，只考虑商品价格，视其他因素不变. 这样，对商品的需求量就是该商品价格的函数. 用 Q_d 表示商品的需求量，P 表示商品的价格，则 P 是自变量，Q_d 是因变量，且 P, Q_d 均为非负值.

一般地，需求量随价格的上涨而减少，如图 1-22 所示的就是一条需求曲线.

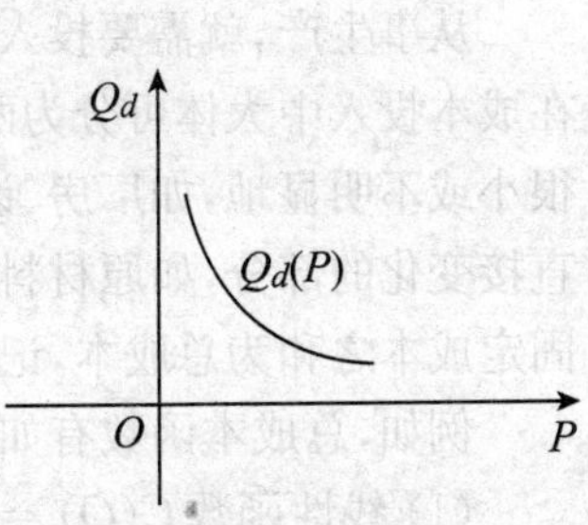

图 1-22

在企业管理和经济学中常见的需求函数如下：

(1) 线性需求函数 $Q_d=a-bP$，其中 $a\geqslant 0, b\geqslant 0$，且均为常数.

(2) 二次曲线需求函数 $Q_d=a-bP-cP^2$，其中 $a\geqslant 0, b\geqslant 0, c\geqslant 0$，且均为常数.

(3) 指数需求函数 $Q_d=A\mathrm{e}^{-bP}$，其中 $A\geqslant 0, b\geqslant 0$，且均为常数.

$Q_d=f_d(P)$ 的反函数就是价格函数，记作 $P=f_d^{-1}(Q_d)$.

一般地，价格函数是需求量的递增函数.

2. 供给函数(供应函数)

供给函数是指商品供应者对社会提供的商品量，影响商品量供给的重要因素是商品价

格，记商品供给量为 Q_s，则

$$Q_s = f_s(P)$$

其中 P 是商品价格.

一般地，商品供给量随商品价格的上涨而增加，因此，商品供给量 Q_s 是商品价格 P 的递增函数.

常见的供给函数有线性函数、二次函数、幂函数、指数函数等.

需求函数与供给函数密切相关. 把需求曲线和供给曲线画在同一坐标系中，如图 1-23 所示.

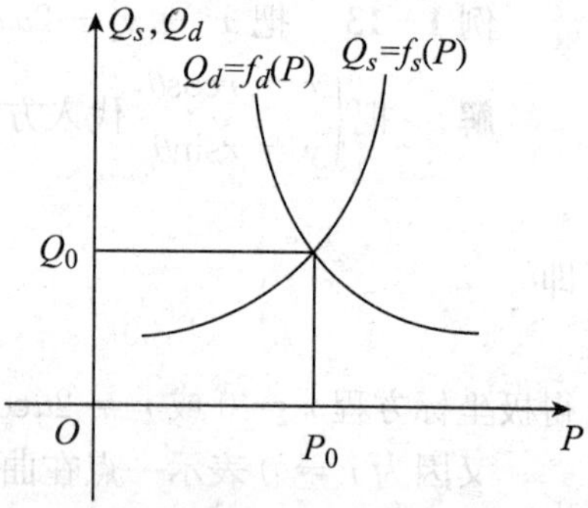

图 1-23

由于需求函数 Q_d 是递减函数，供给函数 Q_s 是递增函数，在它们相等点（P_0, Q_0）处，P_0 就是供需平衡时的价格，叫均衡价格，Q_0 是均衡数量. 当市场价格 $P > P_0$ 时，供给量将增加，而需求量将减少；反之，市场价格 $P < P_0$ 时，供给量减少而需求量增加.

例 1-14　某商品的需求量和供给量与其价格 P 之间的关系分别为

$$3Q^2 + P = 123$$

$$Q^2 - 20Q - P = -99$$

试求市场平衡的价格和数量 .

解　求均衡价格和数量，即解方程组

$$\begin{cases} Q^2 - 20Q - P = -99 \\ 3Q^2 + P = 123 \end{cases}$$

舍去负值，得 $Q_0 = 6, P_0 = 15$，故所求均衡价格为 15 个单位，均衡量为 6 个单位.

1.7.2　成本函数

从事生产，就需要投入，也就是成本，如需要有场地、机器设备、劳动力、能源、原材料等. 在成本投入中大体可分为两大部分，其一是在短时间内不随产品数量的变化而变化或变化很小或不明显地，如厂房、设备等，称为固定成本，常用 C_0 表示；其二是随产品数量的变化而直接变化的部分，如原材料、能源等，称为可变成本. 生产 Q 个单位时某种商品的可变成本与固定成本之和为总成本，记作 C.

例如，总成本函数有如下几种形式：

(1) 线性函数 $C(Q) = C_0 + cQ$，其中，$C_0 = C(0)$ 是固定成本，cQ 是可变成本，而 c 是单位产品的可变成本；

(2) 二次函数 $C(Q) = a + bQ + cQ^2$，其中，$a = C(0)$ 是固定成本；

(3) 三次函数 $C(Q) = R_0 + R_1 Q + R_2 Q^2 + R_3 Q^3$，其中，$R_0 = C(0)$ 是固定成本.

只给出总成本不能说明企业生产成本状况的好坏，常用生产 Q 个单位产品时的平均成本来判断成本状况的好坏. 平均成本为生产 Q 个产品时单位产品的成本，记作 $A(Q)$，有

$$A(Q) = \frac{C(Q)}{Q} = \frac{\text{固定成本} + \text{可变成本}}{\text{产量}}$$

在生产技术水平和生产要素的价格固定不变的条件下，总成本、平均成本都是产量的函数.

例 1－15　已知某种产品的总成本函数为 $C(Q)=1\,000+\frac{Q^2}{8}$，求当生产 100 个该产品时的总成本和平均成本.

解　由题意，求产量为 100 时的总成本为

$$C(100)=1\,000+\frac{Q^2}{8}\bigg|_{Q=100}=1\,000+\frac{100^2}{8}=2\,250$$

所求平均成本为

$$A(100)=\frac{C(Q)}{Q}\bigg|_{Q=100}=\frac{2\,250}{100}=22.5$$

1.7.3　收益函数与利润函数

1. 收益函数

收益是指商品售出后的收入，又可分为总收益和平均收益. 总收益是销售者售出一定数量商品所得的全部收入，常用 R 表示. 平均收益是售出一定数量的商品时，平均每售出一个单位商品的收益，也就是销售一定数量的商品时的单位商品的销售价格，常用 $\bar{R}$ 表示.

总收益、平均收益都是售出商品数量的函数.

设 P 为商品价格，Q 为商品量（显然，这个 Q，对销售者来说就是销售的商品量，对消费者来说就是需求量），于是，有

$$R=R(Q)=Q\cdot P(Q)$$

$$\bar{R}=\frac{R(Q)}{Q}=P(Q)$$

其中，$P(Q)$ 是商品的价格函数.

例 1－16　设某商品的需求函数是 $3Q+4P=100$，其中，Q 为商品量，P 为该商品的价格，求销售 5 件商品时的总收益和平均收益.

解　由已知条件，得商品价格为

$$P=\frac{100-3Q}{4}$$

所求总收益函数为

$$R(Q)=\frac{1}{4}(100Q-3Q^2)$$

所以

$$R(5)=\frac{1}{4}(100\times5-3\times5^2)=106.25$$

$$\bar{R}(5)=\frac{R(5)}{5}=21.25$$

2. 利润函数

生产一定数量的产品的总收益与总成本之差就是它的总利润，记作 L，即

$$L=L(Q)=R(Q)-C(Q)$$

其中，Q 为产品数量. 它的平均利润记作 $\bar{L}$，有

$$\bar{L} = \bar{L}(Q) = \frac{L(Q)}{Q}$$

总利润 L 和平均利润 $\bar{L}$ 都是产品 Q 的函数.

例 1-17 设生产某种商品 Q 件时的总成本为 $C(Q) = 20 + 2Q + 0.5Q^2$，若每售出 1 件该商品的收益是 20 万元，求生产 20 件时的总利润和平均利润.

解 已知总成本函数为 $C(Q)$，有题知

$$P = 20 \text{ 万元}$$

故售出 Q 件该商品时的总收益函数为

$$R(Q) = P \cdot Q = 20Q$$

总利润函数为

$$L(Q) = R(Q) - C(Q) = 20Q - (20 + 2Q + 0.5Q^2) = -20 + 18Q - 0.5Q^2$$

当 $Q = 20$ 时

$$L(20) = -20 + 18 \times 20 - 0.5 \times 20^2 = 140(\text{万元})$$

$$\bar{L}(20) = \frac{L(20)}{20} = \frac{140}{20} = 7(\text{万元})$$

生产产品的总成本总是产量 Q 的增加函数. 但是，对产品的需求量 Q 由于受到价格及社会诸多因素的影响往往不总是增加的. 即对某种商品而言，销售的总收入 $R(Q)$，有时增加显著，有时增加缓慢，有时达到顶点继续销售收入反而下降. 因此，利润函数 $L(Q)$ 出现了三种情况：

(1) $L(Q) = R(Q) - C(Q) > 0$，有盈余生产，即生产处于有利润状态.

(2) $L(Q) = R(Q) - C(Q) < 0$，亏损生产，即生产处于有亏损状态，得负利润.

(3) $L(Q) = 0$，无盈亏生产. 我们把无盈亏生产时的产量记为 Q_0，称为无盈亏点. 无盈亏分析常用于企业(经营)管理和经济学中各种定价和生产决策.

例 1-18 (1) 求例 1-17 中经济活动的保本点.

(2) 若每天至少销售 40 件产品，为了不亏本，单价应定多少钱？

解 (1) 所谓保本点即无盈亏点. 令 $L(Q) = 0$，即

$$-20 + 18Q - 0.5Q^2 = 0$$

解得 $Q_1 = 1.15 \approx 1, Q_2 = 34.85 \approx 35$.

因为 $L(Q)$ 是二次函数，当 $Q < Q_1$ 或 $Q > Q_2$ 时，都有 $L(Q) < 0$，这时生产经营是亏损的；当 $Q_1 < Q < Q_2$ 时，$L(Q) > 0$，生产经营是盈利的. 因此，$Q = 1$ 件和 $Q = 35$ 件是保本的最低产量和最高产量，都可以是无盈亏点.

(2) 设单价定为 P 万元，销售 40 件的收入应为 $R = 40P$，这时的成本为

$$C(40) = (20 + 2Q + 0.5Q^2)\big|_{Q=40} = 900(\text{万元})$$

要使不亏本，则要求

$$L = R(40) - C(40) = 40P - 900 \geqslant 0$$

即 $P \geqslant 22.5$. 故为了生产不亏本，销售单价不得低于 22.5 万元.

1.8 数列极限

有很多实际问题的精确率，仅仅通过有限次的算术运算是求不出来的，而必须通过分析

一个无限变化过程的变化趋势才能求得，由此产生了极限概念和极限方法. 例如，我国古代数学家刘徽利用圆内接正多边形来推算圆面积的方法 —— 割圆术就是极限思想在几何学上的应用.

设有一圆，首先作内接正六边形，把它的面积记为 A_1；再作内接正十二边形，其面积记作 A_2；再作内接正二十四边形，其面积记为 A_3. 如此循此下去，每次边数加倍，一般地把内接正 $6\times 2^{n-1}$ 边形的面积记为 $A_n(n=1,2,3,\cdots)$，这样，就得到一系列内接正多边形的面积 $A_1,A_2,A_3,\cdots,A_n,\cdots$，它们构成一列有次序的数. n 越大，内接正多边形与圆的差别就越小，从而以 A_n 作为圆面积的近似值也越精确. 但是无论 n 取得多么大，只要 n 取定了，A_n 终究只是多边形的面积，还不是圆面积. 因此，设想 n 无限增大(记为 $n\to\infty$，读作 n 趋向无穷大)，即内接正多边形的边数无限增加，在这过程中，从图形上看，内接正多边形将无限接近于圆；因此从数值上看，内接正多边形的面积 A_n 将无限接近于一个确定的数值，这个数值就是所要求的圆的面积. 在数学上，将这个确定的数值称为这列有次序的数(所谓数列)$A_1,A_2,\cdots A_n,\cdots$ 当 $n\to\infty$ 时的极限. 可以看到，正是这个数列的极限精确地表达了圆的面积.

在解决实际问题中逐渐形成的求这种极限方法，正是研究高等数学的基本方法.

先说明数列的概念：如果按照某一法则，可以得到第一个数 x_1，第二个数 x_2，…，它们依次序排列着，使得对应于任何一个正整数 n 有一个确定的数 x_n，那么，这列有次序的数 $x_1,x_2,\cdots,x_n,\cdots$ 就叫做数列.

数列中的每一个数叫做数列的项，第 n 项 x_n 叫做数列的一般项(或通项). 例如：

$$\frac{1}{2},\frac{2}{3},\frac{3}{4},\cdots,\frac{n}{n+1},\cdots \tag{1.1}$$

$$2,4,8,\cdots,2^n,\cdots \tag{1.2}$$

$$1,-1,1,\cdots,(-1)^{n+1},\cdots \tag{1.3}$$

$$2,\frac{1}{2},\frac{4}{3},\cdots,\frac{n+(-1)^{n-1}}{n},\cdots \tag{1.4}$$

都是数列的例子，它们的一般项依次为

$$\frac{n}{n+1},\quad 2^n,\quad (-1)^{n+1},\quad \frac{n+(-1)^{n-1}}{n}$$

以后，数列

$$x_1,x_2,x_3,\cdots,x_n,\cdots$$

也简记为数列 $\{x_n\}$.

在几何上，数列 $\{x_n\}$ 中的 x_n 可看作数轴上的一个动点，它依次取数轴上的点 $x_1,x_2,x_3,\cdots,x_n,\cdots$.

按函数定义，数列 $\{x_n\}$ 中的 x_n 可看作自变量为正整数 n 的函数，即

$$x_n=f(n)$$

它的定义域是正整数集，当自变量 n 依次取 $1,2,3,\cdots$ 时，对应的函数值就排列成数列 $\{x_n\}$.

下面来讨论数列极限的概念. 如前面圆面积问题所提到的那样，对一般的数列 $x_1,x_2,\cdots,x_n,\cdots$ 来说，如果当 n 无限增大时(即 $n\to\infty$ 时)，对应的 $x_n=f(n)$ 无限接近于某个确定的常数 a，那么常数 a 就称为数列 $\{x_n\}$ 的极限；如果这样的常数不存在，则称数列 $\{x_n\}$ 没有极限.

例如,前面的数列(1.1),它的通项 $x_n=\frac{n}{n+1}=1-\frac{1}{n+1}$,当 n 无限增大时,$\frac{1}{n+1}$ 无限接近于 0,从而 x_n 无限接近于 1,因此数列(1.1) 的极限是 1;类似的情况发生在数列(1.4),该数列的通项 $x_n=\frac{n+(-1)^{n-1}}{n}=1+\frac{(-1)^{n-1}}{n}$,当 $n\to\infty$ 时,$\frac{(-1)^{n-1}}{n}$ 无限接近于 0,故 x_n 也无限接近于 1,因此数列(1.4) 的极限也是 1. 但是,数列(1.2) 和(1.3) 的情况则不同,数列(1.2) 的通项 $x_n=2^n$,当 $n\to\infty$ 时,x_n 的值无限增大,并不接近于任何一个常数,因此该数列不存在极限;数列(1.3) 的通项 $x_n=(-1)^{n+1}$,在 $n\to\infty$ 的过程中,x_n 始终轮流地取得值 1 和 -1,也并不接近于某个确定的常数,因此该数列也不存在极限.

为此,我们以数列(1.4) 为例,来深入分析一下"当 $n\to\infty$ 时,x_n 无限接近于某个常数 a"的含义.

我们知道,两个数 a 与 b 之间的接近程度可以用这两个数之差的绝对值 $|b-a|$ 来衡量. $|b-a|$ 越小,在数轴上点 a 与点 b 之间的距离就越小,a 与 b 就越接近. 我们说 $x_n=\frac{n+(-1)^{n-1}}{n}$ 无限接近于常数 1,就是说 $|x_n-1|$ 可无限变小,所谓"可无限变小",就是指小的程度没有限制,也就是说,无论要求 $|x_n-1|$ 多么小,$|x_n-1|$ 就能变得那么小.

比如,如果要求 $|x_n-1|<\frac{1}{10^2}$,由于 $|x_n-1|=\frac{1}{n}$,因此只要 $n>100$,即从第 101 项起以后的一切项 x_n 均能满足这个要求;如果要求 $|x_n-1|<\frac{1}{10^4}$,那么只要 $n>10\,000$,即从第 10 001 项起以后的一切项 x_n 均能满足这个要求.

一般地,我们引入一个希腊字母 ε 来代表任意给定的正数(其小的程度没有限制),并用 ε 来刻画 x_n 与 1 的接近程度. 现在问:对于任意给定的正数 ε,$|x_n-1|$ 能变得比 ε 还小吗?由于 $|x_n-1|=\frac{1}{n}$,要使 $|x_n-1|<\varepsilon$,只要 $\frac{1}{n}<\varepsilon$,也就是 $n>\frac{1}{\varepsilon}$,又由于 $n\in\mathbf{N}$,因此只要取正整数 $N=\left[\frac{1}{\varepsilon}\right]$,当 $n>N$ 就可以使 $|x_n-1|<\varepsilon$. 也就是说,从第 $N+1$ 项起以后一切项 x_n 均满足不等式 $|x_n-1|<\varepsilon$. 这样,我们就得出了"当 $n\to\infty$ 时,数列(1.4) 无限接近于常数 1"这个命题的精确的数学刻画,这就是:对于任意给定的正数 ε(不论它多么小),总存在正整数 N(在本例中 $N=\left[\frac{1}{\varepsilon}\right]$),当 $n>N$ 时,不等式 $|x_n-1|<\varepsilon$ 恒成立.

由此给出数列极限的下列定义.

定义 1.8 设有数列 $x_1,x_2,\cdots,x_n,\cdots$,如果存在常数 a,使得对任意给定的正数 ε(不论它多么小),总存在正整数 N,只要 $n>N$,所对应的 x_n 就都满足不等式

$$|x_n-a|<\varepsilon$$

那么称常数 a 是数列 $\{x_n\}$ 的极限,或称数列 $\{x_n\}$ 收敛于 a,记作

$$\lim_{n\to\infty}x_n=a \quad \text{或} \quad x_n\to a(n\to\infty)$$

如果这样的常数不存在,就说数列 $\{x_n\}$ 没有极限,或称数列 $\{x_n\}$ 是发散的. 上面定义中正数 ε 可以任意给定是很重要的,因为只有这样,不等式 $|x_n-a|<\varepsilon$ 才能表达出 x_n 与 a 无限接近的意思. 此外还应注意到,定义中的正整数 N 是与任意给定的正数 ε 有关的,它是随着 ε 的给定而选定的.

我们给“数列$\{x_n\}$的极限为a”一个几何解释.

将常数a及数列$x_1,x_2,\cdots,x_n,\cdots$在数轴上用它们的对应点表示出来，再在数轴上作点$a$的$\varepsilon$邻域即开区间$(a-\varepsilon,a+\varepsilon)$（见图 1-24），因不等式$|x_n-a|<\varepsilon$与不等式$a-\varepsilon<x_n<a+\varepsilon$等价，所以当$n>N$时，无限多个点$x_{N+1},x_{N+2},x_{N+3},\cdots$都落在开区间$(a-\varepsilon,a+\varepsilon)$内，而只有有限个点（至多只有$N$个）在这区间以外.

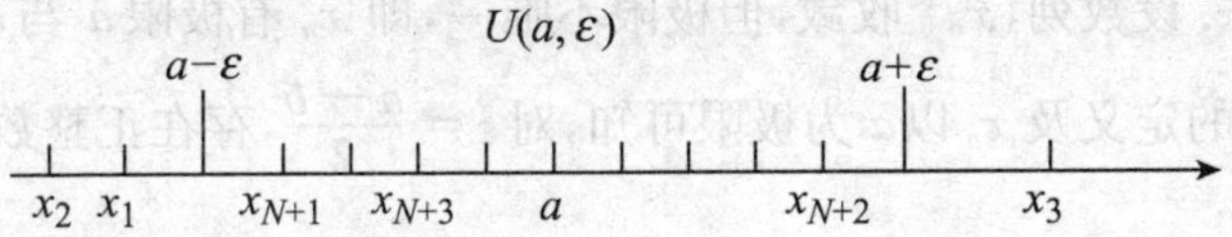

图 1-24

数列极限的定义并未直接提供如何去求数列极限的方法，以后我们专门要讲极限的求法.

例 1-19　证明数列$\frac{1}{2},\frac{2}{3},\frac{3}{4},\cdots,\frac{n}{n+1},\cdots$的极限是 1.

证　依据极限定义来证明，只需证明对于任意给定的$\varepsilon>0$，总存在正整数N，当$n>N$时，不等式$|x_n-1|<\varepsilon$恒成立.

因为$|x_n-1|=\left|\frac{n}{n+1}-1\right|=\frac{1}{n+1}$，于是，要使$|x_n-1|<\varepsilon$成立，只要

$$\frac{1}{n+1}<\varepsilon,\quad 即\quad n>\frac{1}{\varepsilon}-1$$

因此可取$N=\left[\frac{1}{\varepsilon}-1\right]$，则当$n>N$时就有

$$\left|\frac{n}{n+1}-1\right|<\varepsilon$$

即

$$\lim_{n\to\infty}\frac{n}{n+1}=1$$

下面先介绍数列的有界性概念，然后证明收敛数列的有界性.

对于数列$\{x_n\}$，如果存在正整数M，使得一切x_n都满足不等式

$$|x_n|\leqslant M$$

则称数列$\{x_n\}$是有界的；如果这样的正数M不存在，就说数列$\{x_n\}$是无界的.

例如，数列(1.1)是有界的，因为可取$M=1$，而

$$\left|\frac{n}{n+1}\right|\leqslant 1$$

对于一切正整数n都成立；数列(1.2)是无界的，因为当n无限增加时，2^n可超过任何正数.

定理 1.1（收敛数列的有界性）　如果数列$\{x_n\}$收敛，那么数列$\{x_n\}$一定有界.

证　因为数列$\{x_n\}$收敛，设$\lim\limits_{n\to\infty}x_n=a$，根据数列极限的定义，对于$\varepsilon=1$存在着正整数$N$，使得对于$n>N$时的一切$x_n$，不等式$|x_n-a|<1$都成立，于是，当$n>N$时

$$|x_n|=|(x_n-a)+a|\leqslant|x_n-a|+|a|<1+|a|$$

取$M=\max\{|x_1|,|x_2|,\cdots,|x_N|,1+|a|\}$（这式子表示$M$是$|x_1|,|x_2|,\cdots,|x_N|,1+|a|$这$N+1$个数中最大的数），那么数列$\{x_n\}$中的一切$x_n$都满足不等式$|x_n|\leqslant M$，这

就证明了数列$\{x_n\}$是有界的.

根据上述定理，如果数列$\{x_n\}$无界，那么数列$\{x_n\}$一定发散. 但是，如果数列$\{x_n\}$有界，却不能断定数列$\{x_n\}$一定收敛. 例如，数列$1,-1,1,\cdots,(-1)^{n+1},\cdots$有界，但这一数列是发散的. 因此，数列有界是数列收敛的必要条件，但不是充分条件.

定理 1.2(极限的唯一性)　若数列$\{x_n\}$收敛，则其极限是唯一的.

证　用反证法. 设数列$\{x_n\}$收敛，但极限不唯一，即x_n有极限a与b，不妨设$a>b$.

根据数列极限的定义及x_n以a为极限可知，对$\varepsilon=\frac{a-b}{2}$，存在正整数$N_1$，当$n>N_1$时，有

$$|x_n-a|<\frac{a-b}{2}$$

即$a-\frac{a-b}{2}<x_n<a+\frac{a-b}{2}$，从而有

$$x_n>\frac{a+b}{2} \tag{1.5}$$

又由于x_n以b为极限，对上述的$\varepsilon=\frac{a-b}{2}$，存在正整数$N_2$，当$n>N_2$时，有

$$|x_n-b|<\frac{a-b}{2}$$

即$b-\frac{a-b}{2}<x_n<b+\frac{a-b}{2}$，从而有

$$x_n<\frac{a+b}{2} \tag{1.6}$$

取$N=\max\{N_1,N_2\}$，当$n>N$时，式(1.5)和(1.6)同时成立，这显然矛盾. 因此，收敛数列的极限唯一.

1.9　函数极限

上面讲了数列的极限，因为数列$\{x_n\}$可看作自变量为正整数n的函数：$x_n=f(n)(n=1,2,\cdots)$，所以数列的极限也是函数的极限的一种类型，这就是当自变量n取正整数且无限增大(即$n\to\infty$)时函数$x_n=f(n)$的极限. 下面要讲函数的其他类型，主要研究下面两种情形：

(1) 自变量x任意地接近于x_0或者说趋向于有限值x_0(记作$x\to x_0$)时对应的函数值$f(x)$的变化情形；

(2) 自变量x的绝对值$|x|$无限增大即趋向无穷大(记作$x\to\infty$)时对应的函数值$f(x)$的变化情形.

1.9.1　当$x\to x_0$时，函数$f(x)$的极限

现在讨论当x无限接近于某一确定的数x_0且$x\neq x_0$时函数的变化趋势. 例如，设$f(x)=2x-1$，由于当$x\to 1$时，$2x$无限接近于2，故$f(x)=2x-1$无限接近于1，因此推知，当$x\to 1$时，$f(x)=2x-1$的极限为1. 但是我们所遇到的函数极限并非总是这样简单，仅凭观

察来判断 $f(x)$ 的变化趋势很难做到总是准确，更不能以观察所得作为推理的依据. 因此，如同数列极限的情况一样，我们需要寻求精确的数学语言来对函数的极限加以定义，以便可以对函数极限进行严格的论证.

为此，以函数 $f(x)=2x-1$ 为例，深入分析一下“当 $x\to 1$ 时，$f(x)$ 无限接近于1”的含义.

我们知道，$f(x)$ 与1的接近程度可用绝对值 $|f(x)-1|$ 来刻画，而 x 与1的接近程度可用绝对值 $|x-1|$ 来刻画. “$f(x)$ 无限接近于1”就是“$|f(x)-1|$ 可无限变小”，所谓“可无限变小”就是指小的程度没有限制，也就是说，不论要求 $|f(x)-1|$ 多么小，$|f(x)-1|$ 就能变得那么小.

一般地，任意给定一个正数 ε（其小的程度没有限制），如果要求 $|f(x)-1|<\varepsilon$，那么只要 x 适合 $0<|x-1|<\frac{\varepsilon}{2}$，即 x 与1的距离小于$\frac{\varepsilon}{2}$，就能使 $f(x)$ 满足 $|f(x)-1|<\varepsilon$.

这样，我们就得到了“当 $x\to 1$ 时，$f(x)=2x-1$ 无限接近于常数1”这个命题的精确的数学刻画，这就是：对于任意给定的正数 ε（不论它多么小），总存在正数 δ（不论它多么小），当 $0<|x-1|<\delta$ 时，不等式 $|f(x)-1|<\varepsilon$ 恒成立.

由此我们给出 $x\to x_0$ 时函数的极限的定义如下.

定义 1.9　设函数 $f(x)$ 在 x_0 的某去心邻域内有定义，A 为常数. 如果对于任意给定的正数 ε，存在 $\delta>0$，使得当 $0<|x-x_0|<\delta$ 时，恒有不等式

$$|f(x)-A|<\varepsilon$$

成立，则称函数 $f(x)$ 当 x 趋于 x_0 时以 A 为极限，记作

$$\lim_{x\to x_0}f(x)=A \quad \text{或} \quad f(x)\to A(x\to x_0)$$

如果这样的常数不存在，那么称 $x\to x_0$ 时 $f(x)$ 没有极限.

我们指出，定义中的正数 ε 是一个任意给定的正数，因此不等式 $|f(x)-A|<\varepsilon$ 表达了 $f(x)$ 与 A 无限接近的意思. 定义中的正数 δ 表示了 x 与 x_0 接近的程度，它与任意给定的正数 ε 有关，随着 ε 的给定而选定. 定义中 $0<|x-x_0|<\delta$ 表示 $x\neq x_0$，所以 $x\to x_0$ 时 $f(x)$ 有没有极限，与 $f(x)$ 在点 x_0 是否有定义并无关系.

定义的几何意义是：对于任意给定的正数 ε，无论其多么小，总存在点 x_0 的一个去心邻域 $0<|x-x_0|<\delta$，使得 $y=f(x)$ 在这个去心邻域内的图形介于两条平行直线 $y=A-\varepsilon$ 和 $y=A+\varepsilon$ 之间（如图 1-25 所示）.

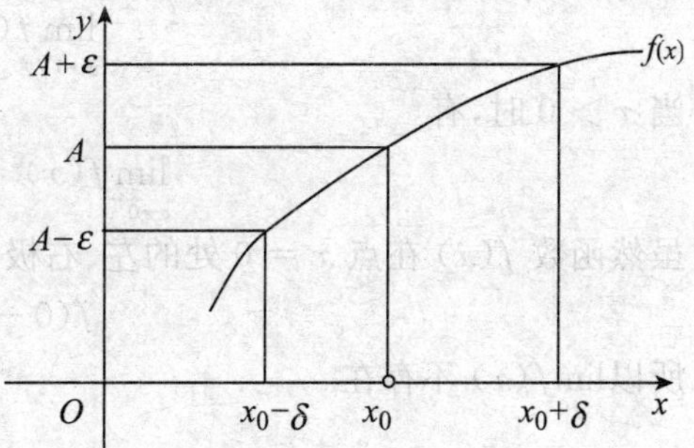

图 1-25

例 1-20　证明：$\lim\limits_{x\to x_0}c=c$（常数）.

证　对任意给定的正数 ε，可任取一正数 δ，当 $0<|x-x_0|<\delta$ 时，不等式 $|f(x)-A|=|c-c|=0<\varepsilon$ 恒成立，所以 $\lim\limits_{x\to x_0}f(x)=\lim\limits_{x\to x_0}c=c$.

例 1-21　证明：$\lim\limits_{x\to 1}\dfrac{x^2-1}{x-1}=2$.

证　函数在点 $x=1$ 处无定义，对任意给定的正数 ε，要使不等式 $\left|\dfrac{x^2-1}{x-1}-2\right|<\varepsilon$ 成

立，即

$$|x+1-2|=|x-1|<\varepsilon$$

因此，只要取 $\delta=\varepsilon$，那么当 $0<|x-1|<\delta$ 时，就有 $\left|\dfrac{x^2-1}{x-1}-2\right|<\varepsilon$ 成立，所以 $\lim\limits_{x\to1}\dfrac{x^2-1}{x-1}=2$.

有时，需考虑 x 从 x_0 的某一侧（如从小于 x_0 一侧或从大于 x_0 的一侧）趋向于 x_0 时 $f(x)$ 的变化趋势，现给出左极限和右极限的定义.

定义 1.10 设函数 $f(x)$ 在 (x_0,b) 内有定义，A 为常数. 若对任意给定的正数 ε，存在正数 δ，使得当 $0<x-x_0<\delta$ 时有

$$|f(x)-A|<\varepsilon$$

成立，则称 $f(x)$ 在 x_0 处的右极限为 A，记作

$$\lim_{x\to x_0^+}f(x)=A \quad 或 \quad f(x_0+0)=A$$

在上面的定义中将函数 $f(x)$ 改为在 x_0 的左侧附近有定义（即 (a,x_0) 内有定义），即将 $0<x-x_0<\delta$ 改为 $-\delta<x-x_0<0$，就得到了 $f(x)$ 在 x_0 处的左极限为 A 的定义，相应地记作

$$\lim_{x\to x_0^-}f(x)=A \quad 或 \quad f(x_0-0)=A$$

定理 1.3 $\lim\limits_{x\to x_0}f(x)=A$ 的充分必要条件是 $f(x_0+0)=f(x_0-0)=A$.

证明留给读者，该定理提供了讨论分段函数在分段点 x_0 处是否存在极限的方法.

例 1-22 设

$$f(x)=\begin{cases}1, & x<0;\\ x-2, & x\geqslant 0\end{cases}$$

研究当 $x\to0$ 时，函数 $f(x)$ 的极限是否存在.

解 当 $x<0$ 时，有

$$\lim_{x\to0^-}f(x)=\lim_{x\to0^-}1=1$$

当 $x>0$ 时，有

$$\lim_{x\to0^+}f(x)=\lim_{x\to0^+}(x-2)=-2$$

虽然函数 $f(x)$ 在点 $x=0$ 处的左、右极限存在，但

$$f(0-0)\neq f(0+0)$$

所以 $\lim\limits_{x\to0}f(x)$ 不存在.

1.9.2 当 $x\to\infty$ 时，函数 $f(x)$ 的极限

设 $f(x)$ 在 $|x|\geqslant b>0$ 上有定义，类似于数列的情形，研究当 $x\to\infty$ 时，对应的函数值 $f(x)$ 能否无限地接近于某一常数 A.

定义 1.11 设函数 $f(x)$ 在 $|x|\geqslant b>0$ 上有定义，A 为常数. 若对于任意给定的正数 ε，总存在正数 $X>b$，使得当 $|x|>X$ 时，有

$$|f(x)-A|<\varepsilon$$

成立，则称函数 $f(x)$ 当 $x\to\infty$ 时以 A 为极限，记作

$$\lim_{x\to\infty}f(x)=A \quad 或 \quad f(x)\to A(x\to\infty)$$

上述定义的几何意义是：对无论多么小的正数 ε，总能找到正数 X，当 x 满足条件 $x>X$ 或 $x<-X$ 时，曲线 $y=f(x)$ 介于两条水平直线 $y=A+\varepsilon$ 和 $y=A-\varepsilon$ 之间(见图 1-26).

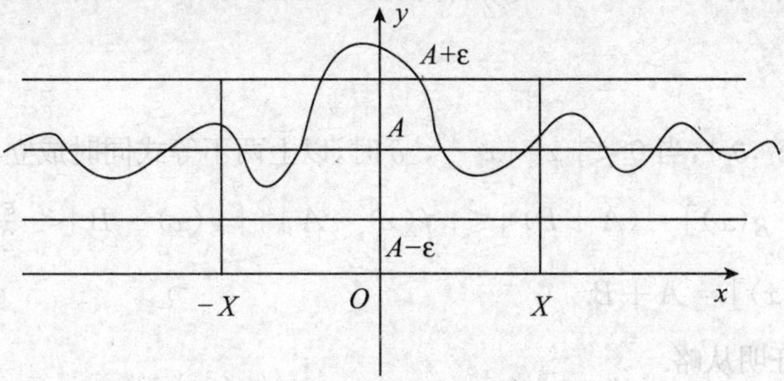

图 1-26

在 $\lim\limits_{x\to\infty}f(x)=A$ 的定义中，将 $|x|>X$ 换成 $x>X$，可以得到 $\lim\limits_{x\to+\infty}f(x)=A$ 的定义；将 $|x|>X$ 换成 $x<-X$，可以得到 $\lim\limits_{x\to-\infty}f(x)=A$ 的定义.

容易得到以下结论：$\lim\limits_{x\to\infty}f(x)=A$ 的充分必要条件是

$$\lim_{x\to+\infty}f(x)=\lim_{x\to-\infty}f(x)=A$$

若 $\lim\limits_{x\to\infty}f(x)=A$，则称直线 $y=A$ 是曲线 $y=f(x)$ 的水平渐近线，其中 $x\to\infty$ 也可以为 $x\to+\infty$ 或 $x\to-\infty$ 的情形.

例 1-23　证明：$\lim\limits_{x\to\infty}\dfrac{1}{x^2}=0$.

证　对任意给定的正数 ε，要使 $\left|\dfrac{1}{x^2}-0\right|=\dfrac{1}{x^2}<\varepsilon$，只需 $x^2>\dfrac{1}{\varepsilon}$，即 $|x|>\dfrac{1}{\sqrt{\varepsilon}}$，于是取 $X=\dfrac{1}{\sqrt{\varepsilon}}$，当 $|x|>X$ 时，就有 $\left|\dfrac{1}{x^2}-0\right|<\varepsilon$ 成立，从而有 $\lim\limits_{x\to\infty}\dfrac{1}{x^2}=0$.

1.10　极限的运算法则及存在准则

1.10.1　极限的四则运算

我们已经讨论了数列极限和函数极限的概念，现先讨论极限的四则运算法则，利用这些法则可以求某些函数的极限.

下面的定理，仅就函数极限的情形给出，所得的结论对数列极限也成立.

定理 1.4　设 $\lim f(x)=A$，$\lim g(x)=B$，则

(1) $\lim[f(x)\pm g(x)]=A\pm B$；

(2) $\lim[f(x)\cdot g(x)]=A\cdot B$；

(3) 当 $B\neq 0$ 时，$\lim\dfrac{f(x)}{g(x)}=\dfrac{A}{B}$.

其中，自变量 x 的变化趋势可以是 $x\to x_0$，$x\to\infty$ 等各种情形.

证 仅就 $x\to x_0$ 的情形证明(1).

对任意给定的正数 ε，因为 $\lim\limits_{x\to x_0}f(x)=A$，$\lim\limits_{x\to x_0}g(x)=B$，所以存在 $\delta_1>0$，当 $0<|x-x_0|<\delta_1$ 时，有 $|f(x)-A|<\frac{\varepsilon}{2}$；存在 $\delta_2>0$，当 $0<|x-x_0|<\delta_2$ 时，有 $|g(x)-B|<\frac{\varepsilon}{2}$.

取 $\delta=\min\{\delta_1,\delta_2\}$，当 $0<|x-x_0|<\delta$ 时，以上两不等式同时成立，于是有

$$|[f(x)+g(x)]-(A+B)|\leqslant|f(x)-A|+|g(x)-B|<\frac{\varepsilon}{2}+\frac{\varepsilon}{2}=\varepsilon$$

故 $\lim\limits_{x\to x_0}[f(x)+g(x)]=A+B$.

其余结论的证明从略.

定理 1.4 中的结论(1) 和(2) 可以推广到求有限个函数的和、差以及乘积的极限情况. 结论(2) 还有如下常用的推论.

推论 1 设 $\lim f(x)$ 存在，则对于常数 c，有 $\lim[cf(x)]=c\lim f(x)$.

推论 2 设 $\lim f(x)$ 存在，则对于正整数 k，有 $\lim[f(x)]^k=[\lim f(x)]^k$.

例 1-24 求 $\lim\limits_{n\to\infty}\frac{5+3^n}{3^n}$.

解
$$\lim_{x\to\infty}\frac{5+3^n}{3^n}=\lim_{n\to\infty}(5\cdot\frac{1}{3^n}+1)=5\lim_{n\to\infty}\frac{1}{3^n}+\lim_{n\to\infty}1=5\times0+1=1$$

例 1-25 求 $\lim\limits_{n\to\infty}\frac{2n^2+3n-2}{n^2+1}$.

解 将分式的分子、分母同时除以 n^2，得

$$\lim_{n\to\infty}\frac{2n^2+3n-2}{n^2+1}=\lim_{n\to\infty}\frac{2+\frac{3}{n}-\frac{2}{n^2}}{1+\frac{1}{n^2}}=\frac{\lim\limits_{n\to\infty}(2+\frac{3}{n}-\frac{2}{n^2})}{\lim\limits_{n\to\infty}(1+\frac{1}{n^2})}=2$$

例 1-26 求 $\lim\limits_{x\to1}\frac{x^2-1}{x+2}$.

解
$$\lim_{x\to1}\frac{x^2-1}{x+2}=\frac{\lim\limits_{x\to1}(x^2-1)}{\lim\limits_{x\to1}(x+2)}=\frac{0}{3}=0$$

例 1-27 求 $\lim\limits_{x\to\infty}\frac{3x^2+x-4}{x^2-4}$.

解 当 $x\to\infty$ 时分子、分母的极限不存在，用分子、分母中 x 的最高次幂 x^2 去除分子、分母，可得

$$\lim_{x\to\infty}\frac{3x^2+x-4}{x^2-4}=\lim_{x\to\infty}\frac{3+\frac{1}{x}-\frac{4}{x^2}}{1-\frac{4}{x^2}}=3$$

例 1-28 求极限 $\lim\limits_{x\to\infty}\frac{5x^2-2x+3}{3x^3+x-1}$.

解 分子、分母同除以 x^3，然后再求极限，得

$$\lim_{x\to\infty}\frac{5x^2-2x+3}{3x^3+x-1}=\lim_{x\to\infty}\frac{\frac{5}{x}-\frac{2}{x^2}+\frac{3}{x^3}}{3+\frac{1}{x^2}-\frac{1}{x^3}}=\frac{0}{3}=0$$

一般地，有如下结果：

$$\lim_{n\to\infty}\frac{a_0x^n+a_1x^{n-1}+\cdots+a_{n-1}x+a_n}{b_0x^m+b_1x^{m-1}+\cdots+b_{m-1}x+b_m}=\begin{cases}0, & n<m,\\ \dfrac{a_0}{b_0}, & n=m, \quad (a_0b_0\neq 0)\\ \infty, & n>m\end{cases}$$

例 1 - 29　求$\lim\limits_{x\to 3}\dfrac{x^2-9}{x-3}$.

解　当$x\to 3$时，分子与分母的极限都为零，于是分子、分母不能分别取极限. 因分子及分母有公因式 $x-3$，而 $x\to 3$ 时 $x\neq 3$，可约去此不为零的公因式，所以

$$\lim_{x\to 3}\frac{x^2-9}{x-3}=\lim_{x\to 3}\frac{(x-3)(x+3)}{x-3}=\lim_{x\to 3}\frac{x+3}{1}=6$$

例 1 - 30　求$\lim\limits_{x\to+\infty}(\sqrt{x+1}-\sqrt{x})$.

解　因为当$x\to+\infty$时，$\sqrt{x+1}$与$\sqrt{x}$都无限增大，所以都没有极限，因此不能用四则运算法则求这个极限，而须将其变形为

$$\lim_{x\to+\infty}(\sqrt{x+1}-\sqrt{x})=\lim_{x\to+\infty}\frac{(\sqrt{x+1}-\sqrt{x})(\sqrt{x+1}+\sqrt{x})}{\sqrt{x+1}+\sqrt{x}}=\lim_{x\to+\infty}\frac{1}{\sqrt{x+1}+\sqrt{x}}=0$$

例 1 - 31　求极限$\lim\limits_{n\to\infty}(\dfrac{1}{n^2}+\dfrac{2}{n^2}+\cdots+\dfrac{n}{n^2})$.

解　当$n\to\infty$时，上式不是有限项之和，因此不能直接应用定理 1.4 求这个极限. 注意到

$$\frac{1}{n^2}+\frac{2}{n^2}+\cdots+\frac{n}{n^2}=\frac{1}{n^2}(1+2+\cdots+n)=\frac{1}{n^2}\frac{n(n+1)}{2}=\frac{n+1}{2n}$$

所以

$$\lim_{n\to\infty}\left(\frac{1}{n^2}+\frac{2}{n^2}+\cdots+\frac{n}{n^2}\right)=\lim_{n\to\infty}\frac{n+1}{2n}=\lim_{n\to\infty}\frac{1+\frac{1}{n}}{2}=\frac{1}{2}$$

以上着重介绍了利用极限四则运算法则求极限的方法. 以上一些例子表明，有些函数或数列不能直接应用极限运算法则求它们的极限，但可通过将函数或数列变形，使之能应用极限运算法则求极限. 此外，利用无穷小量与无穷大量的关系以及无穷小量的性质，也可求出一些极限的值.

1.10.2　极限的存在准则

准则Ⅰ（单调有界准则）　单调有界数列必有极限.

其几何解释为在数轴上，对应于单调数列$\{x_n\}$的点列只能从 x_1 开始向一个方向排列，所以只有两种可能情况：或者点列$\{x_n\}$沿数轴移向无穷远处（此时$\{x_n\}$发散）；或者点列$\{x_n\}$无限趋近于某一定点 a（常数），也就是$\{x_n\}$以 a 为极限. 现已假定数列是有界的，因此结果只能是后者.

在本章 1.8 中我们知道，收敛数列必定有界，但也曾指出，有界数列不一定收敛. 而准则 Ⅰ 告诉我们：若数列不仅有界，而且单调，则这个数列一定是收敛的，即数列有极限.

例 1－32 设 $x_n=(1+\frac{1}{n})^n$，证明数列 $\{x_n\}$ 收敛.

证 首先，证明数列 $\{x_n\}$ 是单调增加的. 按二项式展开公式，有

$$x_n=(1+\frac{1}{n})^n$$
$$=1+\frac{n}{1!}\cdot\frac{1}{n}+\frac{n(n-1)}{2!}\cdot\frac{1}{n^2}+\frac{n(n-1)(n-2)}{3!}\cdot\frac{1}{n^3}+\cdots+\frac{n(n-1)\cdots(n-n+1)}{n!}\cdot\frac{1}{n^n}$$
$$=1+\frac{1}{1!}+\frac{1}{2!}(1-\frac{1}{n})+\frac{1}{3!}(1-\frac{1}{n})(1-\frac{2}{n})+\cdots+\frac{1}{n!}(1-\frac{1}{n})(1-\frac{2}{n})\cdots(1-\frac{n-1}{n})$$

类似地有

$$x_{n+1}=1+\frac{1}{1!}+\frac{1}{2!}(1-\frac{1}{n+1})+\frac{1}{3!}(1-\frac{1}{n+1})(1-\frac{2}{n+1})+\cdots$$
$$+\frac{1}{n!}(1-\frac{1}{n+1})(1-\frac{2}{n+1})\cdots(1-\frac{n-1}{n+1})+\frac{1}{(n+1)!}(1-\frac{1}{n+1})(1-\frac{2}{n+1})\cdot\cdots$$
$$\cdot(1-\frac{n}{n+1})$$

比较 x_n 与 x_{n+1} 中相同位置的项，它们的第一、第二项相同，从第三项起到第 $n+1$ 项，x_{n+1} 每一项都大于 x_n 的对应项，并且在 x_{n+1} 中还多出最后一个正项，因此有

$$x_n<x_{n+1}$$

其次，证明 $\{x_n\}$ 有界. 因为 $1-\frac{1}{n},1-\frac{2}{n},\cdots,1-\frac{n-1}{n}$ 这些因子都小于 1，故

$$x_n<1+1+\frac{1}{2!}+\cdots+\frac{1}{n!}<1+1+\frac{1}{2}+\frac{1}{2^2}+\cdots+\frac{1}{2^{n-1}}=1+\frac{1-\frac{1}{2^n}}{1-\frac{1}{2}}=3-\frac{1}{2^{n-1}}<3$$

根据准则 Ⅰ，数列 $\{(1+\frac{1}{n})^n\}$ 收敛，将极限值记为 e，即

$$\lim_{n\to\infty}(1+\frac{1}{n})^n=\mathrm{e}$$

可以证明 e 是无理数，它的值为

$$\mathrm{e}=2.718\,281\,828\,459\,045\cdots$$

可以证明，当 x 取实数而趋向 $+\infty$ 或 $-\infty$ 时，函数 $(1+\frac{1}{x})^x$ 的极限都存在且等于 e，因此

$$\lim_{x\to\infty}(1+\frac{1}{x})^x=\mathrm{e}$$

利用代换 $z=\frac{1}{x}$，则当 $x\to\infty$ 时，$z\to 0$，于是又可写成

$$\lim_{z\to 0}(1+z)^{\frac{1}{z}}=\mathrm{e}$$

我们称此极限为重要极限，以后可当成结论.

准则 Ⅱ（夹逼准则） 设有三个数列 $\{x_n\}$，$\{y_n\}$，$\{z_n\}$，满足

(1) 存在 $N_0 > 0$（N_0 为已知正整数），当 $n > N_0$ 时，恒有 $y_n \leqslant x_n \leqslant z_n$；

(2) $\lim\limits_{n\to\infty} y_n = \lim\limits_{n\to\infty} z_n = a$，

则数列 $\{x_n\}$ 收敛，且

$$\lim_{n\to\infty} x_n = a$$

证明从略.

类似地，有如下函数极限的夹逼准则：

设函数 $f(x), g(x), h(x)$ 在点 x_0 的某个去心邻域内有定义，且满足

(1) $g(x) \leqslant f(x) \leqslant h(x)$；

(2) $\lim\limits_{x\to x_0} g(x) = \lim\limits_{x\to x_0} h(x) = A$，

则极限 $\lim\limits_{x\to x_0} f(x)$ 存在，且等于 A.

例 1－33　证明：$\lim\limits_{x\to 0}\dfrac{\sin x}{x} = 1$.

证　函数 $\dfrac{\sin x}{x}$ 当 $x \to 0$ 时，分子、分母的极限均为 0，因此不能用函数商的极限运算法则求. 下面用夹逼准则证明其极限为 1.

先证不等式：当 $|x| < \dfrac{\pi}{2}$ 时

$$|\sin x| \leqslant |x| \leqslant |\tan x|$$

其中的两个等号只在 $x = 0$ 时成立.

作单位圆如图 1－27，设圆心角 $\angle AOB = x$，过点 A 作圆的切线与 OB 的延长线交于点 C，又作 $BD \perp OA$，则有 $\sin x = BD$，$\tan x = AC$. 因为

$$\triangle OAB \text{ 的面积} < \text{扇形 } OAB \text{ 的面积} < \triangle OAC \text{ 的面积}$$

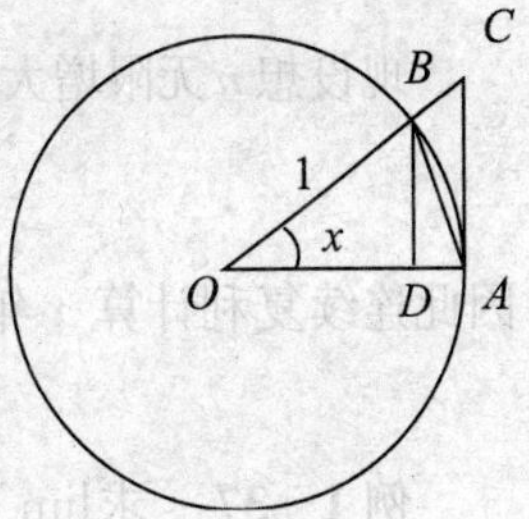

图 1－27

所以，当 $0 < x < \dfrac{\pi}{2}$ 时

$$\frac{1}{2}\sin x < \frac{1}{2}x < \frac{1}{2}\tan x$$

即 $\sin x < x < \tan x$.

而当 $-\dfrac{\pi}{2} < x < 0$ 时，有 $0 < -x < \dfrac{\pi}{2}$，从而有

$$\sin(-x) < -x < \tan(-x)$$

即 $-\sin x < -x < -\tan x$.

即当 $0 < |x| < \dfrac{\pi}{2}$ 时，有 $|\sin x| < |x| < |\tan x|$，这样就证明了上述不等式.

当 $0 < |x| < \dfrac{\pi}{2}$ 时，用 $|\sin x|$ 除不等式 $|\sin x| < |x| < |\tan x|$ 的各端，得

$$1 < \left|\frac{x}{\sin x}\right| < \left|\frac{\tan x}{\sin x}\right|$$

即 $1 < \left|\dfrac{x}{\sin x}\right| < \left|\dfrac{1}{\cos x}\right|$，也即 $1 < \dfrac{x}{\sin x} < \dfrac{1}{\cos x}$，从而有 $\cos x < \dfrac{\sin x}{x} < 1$.

注意 $\cos x = 1 - 2\sin^2\dfrac{x}{2} \geqslant 1 - 2\left(\dfrac{x}{2}\right)^2 = 1 - \dfrac{x^2}{2}$，所以

$$1-\frac{x^2}{2}<\frac{\sin x}{x}<1$$

因为

$$\lim_{x\to 0}(1-\frac{x^2}{2})=1,\quad \lim_{x\to 0}1=1$$

由夹逼准则,可得

$$\lim_{x\to 0}\frac{\sin x}{x}=1$$

这也是常用的一个重要极限,下面举例说明如何利用这两个重要极限求极限.

例 1-34 求$\lim\limits_{x\to\infty}(1+\frac{4}{x})^{3x}$.

解 令$t=\frac{x}{4}$,则当$x\to\infty$时,$t\to\infty$,因此

$$\lim_{x\to\infty}(1+\frac{4}{x})^{3x}=\lim_{t\to\infty}(1+\frac{1}{t})^{12t}=\lim_{t\to\infty}\left[(1+\frac{1}{t})^t\right]^{12}=e^{12}$$

例 1-35 求$\lim\limits_{x\to 0}(1+3x^2)^{\frac{1}{x^2}}$.

解 $$\lim_{x\to 0}(1+3x^2)^{\frac{1}{x^2}}=\lim_{x\to 0}[(1+3x^2)^{\frac{1}{3x^2}}]^3=e^3$$

例 1-36 设有本金1 000 元,若用连续复利计算,年利率为 8%,5 年末可得本利和为多少?

解 设复利 1 年计算 1 次,则 1 年末本利和为 $1\ 000(1+0.08)^1$,所以 x 年末本利和为 $1\ 000(1+0.08)^x$;

若复利 3 个月为 1 期计算,则 x 年末本利和为 $1\ 000(1+\frac{0.08}{4})^{4x}$;

同理,若复利 1 年计 n 次,则 x 年末本利和为 $1\ 000(1+\frac{0.08}{n})^{nx}$.

现设想 n 无限增大,以致复利接连不断地计算,则当 $n\to\infty$ 时,称之为连续复利,其极限为

$$\lim_{n\to\infty}(1+\frac{0.08}{n})^{nx}=e^{0.08x}$$

因此连续复利计算 x 年末本利和为 $1\ 000e^{0.08x}$,令 $x=5$,得 5 年末本利和为

$$1\ 000e^{0.08\times 5}=1\ 000e^{0.4}=1\ 492(\text{元})$$

例 1-37 求$\lim\limits_{x\to 0}\frac{\tan x}{x}$.

解 $$\lim_{x\to 0}\frac{\tan x}{x}=\lim_{x\to 0}(\frac{\sin x}{x}\cdot\frac{1}{\cos x})=\lim_{x\to 0}\frac{\sin x}{x}\cdot\lim_{x\to 0}\frac{1}{\cos x}=1$$

例 1-38 求$\lim\limits_{x\to 0}\frac{1-\cos x}{x^2}$.

解 $$\lim_{x\to 0}\frac{1-\cos x}{x^2}=\lim_{x\to 0}\frac{2\sin^2\frac{x}{2}}{x^2}=\frac{1}{2}\lim_{x\to 0}\frac{\sin^2\frac{x}{2}}{(\frac{x}{2})^2}=\frac{1}{2}\lim_{x\to 0}\left[\frac{\sin\frac{x}{2}}{\frac{x}{2}}\right]^2=\frac{1}{2}$$

1.11　无穷小与无穷大

1.11.1　无穷小及其性质

定义 1.12　若$\lim\limits_{x \to x_0} f(x) = 0$,则称函数 $f(x)$ 在 $x \to x_0$ 时为无穷小.

无穷小定义中的$x \to x_0$,可以换成 $x \to x_0^+$,$x \to x_0^-$,$x \to \infty$,$x \to -\infty$,$x \to +\infty$ 等,在理解该定义时要注意两点:

(1) 要指明自变量的变化过程($x \to x_0$);

(2) 在这个过程中,函数 $f(x)$ 以 0 为极限.

应该注意无穷小是在某一变化过程中以 0 为极限的变量,而不是绝对值很小的数. 0 是可以作为无穷小的唯一常数.

根据无穷小的定义可推得无穷小有如下性质.

定理 1.5　有限个无穷小的代数和仍为无穷小.

定理 1.6　有界函数与无穷小的乘积仍为无穷小.

推论　常量与无穷小乘积仍为无穷小.

定理 1.7　有限个无穷小乘积仍为无穷小.

例如,当 $x \to 0$ 时 x 与 x^2 都是无穷小,又 $\sin \dfrac{1}{x}$ 为有界函数,所以由定理 1.6 得

$$\lim_{x \to 0} x \sin \frac{1}{x} = 0, \quad \lim_{x \to 0} x^2 \sin \frac{1}{x} = 0$$

定理 1.8　$\lim\limits_{x \to x_0} f(x) = A$ 的充分必要条件是$f(x) = A + \alpha(x)$,其中$\alpha(x)$ 在 $x \to x_0$ 时为无穷小,即$\lim\limits_{x \to x_0} \alpha(x) = 0$.

证　必要性. 设$\lim\limits_{x \to x_0} f(x) = A$,取 $\alpha(x) = f(x) - A$,则有

$$\lim_{x \to x_0} \alpha(x) = \lim_{x \to x_0} [f(x) - A] = A - A = 0$$

即 $\alpha(x)$ 在 $x \to x_0$ 时为无穷小,从而有

$$f(x) = A + \alpha(x)$$

充分性. 设 $f(x) = A + \alpha(x)$ 且$\lim\limits_{x \to x_0} \alpha(x) = 0$,则

$$\lim_{x \to x_0} f(x) = \lim_{x \to x_0} [A + \alpha(x)] = A + 0 = A$$

1.11.2　无穷小的比较

当 $x \to 0$ 时,x,x^2,$\sin x$,$2x$ 都是无穷小,可是它们趋于零的速度不同,衡量快慢的方法是用两个无穷小商的极限来衡量.

定义 1.13　设$\alpha = \alpha(x)$,$\beta = \beta(x)$ 在 $x \to x_0$(或 $x \to \infty$) 时为无穷小(且 $\alpha \neq 0$).

(1) 如果$\lim \dfrac{\beta}{\alpha} = C$($C \neq 0$,是常数),则称 β 与 α 是同阶无穷小;

(2) 如果$\lim \dfrac{\beta}{\alpha} = 1$,则称 β 与 α 是等价无穷小,记为 $\alpha \sim \beta$;

(3) 如果$\lim \frac{\beta}{\alpha} = 0$,则称$\beta$是$\alpha$ 的高阶无穷小,记作$\beta = o(\alpha)$.

例如,当$x \to 0$时$\sin x$与x是等价无穷小,即$\sin x \sim x(x \to 0)$,同时,当$x \to 0$时,$\tan x \sim x$;由于$\lim\limits_{x \to 0}(1 - \cos x) = 0$,且$\lim\limits_{x \to 0} \frac{1 - \cos x}{x^2} = \frac{1}{2}$,所以当$x \to 0$时$1 - \cos x$与$x^2$是同阶无穷小.

关于等价无穷小在求极限中的应用,有如下定理.

定理 1.9 设α,β,α'及β'在$x \to x_0$(或$x \to \infty$)时都是无穷小,且$\alpha \sim \alpha'$,$\beta \sim \beta'$,$\lim \frac{\beta'}{\alpha'}$存在,则有$\lim \frac{\beta}{\alpha} = \lim \frac{\beta'}{\alpha'}$.

证 由假设,有

$$\lim \frac{\beta}{\alpha} = \lim\left(\frac{\alpha'}{\alpha} \cdot \frac{\beta'}{\alpha'} \cdot \frac{\beta}{\beta'}\right) = \lim \frac{\alpha'}{\alpha} \lim \frac{\beta'}{\alpha'} \lim \frac{\beta}{\beta'} = \lim \frac{\beta'}{\alpha'}$$

根据此定理,在求两个无穷小量之比的极限时,若此极限不好求,可用分子、分母各自的等价无穷小来代替,如果选取适当,可简化运算. 常用的等价无穷小有:当$x \to 0$时

$$\sin x \sim x,\quad \tan x \sim x,\quad e^x - 1 \sim x,\quad \arcsin x \sim x,\quad \arctan x \sim x$$

$$1 - \cos x \sim \frac{x^2}{2},\quad \ln(1 + x) \sim x$$

例 1-39 求$\lim\limits_{x \to 0} \frac{\tan 3x}{\sin 2x}$.

解 当$x \to 0$时,$\tan 3x \sim 3x$,$\sin 2x \sim 2x$,所以

$$\lim_{x \to 0} \frac{\tan 3x}{\sin 2x} = \lim_{x \to 0} \frac{3x}{2x} = \frac{3}{2}$$

注意,相乘(除)的无穷小都可用各自的等价无穷小代替,但是相加(减)无穷小的项,必须整体用等价无穷小代替,不能各项分别代替. 例如

$$\lim_{x \to 0} \frac{\tan x - \sin x}{x^3} \neq \lim_{x \to 0} \frac{x - x}{x^3} = 0$$

1.11.3 无穷大

如果当$x \to x_0$(或$x \to \infty$)时,对应的函数值的绝对值$|f(x)|$无限增大,就说函数$f(x)$当$x \to x_0$(或$x \to \infty$)时为无穷大.

定义 1.14 设函数$f(x)$在x_0的某去心邻域内有定义,若对于任意给定的正数M,存在正数δ,当$0 < |x - x_0| < \delta$时,恒有$|f(x)| > M$,则称$f(x)$当$x \to x_0$时为无穷大量,简称无穷大,记为

$$\lim_{x \to x_0} f(x) = \infty \quad 或 \quad f(x) \to \infty (x \to x_0)$$

注意,当$x \to x_0$时函数$f(x)$为无穷大,按函数极限定义来说,极限是不存在的,但为了便于叙述函数的这一性态,我们也说"函数的极限是无穷大",并记作

$$\lim_{x \to x_0} f(x) = \infty$$

无穷大不是数,不可与很大的数混为一谈,无穷大是变量.

如果将定义中的 $|f(x)|>M$ 改为 $f(x)>M$(或 $f(x)<-M$),则为 $f(x)$ 在 $x\to x_0$ 时为正无穷大(或负无穷大)的定义,并且记为

$$\lim_{x\to x_0} f(x)=+\infty \quad (\text{或} \lim_{x\to x_0} f(x)=-\infty)$$

类似地,也可以给出 $f(x)$ 在 $x\to\infty$ 时为无穷大的定义.

如果当 $x\to x_0$ 时 $f(x)$ 为无穷大,即 $\lim\limits_{x\to x_0} f(x)=\infty$,则称直线 $x=x_0$ 为曲线 $y=f(x)$ 的铅直渐近线.

1.11.4　无穷小与无穷大的关系

关于无穷小与无穷大的关系,有如下结论.

定理 1.10　(1) 若 $\lim\limits_{x\to x_0} f(x)=\infty$,则 $\lim\limits_{x\to x_0}\dfrac{1}{f(x)}=0$;

(2) 若 $\lim\limits_{x\to x_0} f(x)=0$,且在 x_0 点的某去心邻域内 $f(x)\neq 0$,则 $\lim\limits_{x\to x_0}\dfrac{1}{f(x)}=\infty$.

简单地说,无穷小与无穷大的关系为:在自变量的同一趋向下,无穷大的倒数是无穷小,不等于 0 的无穷小的倒数是无穷大.

1.12　函数的连续性

自然界中的许多现象和事物不仅是运动变化的,而且其运动过程是连续不断的,如每日气温的变化、物体运动路程的变化等. 这种连续不断变化的现象和事物在数学上的描述就是函数的连续性,它是微积分学的又一重要概念.

1.12.1　函数的连续性

1. 函数的增量

定义 1.15　设变量 u 从它的一个值 u_1 变到另一个值 u_2,其差 u_2-u_1 称为变量 u 的增量,记作 Δu,即 $\Delta u=u_2-u_1$.

增量 Δu 可以是正的,也可以是负的. 当 Δu 为正的时,变量 u 从 u_1 变到 u_2 是增大的;当 Δu 为负的时,变量 u 从 u_1 变到 u_2 是减少的.

设有函数 $y=f(x)$,当自变量 x 从 x_0 变到 $x_0+\Delta x$,即 x 在 x_0 处取得增量 Δx 时,函数 y 相应地从 $f(x_0)$ 变到 $f(x_0+\Delta x)$,y 取得增量 Δy,即 $\Delta y=f(x_0+\Delta x)-f(x_0)$.

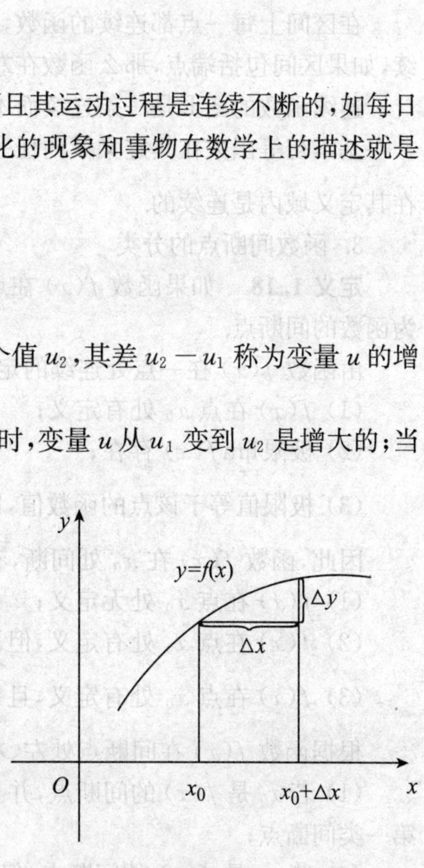

图 1-28

一般来说 Δy 既与点 x_0 有关,也与 x 的增量 Δx 有关(见图 1-28).

2. 函数连续的概念

假如保持 x_0 不变而让增量 Δx 变动,一般来说,函数 y 的增量 Δy 也要随着变动. 现在可对连续性的概念作这样的描述:如果当 Δx 趋于零时,函数 y 的对应增

量 Δy 也趋于零，即 $\lim\limits_{\Delta x\to 0}\Delta y=0$，那么就称函数 $y=f(x)$ 在点 x_0 处是连续的. 即有下述定义.

定义 1.16 设函数 $y=f(x)$ 在点 x_0 的某一邻域内有定义，如果当自变量的增量 $\Delta x=x-x_0$ 趋于零时，对应的函数的增量 $\Delta y=f(x_0+\Delta x)-f(x_0)$ 也趋于零，那么就称函数 $y=f(x)$ 在点 x_0 处连续.

设 $x=x_0+\Delta x$，则 $\Delta x\to 0$ 就是 $x\to x_0$，又由于

$$\Delta y=f(x_0+\Delta x)-f(x_0)=f(x)-f(x_0)$$

即 $f(x)=f(x_0)+\Delta y$，可见 $\Delta y\to 0$ 就是 $f(x)\to f(x_0)$，所以 $\lim\limits_{\Delta x\to 0}\Delta y=0$ 就可改写成

$$\lim_{x\to x_0}f(x)=f(x_0)$$

由此可知，函数在一点连续的定义也可表述如下.

定义 1.17 设函数 $y=f(x)$ 在点 x_0 的某一邻域内有定义，如果函数 $f(x)$ 当 $x\to x_0$ 时的极限存在，且等于它在点 x_0 处的函数值 $f(x_0)$，即 $\lim\limits_{x\to x_0}f(x)=f(x_0)$，那么就称函数 $f(x)$ 在点 x_0 连续.

下面说明左连续及右连续的概念.

如果函数 $f(x)$ 满足条件 $\lim\limits_{x\to x_0^-}f(x)=f(x_0)$（$\lim\limits_{x\to x_0^+}f(x)=f(x_0)$），就说函数 $f(x)$ 在点 x_0 左(右) 连续.

在区间上每一点都连续的函数，叫作在该区间上的连续函数，或者说函数在该区间上连续，如果区间包括端点，那么函数在左端点连续是指右连续，在右端点连续是指左连续.

连续函数的图形是一条连续而不间断的曲线.

基本初等函数在其定义域内任一点 x_0 处满足 $\lim\limits_{x\to x_0}f(x)=f(x_0)$，所以，基本初等函数在其定义域内是连续的.

3. 函数间断点的分类

定义 1.18 如果函数 $f(x)$ 在点 x_0 处不连续，则称函数 $f(x)$ 在点 x_0 处间断，点 x_0 称为函数的间断点.

由函数 $f(x)$ 在一点处连续的定义知，$f(x)$ 在点 x_0 处连续应同时满足下列三个条件：

(1) $f(x)$ 在点 x_0 处有定义；

(2) 极限 $\lim\limits_{x\to x_0}f(x)$ 存在；

(3) 极限值等于该点的函数值，即 $\lim\limits_{x\to x_0}f(x)=f(x_0)$.

因此，函数 $f(x)$ 在 x_0 处间断，有下列三种情况：

(1) $f(x)$ 在点 x_0 处无定义；

(2) $f(x)$ 在点 x_0 处有定义，但 $\lim\limits_{x\to x_0}f(x)$ 不存在；

(3) $f(x)$ 在点 x_0 处有定义，且 $\lim\limits_{x\to x_0}f(x)$ 存在，但是 $\lim\limits_{x\to x_0}f(x)\neq f(x_0)$.

根据函数 $f(x)$ 在间断点处左、右极限的情况，常将间断点分为两大类：

(1) 若 x_0 是 $f(x)$ 的间断点，并且 $f(x)$ 在点 x_0 处的左、右极限存在，则称 x_0 是 $f(x)$ 的第一类间断点；

(2) 若 x_0 是 $f(x)$ 的间断点，但不是第一类间断点，则称 x_0 是 $f(x)$ 的第二类间断点.

在第一类间断点中，如果左、右极限相等，即 $\lim\limits_{x\to x_0}f(x)$ 存在，则称此间断点为可去间断

点. 例如，函数 $f(x)=\dfrac{x^2-1}{x-1}$ 在 $x=1$ 处没有定义，所以 $x=1$ 是该函数的间断点，又因为 $\lim\limits_{x\to1}\dfrac{x^2-1}{x-1}=\lim\limits_{x\to1}(x+1)=2$ 存在，所以 $x=1$ 是该函数的可去间断点.

如果 x_0 是 $f(x)$ 的可去间断点，我们可以补充定义 $f(x_0)$ 或修改 $f(x_0)$ 的值，由 $f(x)$ 构造一个在 x_0 处连续的函数. 如上例中，补充 $f(1)=2$，即 $y=\begin{cases}\dfrac{x^2-1}{x-1}, & x\neq1,\\ 2, & x=1,\end{cases}$ 则在 $x=1$ 处 y 连续.

在第一类间断点中，如果左、右极限不相等，此间断点 x_0 称为 $f(x)$ 的跳跃间断点. 例如，函数 $f(x)=\begin{cases}x-1, & x<0,\\ 0, & x=0,\\ x+1, & x>0,\end{cases}$ 这里

$$\lim_{x\to0^-}f(x)=\lim_{x\to0^-}(x-1)=-1$$

$$\lim_{x\to0^+}f(x)=\lim_{x\to0^+}(x+1)=+1$$

所以 $x=0$ 是 $f(x)$ 的跳跃间断点.

在第二类间断点中，如果 $x\to x_0$ 时 $f(x)\to\infty$，称 x_0 是 $f(x)$ 的无穷间断点. 例如，$f(x)=\dfrac{x}{x-1}$，因为 $\lim\limits_{x\to1}\dfrac{x}{x-1}=\infty$，所以 $x=1$ 是 $f(x)$ 的无穷间断点.

如果 $x\to x_0$ 时，$f(x)$ 的极限不存在，且呈无限振荡情形，则称 x_0 是 $f(x)$ 的振荡间断点. 例如，$f(x)=\sin\dfrac{1}{x}$，因为 $\lim\limits_{x\to0}\sin\dfrac{1}{x}$ 不存在，且在 $[-1,1]$ 内振荡，所以，$x=0$ 是 $f(x)$ 的振荡间断点.

1.12.2　连续函数的运算与初等函数的连续性

根据函数在一点处连续的定义与极限的四则运算法则，可以得到以下定理.

定理 1.11　若函数 $f(x)$ 与 $g(x)$ 在点 x_0 处连续，则两个函数的和 $f(x)+g(x)$（或差 $f(x)-g(x)$）、积 $f(x)\cdot g(x)$、商 $\dfrac{f(x)}{g(x)}$ $(g(x_0)\neq0)$ 在点 x_0 处也连续.

证　以商为例加以证明，其他情况证明类似.

设 $f(x)$，$g(x)$ 在点 x_0 处连续，且 $g(x_0)\neq0$，记 $F(x)=\dfrac{f(x)}{g(x)}$，根据函数在 x_0 点连续的定义及商的极限运算法则，有

$$\lim_{x\to x_0}F(x)=\lim_{x\to x_0}\frac{f(x)}{g(x)}=\frac{\lim\limits_{x\to x_0}f(x)}{\lim\limits_{x\to x_0}g(x)}=\frac{f(x_0)}{g(x_0)}=F(x_0)$$

所以 $F(x)$ 在点 x_0 处连续，定理得证.

定理 1.12　如果函数 $y=f(x)$ 在区间 D_1 上单调增加（或减少）且连续，那么它的反函数 $x=f^{-1}(y)$ 也在对应的区间 $D_2=\{y\mid y=f(x),x\in D_1\}$ 上单调增加（或减少）且连续.

证明从略.

定理 1.13 设函数 $y=f(u)$ 在点 u_0 处连续，函数 $u=\varphi(x)$ 当 $x\to x_0$ 时极限存在，且
$$\lim_{x\to x_0}\varphi(x)=u_0$$
则复合函数 $y=f[\varphi(x)]$ 当 $x\to x_0$ 时极限也存在，且等于 $f(u_0)$，即
$$\lim_{x\to x_0}f[\varphi(x)]=f(u_0)$$

上式也可以写成
$$\lim_{x\to x_0}f[\varphi(x)]=f[\lim_{x\to x_0}\varphi(x)]$$
这表明在定理1.13的条件下，求复合函数 $y=f[\varphi(x)]$ 的极限时，函数符号 f 与极限符号可以交换顺序.

定理 1.13 的结论还可以换成另一种写法，即
$$\lim_{x\to x_0}f[\varphi(x)]=\lim_{u\to u_0}f(u)$$
这表明在定理1.13的条件下，如果作变量代换 $u=\varphi(x)$，则求极限 $\lim\limits_{x\to x_0}f[\varphi(x)]$ 就变成求极限 $\lim\limits_{u\to u_0}f(u)$. 这给我们求极限时常用的变量代换法提供了理论依据.

把 $x\to x_0$ 换成 $x\to\infty$ 时，相应的结论也是成立的.

定理 1.14 设函数 $y=f(u)$ 在点 u_0 处连续，又函数 $u=\varphi(x)$ 在 x_0 处连续，且 $\varphi(x_0)=u_0$，则复合函数 $y=f[\varphi(x)]$ 在点 x_0 处也连续.

证明从略.

推论 两个连续函数复合而成的复合函数仍然是连续函数.

例 1-40 讨论函数 $y=\cos\sqrt{1-x^2}$ 的连续性.

解 函数 $y=\cos\sqrt{1-x^2}$ 可以看成是由函数 $y=\cos u$，$u=\sqrt{v}$ 及 $v=1-x^2$ 复合而成，$y=\cos u$ 在 $(-\infty,+\infty)$ 上连续，$u=\sqrt{v}$ 在 $[0,+\infty)$ 上连续，$v=1-x^2$ 在 $(-\infty,+\infty)$ 上连续. 当 x 在 $[-1,1]$ 上时，$v=1-x^2$ 的值域包含在 $u=\sqrt{v}$ 的定义域中，且 u 的值域包含在 $y=\cos u$ 的定义域中，根据定理 1.14 的推论，函数 $y=\cos\sqrt{1-x^2}$ 在 $[-1,1]$ 上连续.

例 1-41 求 $\lim\limits_{x\to 2}\arcsin(x-1)$.

解 $y=\arcsin(x-1)$ 可看成由 $y=\arcsin u$，$u=x-1$ 复合而成，所以
$$\lim_{x\to 2}\arcsin(x-1)=\arcsin[\lim_{x\to 2}(x-1)]=\arcsin 1=\frac{\pi}{2}$$

由初等函数的定义和基本初等函数的连续性，再根据连续函数的四则运算性质和连续函数的复合函数的性质，可以得出如下重要结论：一切初等函数在其定义域内都是连续的.

1.12.3 闭区间上连续函数的性质

闭区间上的连续函数有一些重要性质.

1. 最值定理

定理 1.15（最值定理） 若函数 $f(x)$ 在闭区间 $[a,b]$ 上连续，则 $f(x)$ 在 $[a,b]$ 上必取得最大值和最小值.

最值定理给出了函数有最大值及最小值的充分条件，定理中的两个条件（闭区间、连续函数）缺一不可. 在开区间上连续的函数不一定有此性质. 例如，$y=x$ 在开区间 $(0,1)$ 上连

续，但是它在开区间内既无最大值，也无最小值. 再如，函数

$$f(x)=\begin{cases}x+1, & -1\leqslant x<0;\\ 0, & x=0;\\ x-1, & 0<x\leqslant 1\end{cases}$$

在闭区间$[-1,1]$上有定义，但是$x=0$是其间断点，它在$[-1,1]$上既无最大值也无最小值.

推论(有界性定理)　闭区间上的连续函数，在该区间上必有界.

证　设函数$f(x)$在$[a,b]$上连续，由最值定理知存在$x_1,x_2\in[a,b]$，使得对于一切的$x\in[a,b]$，都有

$$f(x_1)\leqslant f(x)\leqslant f(x_2)$$

即$f(x_1)$，$f(x_2)$分别是$[a,b]$区间上$f(x)$的最小值和最大值，现取$M=\max\{|f(x_1)|,|f(x_2)|\}$，则对一切$x\in[a,b]$，均有

$$|f(x)|\leqslant M$$

因此，函数$f(x)$在$[a,b]$上有界.

2. 介值定理

定理1.16(介值定理)　如果函数$f(x)$在闭区间$[a,b]$上连续，$f(a)\neq f(b)$，且常数c介于$f(a)$和$f(b)$之间，则至少有一点$\xi\in(a,b)$，使得$f(\xi)=c$成立.

介值定理表明，在闭区间$[a,b]$上的连续函数$f(x)$的图形，是从点$(a,f(a))$到点$(b,f(b))$的中间无空隙的连续不断的曲线，所以直线$y=c$(c介于$f(a)$到$f(b)$之间)至少与曲线$y=f(x)$相交一次. 如果$f(x)$在$[a,b]$上是严格单调的，则仅相交一次.

如果函数在$[a,b]$上有间断点，则结论不一定成立. 例如，函数

$$f(x)=\begin{cases}x, & 0\leqslant x<1;\\ 2, & x=1\end{cases}$$

在闭区间$[0,1)$上有定义，点$x=1$是$f(x)$的间断点，数$c=1.5$介于$f(0)=0$，$f(1)=2$之间，但对于任意的$x\in[0,1]$，都有$f(x)\neq 1.5$.

推论1　闭区间上的连续函数，必能取得它的最大值与最小值之间的一切值.

推论2(零点定理)　若函数$f(x)$在闭区间$[a,b]$上连续，且$f(a)\cdot f(b)<0$，则至少有一点$\xi\in(a,b)$，使得$f(\xi)=0$.

例1-42　证明：方程$x^3+x+1=0$在$(-1,1)$内至少有一个根.

证　设$f(x)=x^3+x+1$. 因为$f(x)$是初等函数，所以在闭区间$[-1,1]$上连续，且$f(-1)=-1<0$，$f(1)=3>0$. 由零点定理知，至少存在一点$\xi\in(-1,1)$使得$f(\xi)=0$，即ξ是方程$f(x)=0$即$x^3+x+1=0$的一个根.

习题1

1. 写出下列数列的一般项，并通过观察指出哪些数列收敛. 若收敛，极限值是多少？

(1) $1,\frac{1}{\sqrt{2}},\frac{1}{\sqrt{3}},\frac{1}{\sqrt{4}},\frac{1}{\sqrt{5}},\cdots$；

(2) $1,\frac{3}{2},\frac{1}{3},\frac{5}{4},\frac{1}{5},\frac{7}{6},\cdots$；

(3) $0,\frac{1}{2},0,\frac{1}{4},0,\frac{1}{8},\cdots$;

(4) $1,-\frac{3}{5},\frac{3^2}{5^2},-\frac{3^3}{5^3},\frac{3^4}{5^4},-\frac{3^5}{5^5},\cdots$;

(5) $0,\frac{3}{2},\frac{8}{3},\frac{15}{4},\frac{24}{5},\cdots$.

2. 设数列$\{x_n\}$的一般项$x_n=\dfrac{\cos\frac{n\pi}{2}}{n}$，问$\lim\limits_{n\to\infty}x_n$等于多少?求出$N$，使当$n>N$时，$x_n$与其极限之差的绝对值小于正数$\varepsilon$；当$\varepsilon=0.000\ 1$时，求出相应的$N$.

3. 设$f(x)=\dfrac{|x|}{x}$，求$\lim\limits_{x\to0^-}f(x)$，$\lim\limits_{x\to0^+}f(x)$.

4. 设$f(x)=\begin{cases}x, & 0\leqslant x<1,\\ \frac{1}{2}, & 1\leqslant x<2,\\ \frac{1}{x}, & 2\leqslant x<3.\end{cases}$分别讨论$x\to1$及$x\to2$时$f(x)$的极限是否存在.

5. 下列变量中，哪些是无穷小?哪些是无穷大?

(1) $100x(x\to0)$；　　(2) $\dfrac{n^2}{n+1}(n\to\infty)$；

(3) $\dfrac{x+2}{x-1}(x\to1)$；　　(4) $e^{\frac{1}{x}}(x\to\infty)$.

6. 求下列极限：

(1) $\lim\limits_{x\to-1}(2x^3-x^2+x-3)$；　　(2) $\lim\limits_{x\to0}(2-\dfrac{1}{x-2})$；

(3) $\lim\limits_{x\to0}\dfrac{2x^3-5x^2+2x}{4x^2+x}$；　　(4) $\lim\limits_{x\to1}\dfrac{x^2-3x+2}{1-x^2}$；

(5) $\lim\limits_{x\to-1}\dfrac{x^2-x-2}{x^3+1}$；　　(6) $\lim\limits_{x\to\infty}\dfrac{x^2+1}{2x^2-1}$；

(7) $\lim\limits_{x\to1}(\dfrac{1}{x-1}-\dfrac{3}{1-x^3})$；　　(8) $\lim\limits_{h\to0}\dfrac{(x+h)^2-x^2}{h}$；

(9) $\lim\limits_{x\to\infty}\dfrac{x^3-1}{x^2+3x+2}$；　　(10) $\lim\limits_{x\to\infty}\dfrac{x^2+x}{x^5+4x-2}$；

(11) $\lim\limits_{x\to+\infty}\dfrac{\sqrt{1+x^2-1}}{x}$；　　(12) $\lim\limits_{x\to+\infty}(\sqrt{x^2+x}-\sqrt{x^2-x})$；

(13) $\lim\limits_{n\to\infty}\dfrac{1+2+\cdots+n}{n^2}$；　　(14) $\lim\limits_{n\to\infty}[1-\dfrac{1}{2}+\dfrac{1}{4}+\cdots+(-\dfrac{1}{2})^{n-1}]$.

7. 求下列极限：

(1) $\lim\limits_{x\to0}\dfrac{\tan3x}{\sin5x}$；　　(2) $\lim\limits_{x\to1}\dfrac{\sin(x^2-1)}{x-1}$；

(3) $\lim\limits_{n\to\infty}2^n\sin\dfrac{\pi}{2^n}$；　　(4) $\lim\limits_{n\to\infty}x^2\tan\dfrac{3}{x^2}$；

(5) $\lim\limits_{x\to0}\dfrac{1-\cos2x}{\sin4x}$；　　(6) $\lim\limits_{x\to0^+}\dfrac{\sqrt{1-\cos x}}{\sqrt{x}\sin\sqrt{x}}$；

(7) $\lim\limits_{x\to\pi}\dfrac{\sin x}{\pi-x}$；　(8) $\lim\limits_{x\to0}\dfrac{\tan x-\sin x}{x^3}$；

(9) $\lim\limits_{x\to0}(1-3x)^{\frac{1}{x}}$；　(10) $\lim\limits_{n\to\infty}(1+\dfrac{1}{n+1})^n$；

(11) $\lim\limits_{x\to\infty}(\dfrac{x}{1+x})^x$；　(12) $\lim\limits_{x\to\infty}(\dfrac{x-a}{x+a})^x$；

(13) $\lim\limits_{x\to0}(\dfrac{3-x}{3+x})^{\frac{2}{x}}$；　(14) $\lim\limits_{x\to0}(1-\sin x)^{\frac{1}{x}}$；

(15) $\lim\limits_{x\to\frac{\pi}{2}}(1+\cos x)^{2\sec x}$；　(16) $\lim\limits_{x\to0}(\sec^2 x)^{\cot^2 x}$.

8. 一机器的原价为 50 000 元,因逐年变旧,每年价值减少 8%,问 10 年后机器价值是多少?

9. 设某银行利率 r 为 8%,每年结算的次数 m 为 12,现存入本金 A_0 为 1 000 元,求三年后的复利;如果令 $m\to\infty$,即"立刻存入,立刻生息",求三年后的连续复利.

10. 求下列函数的间断点,并指出它的类型,如果是可去间断点,则补充函数的定义使其连续.

(1) $y=\dfrac{1}{(x-1)^2}$；　(2) $y=\dfrac{x^2-1}{x^2-x-2}$；

(3) $y=\dfrac{x}{\tan x}$；　(4) $y=\begin{cases}x, & x\leqslant2,\\ x^2 & x>2.\end{cases}$

11. 讨论下列函数在点 $x=0$ 处的连续性.

(1) $y=|\sin x|$；　(2) $y=\begin{cases}x^2\sin\dfrac{1}{x}, & x\neq0,\\ 0, & x=0.\end{cases}$

12. 求下列极限:

(1) $\lim\limits_{x\to\infty}\ln\dfrac{x^2+x+2}{3x^2+x}$；　(2) $\lim\limits_{x\to0}\arctan\dfrac{1}{1+x^2}$；

(3) $\lim\limits_{x\to0}e^{\frac{\sin x}{x}}$；　(4) $\lim\limits_{x\to0}\left[\cos x-\dfrac{\ln(x+1)}{x}\right]$；

(5) $\lim\limits_{x\to0}\dfrac{e^x-1}{x}$；　(6) $\lim\limits_{x\to+\infty}\left(\dfrac{\pi}{2}-\arctan\sqrt{x+1}\right)$；

(7) $\lim\limits_{x\to0}(1+3\tan^2 x)^{\cot^2 x}$；　(8) $\lim\limits_{x\to a}\dfrac{\sin x-\sin a}{x-a}$.

13. 设 $f(x)=\begin{cases}a+x, & x\leqslant1,\\ \ln x, & x>1,\end{cases}$ 应该怎样选择 a,可使函数 $f(x)$ 为连续函数?

14. 证明:方程 $x^5-3x=1$ 在 1 与 2 之间至少存在一个根.

15. 证明:曲线 $y=x^4-3x+7x-10$ 在 $x=1$ 与 $x=2$ 之间与 x 轴至少有一个交点.

16. 设 $f(x)=e^x-2$,求证:在区间(0,2)内至少存在一点 ξ,使 $e^{\xi}-2=\xi$.

第 2 章　导数与微分

2.1　导数概念

2.1.1　导数概念的实例

在实际问题中，常常需要研究自变量 x 的改变量 Δx 与相应函数 $y = f(x)$ 的改变量 Δy 之间的关系，研究它们的比 $\Delta y/\Delta x$，以及当 $\Delta x \to 0$ 时 $\Delta y/\Delta x$ 的极限. 下面，我们来看两个实例.

1. 变速直线运动的速度

设某物体作变速直线运动，显然，路程 s 是时刻 t 的函数，如果已知路程函数为

$$s = f(t)$$

求该物体在时刻 t_0 时的速度 $v(t_0)$.

对于上述变速直线运动，从时刻 t_0 到时刻 $t_0 + \Delta t(\Delta t > 0)$，物体所通过的路程为

$$\Delta s = f(t_0 + \Delta t) - f(t_0)$$

则比值 $\Delta s/\Delta t$ 为物体在时间段 $[t_0, t_0 + \Delta t]$ 内的平均速度，记为 $\bar{v}$，即

$$\bar{v} = \frac{\Delta s}{\Delta t} = \frac{f(t_0 + \Delta t) - f(t_0)}{\Delta t}$$

在变速直线运动中，平均速度 $\bar{v}$ 不仅与 t_0 有关，而且与 Δt 有关. 当 t_0 固定时，$\bar{v}$ 是 Δt 的函数；当 Δt 很小时，$\bar{v}$ 近似地等于物体在 t_0 时的瞬时速度，并且 Δt 越小，近似程度越好. 当 $\Delta t \to 0$ 时，若 $\bar{v}$ 趋于一确定的极限值，该值就是物体在 t_0 时刻的瞬时速度 $v(t_0)$，即

$$v(t_0) = \lim_{\Delta t \to 0} \frac{\Delta s}{\Delta t} = \lim_{\Delta t \to 0} \frac{f(t_0 + \Delta t) - f(t_0)}{\Delta t}$$

由此可见，物体在时刻 t_0 时的瞬时速度 $v(t_0)$ 是路程函数 $s = f(t)$ 的改变量 Δs 与自变量 t 的改变量 Δt 的比值 $\Delta s/\Delta t$ 当 $\Delta t \to 0$ 时的极限.

例 2-1　已知自由落体的运动方程为

$$s = \frac{1}{2}gt^2$$

求落体在 t_0 时的瞬时速度.

解　落体在 t_0 到 $t_0 + \Delta t$ 这段时间内取得的路程改变量为

$$\Delta s = \frac{1}{2}g(t_0 + \Delta t)^2 - \frac{1}{2}gt_0^2 = gt_0\Delta t + \frac{1}{2}g(\Delta t)^2$$

平均速度为

$$\bar{v}=\frac{\Delta s}{\Delta t}=gt_0+\frac{1}{2}g\Delta t$$

落体在时刻 t_0 的瞬时速度为

$$v(t_0)=\lim_{\Delta t\to 0}\bar{v}=gt_0$$

2. 平面曲线的切线的斜率

设点 $A(x_0,y_0)$ 是曲线 $y=f(x)$ 上一点，当自变量从 x_0 变到 $x_0+\Delta x$ 时，在曲线上得到另一点 $B(x_0+\Delta x,y_0+\Delta y)$. 由图 2-1 可以看到，函数的改变量 Δy 与自变量的改变量 Δx 的比 $\Delta y/\Delta x$ 等于曲线 $y=f(x)$ 的割线 AB 的斜率，即

$$\tan\varphi=\frac{\Delta y}{\Delta x}=\frac{f(x_0+\Delta x)-f(x_0)}{\Delta x}$$

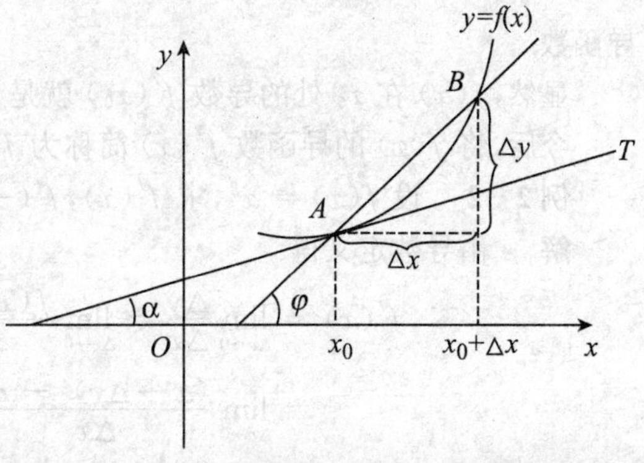

图 2-1

其中，φ 是割线 AB 的倾角. 显然，当 $\Delta x\to 0$ 时，B 点沿曲线移动而趋向于 A 点，这时割线 AB 以 A 为支点逐渐转动而趋于一极限位置，即为直线 AT. 直线 AT 称为曲线 $y=f(x)$ 在 A 点处的切线. 相应地，割线 AB 的斜率 $\tan\varphi$ 随 $\Delta x\to 0$ 而趋于切线 AT 的斜率 $\tan\alpha$（α 是切线的倾角），即

$$\tan\alpha=\lim_{\Delta x\to 0}\tan\varphi=\lim_{\Delta x\to 0}\frac{f(x_0+\Delta x)-f(x_0)}{\Delta x}$$

由此可见，曲线 $y=f(x)$ 在点 $A(x_0,y_0)$ 处切线的斜率为函数 $y=f(x)$ 的改变量 Δy 与自变量 x 的改变量 Δx 的比值 $\Delta y/\Delta x$ 当 $\Delta x\to 0$ 时的极限.

以上两例的实际意义不同，但从抽象的数量关系来看，它们的实质是一样的，都可归结为计算函数改变量与自变量改变量的比值当自变量改变量趋于零时的极限. 这种特殊的极限叫做函数的导数.

2.1.2　导数的定义

1. $f(x)$ 在 x_0 处的导数

定义 2.1　设函数 $y=f(x)$ 在点 x_0 的某一邻域内有定义，当自变量 x 在 x_0 处取得改变量 Δx 时，有相应的函数改变量 Δy，若极限

$$\lim_{\Delta x\to 0}\frac{\Delta y}{\Delta x}=\lim_{\Delta x\to 0}\frac{f(x_0+\Delta x)-f(x_0)}{\Delta x}$$

存在，则称此极限值为函数 $f(x)$ 在点 x_0 处的导数或微商，记为

$$f'(x_0)\quad 或\quad y'\big|_{x=x_0}\quad 或\quad \frac{\mathrm{d}y}{\mathrm{d}x}\bigg|_{x=x_0}\quad 或\quad \frac{\mathrm{d}f}{\mathrm{d}x}\bigg|_{x=x_0}$$

即

$$f'(x_0)=\lim_{\Delta x\to 0}\frac{f(x_0+\Delta x)-f(x_0)}{\Delta x}$$

此时，也称 $f(x)$ 在 x_0 处可导；若上述极限不存在，则称 $f(x)$ 在 x_0 处无导数或不可导.

因为 $\Delta x=x-x_0$，所以当 $\Delta x\to 0$ 时，也可写成 $x\to x_0$，于是导数的定义又可表示为

$$f'(x_0)=\lim_{x\to x_0}\frac{f(x)-f(x_0)}{x-x_0}$$

2. $f(x)$ 在(a,b) 内可导

若函数 $f(x)$ 在(a,b) 内的每一点处都可导，则称 $f(x)$ 在(a,b) 内可导，其导数值也是随 x 而变化的函数，称为导函数，记为 $f'(x)$，也可记为 y'，$\frac{\mathrm{d}y}{\mathrm{d}x}$，$\frac{\mathrm{d}f}{\mathrm{d}x}$，也称 $f(x)$ 为(a,b) 内的可导函数.

显然，$f(x)$ 在 x_0 处的导数 $f'(x_0)$ 就是导函数 $f'(x)$ 在 x_0 的函数值.

今后，将 $f(x)$ 的导函数 $f'(x)$ 简称为 $f(x)$ 的导数。

例 2－2 设 $f(x)=x^2$，求 $f'(x)$，$f'(-1)$，$f'(2)$.

解 由导数定义得

$$f'(x)=\lim_{\Delta x\to 0}\frac{\Delta y}{\Delta x}=\lim_{\Delta x\to 0}\frac{f(x+\Delta x)-f(x)}{\Delta x}$$

$$=\lim_{\Delta x\to 0}\frac{(x+\Delta x)^2-x^2}{\Delta x}=\lim_{\Delta x\to 0}(2x+\Delta x)=2x$$

因此有

$$f'(-1)=f'(x)\big|_{x=-1}=2x\big|_{x=-1}=-2$$

$$f'(2)=f'(x)\big|_{x=2}=2\times 2=4$$

3. 单侧导数

定义 2.2 若 $\lim\limits_{\Delta x\to 0^-}\frac{f(x_0+\Delta x)-f(x_0)}{\Delta x}$ 存在，则称其为 $f(x)$ 在点 x_0 处的左导数，记为 $f'_-(x_0)$；反之，若 $\lim\limits_{\Delta x\to 0^+}\frac{f(x_0+\Delta x)-f(x_0)}{\Delta x}$ 存在，则称其为 $f(x)$ 在点 x_0 处的右导数，记为 $f'_+(x_0)$. $f'_-(x_0)$ 与 $f'_+(x_0)$ 统称为 $f(x)$ 在 x_0 处的单侧导数.

$f'(x_0)$ 存在的充分必要条件是其左、右导数都存在且相等.

例 2－3 设 $f(x)=\begin{cases}x, & x\leqslant 1;\\ x^2, & x>1.\end{cases}$ 问 $f(x)$ 在 $x=1$ 处是否可导？

解

$$f'_-(1)=\lim_{\Delta x\to 0^-}\frac{f(1+\Delta x)-f(1)}{\Delta x}=\lim_{\Delta x\to 0^-}\frac{1+\Delta x-1}{\Delta x}=1$$

$$f'_+(1)=\lim_{\Delta x\to 0^+}\frac{f(1+\Delta x)-f(1)}{\Delta x}=\lim_{\Delta x\to 0^+}\frac{(1+\Delta x)^2-1}{\Delta x}=\lim_{\Delta x\to 0^+}\frac{2\Delta x+(\Delta x)^2}{\Delta x}=2$$

因 $f'_-(1)\neq f'_+(1)$，故 $f(x)$ 在 $x=1$ 处不可导.

4. 导数的几何意义

由前面的讨论可知，如果函数 $y=f(x)$ 在点 x_0 处可导，则其导数 $f'(x_0)$ 的几何意义是 $f'(x_0)$ 为曲线 $y=f(x)$ 在点$(x_0,f(x_0))$ 处切线的斜率. 特别地，若 $f'(x_0)$ 不存在，且 $f'(x_0)=\infty$，则曲线 $y=f(x)$ 在点$(x_0,f(x_0))$ 处的切线垂直于 Ox 轴.

根据导数的几何意义，求切线方程问题就很容易了，曲线 $y=f(x)$ 在点$(x_0,f(x_0))$ 处的切线方程为

$$y-f(x_0)=f'(x_0)(x-x_0)$$

例 2－4 求抛物线 $y=x^2$ 在点$(-1,1)$ 处的切线方程.

解 由例 2－2 知 $f'(-1)=-2$，即曲线在点$(-1,1)$ 处的切线斜率为 -2，于是切线方

程为

$$y-1=-2(x+1), \quad 即 \quad y+2x+1=0$$

5. 可导与连续的关系

定理 2.1　若函数 $y=f(x)$ 在点 x_0 处可导,则 $f(x)$ 在点 x_0 处连续.

证　由 $y=f(x)$ 在点 x_0 处可导得

$$\lim_{\Delta x\to 0}\frac{\Delta y}{\Delta x}=f'(x_0)$$

于是有

$$\lim_{\Delta x\to 0}\Delta y=\lim_{\Delta x\to 0}\frac{\Delta y}{\Delta x}\cdot\Delta x=\lim_{\Delta x\to 0}\frac{\Delta y}{\Delta x}\cdot\lim_{\Delta x\to 0}\Delta x=f'(x_0)\cdot 0=0$$

故 $f(x)$ 在点 x_0 处连续.

注:函数 $y=f(x)$ 在点 x_0 处连续,但 $f(x)$ 在点 x_0 处不一定可导.

例 2-5　证明:函数

$$y=|x|=\begin{cases}-x, & x<0\\ x, & x\geqslant 0\end{cases}$$

在 $x=0$ 处连续但不可导.

证　因为

$$\lim_{x\to 0^-}f(x)=\lim_{x\to 0^-}(-x)=0, \quad \lim_{x\to 0^+}f(x)=\lim_{x\to 0^+}x=0$$

所以

$$\lim_{x\to 0}f(x)=0=f(0)$$

因而 $f(x)$ 在 $x=0$ 处连续.

又由于

$$f'_-(0)=\lim_{\Delta x\to 0^-}\frac{\Delta y}{\Delta x}=\lim_{\Delta x\to 0^-}\frac{-\Delta x}{\Delta x}=-1$$

$$f'_+(0)=\lim_{\Delta x\to 0^+}\frac{\Delta y}{\Delta x}=\lim_{\Delta x\to 0^+}\frac{\Delta x}{\Delta x}=1$$

即 $f'_-(0)\neq f'_+(0)$,故 $y=|x|$ 在 $x=0$ 处导数不存在.

综上所述,函数连续只是函数可导的必要条件,而不是充分条件.

2.2　求导法则

按照导数的定义,我们可以而且已经求出一些简单函数的导数,但是,对于一些比较复杂的函数,直接按定义求它们的导数将是很困难的. 因此,希望找到一些基本公式与运算法则,借助它们来简化求导数的计算.

1. 基本初等函数的导数

(1) 常数函数 $y=c$(c 是常数) 的导数是

$$y'=0$$

证　函数 $y=c$ 的改变量 $\Delta y=c-c$,于是恒有 $\frac{\Delta y}{\Delta x}=0$,因而有

$$y' = \lim_{\Delta x \to 0} \frac{\Delta y}{\Delta x} = 0$$

即 $c' = 0$.

(2) 幂函数 $y = x^n$(n 为正整数) 的导数是

$$y' = nx^{n-1}$$

证 由二项式定理可知

$$\Delta y = (x + \Delta x)^n - x^n = \left[x^n + nx^{n-1}\Delta x + \frac{n(n-1)}{2}x^{n-2}(\Delta x)^2 + \cdots + (\Delta x)^n\right] - x^n$$

$$= nx^{n-1}\Delta x + \frac{n(n-1)}{2}x^{n-2}(\Delta x)^2 + \cdots + (\Delta x)^n$$

于是

$$\frac{\Delta y}{\Delta x} = nx^{n-1} + \frac{n(n-1)}{2}x^{n-2}\Delta x + \cdots + (\Delta x)^{n-1}$$

因而

$$y' = \lim_{\Delta x \to 0} \frac{\Delta y}{\Delta x} = nx^{n-1}$$

对于一般的幂函数 $y = x^\mu$(μ 为实数) 也有同样的公式:$(x^\mu)' = \mu x^{\mu-1}$. 例如

$$(\sqrt{x})' = (x^{\frac{1}{2}})' = \frac{1}{2}x^{-\frac{1}{2}} = \frac{1}{2\sqrt{x}}$$

$$\left(\frac{1}{x}\right)' = (x^{-1})' = -x^{-2} = -\frac{1}{x^2}$$

(3) 对数函数 $y = \log_a x$($a > 0, a \neq 1$) 的导数是

$$y' = \frac{1}{x} \cdot \frac{1}{\ln a}$$

证 由 $\Delta y = \log_a(x + \Delta x) - \log_a x = \log_a\left(1 + \frac{\Delta x}{x}\right)$得

$$\frac{\Delta y}{\Delta x} = \frac{1}{\Delta x}\log_a\left(1 + \frac{\Delta x}{x}\right) = \frac{1}{x}\log_a\left(1 + \frac{\Delta x}{x}\right)^{\frac{x}{\Delta x}}$$

于是

$$\lim_{\Delta x \to 0} \frac{\Delta y}{\Delta x} = \lim_{\Delta x \to 0} \frac{1}{x}\log_a\left(1 + \frac{\Delta x}{x}\right)^{\frac{x}{\Delta x}} = \frac{1}{x} \cdot \log_a \mathrm{e} = \frac{1}{x} \cdot \frac{1}{\ln a}$$

特别地,取 $a = \mathrm{e}$,即得自然对数 $y = \ln x$ 的导数

$$y' = (\ln x)' = \frac{1}{x}$$

(4) 正弦函数 $y = \sin x$ 的导数是

$$y' = (\sin x)' = \cos x$$

证 由

$$\Delta y = \sin(x + \Delta x) - \sin x = 2\cos\left(x + \frac{\Delta x}{2}\right)\sin\frac{\Delta x}{2}$$

得

$$\frac{\Delta y}{\Delta x} = 2\cos\left(x + \frac{\Delta x}{2}\right)\frac{\sin\frac{\Delta x}{2}}{\Delta x}$$

于是

$$y' = \lim_{\Delta x \to 0} \frac{\Delta y}{\Delta x} = \lim_{\Delta x \to 0} \cos\left(x + \frac{\Delta x}{2}\right) \frac{\sin \frac{\Delta x}{2}}{\frac{\Delta x}{2}} = \cos x$$

即

$$(\sin x)' = \cos x$$

(5) 余弦函数 $y = \cos x$ 的导数是

$$y' = (\cos x)' = -\sin x$$

请读者依照上面的方法自己证明.

2. 函数求导法则

上面几个基本初等函数的导数公式都是直接由定义求得，对于求由几个函数组成的较复杂的表达式(如函数的和、差、积商、复合等)的导数，我们还要建立一些运算法则，使比较复杂函数的求导问题得以简化.

(1) 函数和、差的求导法则

定理 2.2　设函数 $u = u(x)$，$v = v(x)$ 都是 x 的可导函数，则 $y = u \pm v$ 也是 x 的可导函数，且

$$y' = (u \pm v)' = u' \pm v'.$$

证　给自变量 x 以改变量 Δx，则函数 y 有相应改变量 Δy，有

$$\Delta y = [(u + \Delta u) \pm (v + \Delta v)] - (u \pm v) = \Delta u \pm \Delta v$$

因此

$$\frac{\Delta y}{\Delta x} = \frac{\Delta u}{\Delta x} \pm \frac{\Delta v}{\Delta x}$$

取极限得

$$\lim_{\Delta x \to 0} \frac{\Delta y}{\Delta x} = \lim_{\Delta x \to 0} \frac{\Delta u}{\Delta x} \pm \lim_{\Delta x \to 0} \frac{\Delta v}{\Delta x} = u' \pm v'$$

即

$$(u \pm v)' = u' \pm v'$$

这个公式可以推广到有限函数的代数和，即

$$(u_1 + u_2 + \cdots + u_n)' = u_1' + u_2' + \cdots + u_n'$$

例 2-6　求 $y = x^3 - \cos x + 5$ 的导数.

解　$y' = (x^3)' - (\cos x)' + (5)' = 3x^2 + \sin x$

(2) 函数乘积的求导法则

定理 2.3　设函数 $u = u(x)$，$v = v(x)$ 都是 x 的可导函数，则 $y = uv$ 也是 x 的可导函数，且

$$y' = (uv)' = u'v + uv'$$

证　给自变量 x 以增量 Δx，则函数 u 和 v 有相应的增量 Δu，Δv，从而函数 y 也有增量 Δy，即

$$\Delta y = (u + \Delta u)(v + \Delta v) - uv = u\Delta v + v\Delta u + \Delta u \Delta v$$

因此

$$\frac{\Delta y}{\Delta x} = u\frac{\Delta v}{\Delta x} + v\frac{\Delta u}{\Delta x} + \frac{\Delta u}{\Delta x}\Delta v$$

当 $\Delta x \to 0$ 时，u,v 的值并不改变(因 u,v 依赖于 x 而不依赖于 Δx)，又由于函数 v 可导，因而连续，所以 $\lim\limits_{\Delta x\to 0}\Delta v = 0$，于是

$$y' = \lim_{\Delta x\to 0}\frac{\Delta y}{\Delta x} = u\lim_{\Delta x\to 0}\frac{\Delta v}{\Delta x} + v\lim_{\Delta x\to 0}\frac{\Delta u}{\Delta x} + \lim_{\Delta x\to 0}\frac{\Delta u}{\Delta x}\lim_{\Delta x\to 0}\Delta v = uv' + u'v$$

即

$$(uv) = u'v + uv'$$

特别地，当 $u = k$(k 是常数) 时

$$y' = (kv)' = kv'$$

即常数因子可以移到求导符号外面.

对于有限个可导函数的乘积，其求导法则可仿上面的方法推得，即如果 $y = u_1u_2\cdots u_n$，则

$$(u_1u_2\cdots u_n)' = u_1'u_2\cdots u_n + u_1u_2'\cdots u_n + \cdots + u_1u_2\cdots u_n'$$

例 2-7　求 $y = (\sqrt{x} + x)\sin x$ 的导数.

解

$$\begin{aligned} y' &= [(\sqrt{x} + x)\sin x]' = (\sqrt{x} + x)'\sin x + (\sqrt{x} + x)(\sin x)' \\ &= (\frac{1}{2\sqrt{x}} + 1)\sin x + (\sqrt{x} + x)\cos x \end{aligned}$$

例 2-8　求 $y = (2x + 3)(1 - x)(x + 2)$ 的导数.

解

$$\begin{aligned} y' &= (2x+3)'(1-x)(x+2) + (2x+3)(1-x)'(x+2) + (2x+3)(1-x)(x+2)' \\ &= 2(1-x)(x+2) - (2x+3)(x+2) + (2x+3)(1-x) = -6x^2 - 10x + 1 \end{aligned}$$

(3) 函数商的求导法则

定理 2.4　设函数 $u = u(x)$，$v = v(x)$ 都是 x 的可导函数，且 $v \neq 0$，则函数 $y = \frac{u}{v}$ 也是可导函数，且

$$y' = (\frac{u}{v})' = \frac{u'v - uv'}{v^2}$$

证　给自变量 x 以增量 Δx，则函数 u 和 v 得到相应的增量 Δu，Δv，从而函数 y 也得到增量 Δy，有

$$\Delta y = \frac{u + \Delta u}{v + \Delta v} - \frac{u}{v} = \frac{(u + \Delta u)v - u(v + \Delta v)}{(v + \Delta v)v} = \frac{v\Delta u - u\Delta v}{(v + \Delta v)v}$$

因此

$$\frac{\Delta y}{\Delta x} = \frac{v\frac{\Delta u}{\Delta x} - u\frac{\Delta v}{\Delta x}}{(v + \Delta v)v}$$

当 $\Delta x \to 0$ 时，$\Delta u \to 0$，$\Delta v \to 0$，$\frac{\Delta u}{\Delta x} \to u'$，$\frac{\Delta v}{\Delta x} \to v'$，所以

$$\lim_{\Delta x\to 0}\frac{\Delta y}{\Delta x} = \frac{v\lim\limits_{\Delta x\to 0}\frac{\Delta u}{\Delta x} - u\lim\limits_{\Delta x\to 0}\frac{\Delta v}{\Delta x}}{(v + \lim\limits_{\Delta x\to 0}\Delta v)v} = \frac{u'v - uv'}{v^2}$$

即

$$y' = (\frac{u}{v})' = \frac{u'v - uv'}{v^2}$$

特别地，当 $u=k$（k 为常数）时，有

$$\left(\frac{k}{v}\right)'=k\left(\frac{1}{v}\right)'=-k\frac{v'}{v^2}$$

例 2－9　求正切函数 $y=\tan x$ 的导数.

解　$y'=(\tan x)'=\left(\frac{\sin x}{\cos x}\right)'=\frac{(\sin x)'\cos x-\sin x(\cos x)'}{\cos^2 x}=\frac{\cos^2 x+\sin^2 x}{\cos^2 x}$

$$=\frac{1}{\cos^2 x}=\sec^2 x$$

即

$$(\tan x)'=\sec^2 x$$

例 2－10　求正割函数 $y=\sec x$ 的导数.

解　$y'=(\sec x)'=\left(\frac{1}{\cos x}\right)'=-\frac{(\cos x)'}{\cos^2 x}=\frac{1}{\cos x}\cdot\frac{\sin x}{\cos x}=\sec x\cdot\tan x$

即

$$(\sec x)'=\sec x\cdot\tan x$$

用类似方法可得

$$(\cot x)'=-\csc^2 x$$

$$(\csc x)'=-\csc x\cdot\cot x$$

2.3　高阶导数

已知变速直线运动物体的运动方程 $s=s(t)$，则物体运动的速度变为 $v(t)=s'(t)$，而速度在 t_0 时刻的变化率

$$\lim_{\Delta t\to 0}\frac{v(t_0+\Delta t)-v(t_0)}{\Delta t}=\lim_{t\to t_0}\frac{v(t)-v(t_0)}{t-t_0}$$

就是运动物体在 t_0 时刻的加速度. 因此，加速度是速度函数的导数，也就是路程函数 $s(t)$ 的导函数的导数，这就产生了高阶导数的概念.

定义 2.3　若函数 $f(x)$ 的导函数 $f'(x)$ 在点 x_0 可导，则称 $f'(x)$ 在点 x_0 的导数为 $f(x)$ 在 x_0 的二阶导数，记作 $f''(x_0)$，即

$$\lim_{\Delta x\to 0}\frac{f'(x_0+\Delta x)-f'(x_0)}{\Delta x}=\lim_{x\to x_0}\frac{f'(x)-f'(x_0)}{x-x_0}=f''(x_0)$$

且称 $f(x)$ 在点 x_0 处二阶可导. 若函数 $f(x)$ 在开区间 (a,b) 内每一点处都二阶可导，则得到一个定义在 (a,b) 上的二阶导函数，记作 $f''(x)$，y'' 或 $\frac{\mathrm{d}^2 y}{\mathrm{d}x^2}$.

类似地，可由二阶导函数 $f''(x)$ 定义 $f(x)$ 的三阶导数 $f'''(x)$. 一般地，可由 $f(x)$ 的 $n-1$ 阶导数 $f^{(n-1)}(x)$ 定义 $f(x)$ 的 n 阶导数 $f^{(n)}(x)$，二阶及二阶以上的导数统称为高阶导数.

函数 $f(x)$ 在 x_0 处的 n 阶导数记作

$$f^{(n)}(x_0)\quad 或\quad y^{(n)}\big|_{x=x_0}\quad 或\quad \left.\frac{\mathrm{d}^n f}{\mathrm{d}x^n}\right|_{x=x_0}\quad 或\quad \frac{\mathrm{d}^n f(x_0)}{\mathrm{d}x^n}$$

由上述概念可以知道，高阶导数的计算是求导数方法的反复运用. 求函数 $f(x)$ 的 n 阶

导数，一般是在求一阶、二阶及三阶导数的过程中归纳总结出 $f^{(n)}(x)$ 的表达式.

例 2-11 求幂函数 $y=x^n$（n 为正整数）的各阶导数.

解
$$y'=nx^{n-1}$$
$$y''=(y')'=(nx^{n-1})'=n(n-1)x^{n-2}$$
$$y'''=(y'')'=[n(n-1)x^{n-2}]'=n(n-1)(n-2)x^{n-3}$$
$$\vdots$$
$$y^{(n-1)}=n(n-1)\cdots 2x$$
$$y^{(n)}=[n(n-1)\cdots 2x]'=n!$$
$$y^{(n+1)}=y^{(n+2)}=\cdots=0$$

例 2-12 求 $y=\sin x$ 的各阶导数.

解 由题可得
$$y'=\cos x,\quad y''=-\sin x,\quad y'''=-\cos x,\quad y^{(4)}=\sin x$$
继续求导，出现周而复始现象. 为得到 n 阶导数的统一公式，可将上述各阶导数写成
$$y'=\cos x=\sin(x+\frac{\pi}{2})$$
$$y''=\sin(x+\frac{2}{2}\pi)$$
$$y'''=\sin(x+\frac{3}{2}\pi)$$
$$y^{(4)}=\sin(x+\frac{4}{2}\pi)$$
一般地，可得 n 阶导数为
$$y^{(n)}=(\sin x)^{(n)}=\sin(x+\frac{n}{2}\pi),\quad n=1,2,3,\cdots$$

类似地，可求得余弦函数的 n 阶导数公式为
$$(\cos x)^{(n)}=\cos(x+\frac{n}{2}\pi),\quad n=1,2,3,\cdots$$

对分段函数的各段分界点，一般用导数定义考察其可导性（包括高阶导数）.

例 2-13 研究函数 $f(x)=x\mid x\mid$ 的二阶导数.

解
$$f(x)=x\mid x\mid=\begin{cases}x^2, & x\geqslant 0,\\ -x^2, & x<0\end{cases}$$
当 $x>0$ 时，$f'(x)=2x$；当 $x<0$ 时，$f'(x)=-2x$；当 $x=0$ 时，有
$$f_-'(0)=\lim_{\Delta x\to 0^-}\frac{f(0+\Delta x)-f(0)}{\Delta x}=\lim_{\Delta x\to 0^-}\frac{-(\Delta x)^2-0}{\Delta x}=0$$
$$f_+'(0)=\lim_{\Delta x\to 0^+}\frac{f(0+\Delta x)-f(0)}{\Delta x}=\lim_{\Delta x\to 0^+}\frac{(\Delta x)^2-0}{\Delta x}=0$$
所以 $f'(0)=0$.

综上有
$$f'(x)=\begin{cases}2x, & x\geqslant 0,\\ -2x, & x<0\end{cases}$$
当 $x>0$ 时，$f'(x)=2x$，所以 $f''(x)=2$；当 $x<0$ 时，$f'(x)=-2x$，所以 $f''(x)=-2$；

当 $x=0$ 时，有

$$f_-''(0)=\lim_{x\to 0^-}\frac{f'(x)-f'(0)}{x-0}=\lim_{x\to 0^-}\frac{-2x-0}{x}=-2$$

$$f_+''(0)=\lim_{x\to 0^+}\frac{f'(x)-f'(0)}{x-0}=\lim_{x\to 0^+}\frac{2x-0}{x}=2$$

所以 $f''(0)$ 不存在，即 $f(x)$ 在 $x=0$ 处不是二阶可导的. 因而

$$f''(x)=\begin{cases}2, & x>0,\\ -2, & x<0\end{cases}$$

2.4　反函数和复合函数求导法则

2.4.1　反函数的求导法则

定理 2.5　设函数 $y=f(x)$ 可导，则反函数 $x=\varphi(y)$ 也是可导函数，且当 $f'(x)\neq 0$，其反函数的导数 $\frac{\mathrm{d}x}{\mathrm{d}y}$ 恒有

$$\frac{\mathrm{d}x}{\mathrm{d}y}=\frac{1}{\frac{\mathrm{d}y}{\mathrm{d}x}}=\frac{1}{f'(x)}$$

证　当 $y=f(x)$ 的反函数 $x=\varphi(y)$ 的自变量 y 取得增量 Δy 时，因变量 x 取得相应的增量 Δx. 当 $\Delta y\neq 0$ 时，必有 $\Delta x\neq 0$，否则由 $\Delta x=\varphi(y+\Delta y)-\varphi(y)=0$ 得 $\varphi(y+\Delta y)=\varphi(y)$，但 $f(x)$ 是一一对应的，所以 $y+\Delta y=y$，于是 $\Delta y=0$ 而与 $\Delta y\neq 0$ 的假设相矛盾，因此，当 $\Delta y\neq 0$ 时有

$$\frac{\Delta x}{\Delta y}=\frac{1}{\frac{\Delta y}{\Delta x}}$$

又因 $x=\varphi(y)$ 在相应点处连续，所以当 $\Delta y\to 0$ 时 $\Delta x\to 0$，于是由上面的等式及 $f'(x)\neq 0$ 的假设得到

$$\frac{\mathrm{d}x}{\mathrm{d}y}=\lim_{\Delta y\to 0}\frac{\Delta x}{\Delta y}=\lim_{\Delta x\to 0}\frac{1}{\frac{\Delta y}{\Delta x}}=\frac{1}{\lim\limits_{\Delta x\to 0}\frac{\Delta y}{\Delta x}}=\frac{1}{\frac{\mathrm{d}y}{\mathrm{d}x}}=\frac{1}{f'(x)}$$

定理得证.

例 2-14　求指数函数 $y=a^x(a>0,a\neq 1)$ 的导数.

解　$y=a^x$ 的反函数是 $x=\log_a y$，因此

$$y'=(a^x)'=\frac{1}{(\log_a y)'}=y\ln a=a^x\cdot\ln a$$

即

$$(a^x)'=a^x\cdot\ln a$$

特别地，当 $a=\mathrm{e}$ 时，有

$$(\mathrm{e}^x)'=\mathrm{e}^x$$

例 2-15　求反正弦函数 $y=\arcsin x(x\in(-1,1))$ 的导数.

解 $y=\arcsin x$ 的反函数是 $x=\sin y, y\in\left(-\dfrac{\pi}{2},\dfrac{\pi}{2}\right)$，因此

$$y'=(\arcsin x)'=\frac{1}{(\sin y)'}=\frac{1}{\cos y}=\frac{1}{\sqrt{1-\sin^2 y}}=\frac{1}{\sqrt{1-x^2}}\quad(-1<x<1)$$

即

$$(\arcsin x)'=\frac{1}{\sqrt{1-x^2}}\quad(-1<x<1)$$

同样可证

$$(\arccos x)'=-\frac{1}{\sqrt{1-x^2}}\quad(-1<x<1)$$

$$(\arctan x)'=\frac{1}{1+x^2}$$

$$(\text{arccot}x)'=-\frac{1}{1+x^2}$$

2.4.2 复合函数的导数

定理 2.6 设函数 $y=f(u), u=\varphi(x)$，即 y 是 x 的一个复合函数，有 $y=f[\varphi(x)]$. 若 $u=\varphi(x)$ 在点 x 处有导数 $\dfrac{\mathrm{d}u}{\mathrm{d}x}=\varphi'(x)$，$y=f(u)$ 在对应点 u 处有导数 $\dfrac{\mathrm{d}y}{\mathrm{d}u}=f'(u)$，则复合函数 $y=f[\varphi(x)]$ 在点 x 处的导数也存在，且

$$\frac{\mathrm{d}y}{\mathrm{d}x}=\frac{\mathrm{d}y}{\mathrm{d}u}\cdot\frac{\mathrm{d}u}{\mathrm{d}x}$$

证 设 x 取得改变量 Δx，则 u 取得相应的改变量 Δu，从而 y 取得相应的改变量 Δy，当 $\Delta u\neq 0$ 时有

$$\frac{\Delta y}{\Delta x}=\frac{\Delta y}{\Delta u}\cdot\frac{\Delta u}{\Delta x}$$

因为 $u=\varphi(x)$ 可导则必连续，所以当 $\Delta x\to 0$ 时 $\Delta u\to 0$，因此

$$\lim_{\Delta x\to 0}\frac{\Delta y}{\Delta x}=\lim_{\Delta x\to 0}\left(\frac{\Delta y}{\Delta u}\cdot\frac{\Delta u}{\Delta x}\right)=\lim_{\Delta u\to 0}\frac{\Delta y}{\Delta u}\cdot\lim_{\Delta x\to 0}\frac{\Delta u}{\Delta x}=\frac{\mathrm{d}y}{\mathrm{d}u}\cdot\frac{\mathrm{d}u}{\mathrm{d}x}$$

即

$$\frac{\mathrm{d}y}{\mathrm{d}x}=\frac{\mathrm{d}y}{\mathrm{d}u}\cdot\frac{\mathrm{d}u}{\mathrm{d}x}$$

当 $\Delta u=0$ 时，可以证明上式仍然成立.

显然，重复利用上述公式可将此公式推广到有限次复合，例如，$y=f(x), u=\varphi(v), v=\omega(x)$，则复合函数 $y=f[\varphi(\omega(x))]$ 对 x 的导数是

$$\frac{\mathrm{d}y}{\mathrm{d}x}=\frac{\mathrm{d}y}{\mathrm{d}u}\cdot\frac{\mathrm{d}u}{\mathrm{d}v}\cdot\frac{\mathrm{d}v}{\mathrm{d}x}$$

例 2-16 设 $y=(1-2x)^{10}$，求 y'.

解 设 $y=u^{10}, u=1-2x$，则

$$y'=\frac{\mathrm{d}y}{\mathrm{d}u}\cdot\frac{\mathrm{d}u}{\mathrm{d}x}=10u^9\cdot(-2)=-20(1-2x)^9$$

例 2-17　设 $y=\ln\sin\dfrac{x}{2}$，求 y'.

解　设 $y=\ln u, u=\sin v, v=\dfrac{x}{2}$，则

$$y'=\frac{dy}{du}\cdot\frac{du}{dv}\cdot\frac{dv}{dx}=\frac{1}{u}\cdot\cos v\cdot\frac{1}{2}=\frac{1}{\sin\frac{x}{2}}\cdot\cos\frac{x}{2}\cdot\frac{1}{2}=\frac{1}{2}\cot\frac{x}{2}$$

在计算熟练之后，解题时可不必把中间变量写出来.

例 2-18　设 $y=e^{x^2}$，求 y'.

解

$$y'=e^{x^2}\cdot(x^2)'=2xe^{x^2}$$

例 2-19　设 $y=\sqrt{\dfrac{1+x}{1-x}}$，求 y'.

解

$$y'=\left[\left(\frac{1+x}{1-x}\right)^{\frac{1}{2}}\right]'=\frac{1}{2}\left(\frac{1+x}{1-x}\right)^{-\frac{1}{2}}\cdot\left(\frac{1+x}{1-x}\right)'$$

$$=\frac{1}{2}\left(\frac{1+x}{1-x}\right)^{-\frac{1}{2}}\cdot\frac{2}{(1-x)^2}=\frac{1}{(1+x)^{\frac{1}{2}}(1-x)^{\frac{3}{2}}}$$

例 2-20　设 $y=\ln(x+\sqrt{x^2+a^2})$，求 y'.

解

$$y'=\frac{1}{x+\sqrt{x^2+a^2}}\cdot(x+\sqrt{x^2+a^2})'$$

$$=\frac{1}{x+\sqrt{x^2+a^2}}\cdot\left(1+\frac{2x}{2\sqrt{x^2+a^2}}\right)=\frac{1}{\sqrt{x^2+a^2}}$$

2.5　隐函数与参数方程确定的函数的导数

2.5.1　隐函数的导数与对数求导法

在用解析法表示函数时，接触得较多的是式子左端只有因变量，右端是一个仅含自变量 x 的式子，如 $y=x+\sin x$ 等，像这样表示为 $y=f(x)$ 形式的函数称为显函数.

其实，若变量 x,y 满足方程 $x+y^3-10=0$，则当任取一个 x 值，总有唯一确定的 y 值与之时应，如 $x=1$ 时，$y=\sqrt[3]{9}$，$x=2$ 时，$y=2$，所以可以说 y 是 x 的函数.

一般地，若对方程 $F(x,y)=0$，存在函数 $y=f(x)$，使 $F(x,f(x))\equiv 0$，则称 $y=f(x)$ 是由方程 $F(x,y)=0$ 所确定的一个隐函数.

下面，我们通过例子来说明由方程 $F(x,y)=0$ 求出导数 y' 的方法，以下的约定，所指的隐函数都是存在的，并且可导.

例 2-21　方程 $e^y+xy-e=0$ 在上半平面内确定了隐函数 $y=y(x)$，求 $\dfrac{dy}{dx}$.

解　把方程所确定的隐函数 $y=y(x)$ 代入方程后就得到一个关于 x 的恒等式，这意味着等式两端的两个函数为同一函数，因此它们的导函数也相等，为此我们在方程两边同时对 x 求导数，即得

$$\frac{\mathrm{d}}{\mathrm{d}x}(\mathrm{e}^y + xy - \mathrm{e}) = \frac{\mathrm{d}}{\mathrm{d}x}(0)$$

注意到 y 是 x 的函数 $y = y(x)$，于是由复合函数求导法可得

$$\mathrm{e}^y \cdot y' + y + xy' = 0$$

从而

$$y' = -\frac{y}{x + \mathrm{e}^y} \quad (x + \mathrm{e}^y \neq 0)$$

例 2-22 求由方程 $y^5 + 3x^2y + 5x^4 + x = 1$ 所确定的隐函数 $y = y(x)$ 在 $x = 0$ 处的导数 $y'|_{x=0}$.

解 在方程两边同时对 x 求导，得到

$$5y^4y' + 3 \cdot 2xy + 3x^2y' + 5 \cdot 4x^3 + 1 = 0$$

由此解得

$$y' = -\frac{1 + 6xy + 20x^3}{5y^4 + 3x^2}$$

因为当 $x = 0$ 时，可从原方程解得 $y = 1$，所以

$$y'|_{x=0} = -\frac{1}{5}$$

例 2-23 求由方程 $x - y + \frac{1}{2}\sin y = 0$ 所确定的隐函数 $y = f(x)$ 的二阶导数 $\frac{\mathrm{d}^2y}{\mathrm{d}x^2}$.

解 在所给方程两边对 x 求导得

$$1 - \frac{\mathrm{d}y}{\mathrm{d}x} + \frac{1}{2}\cos y \cdot \frac{\mathrm{d}y}{\mathrm{d}x} = 0$$

于是 $\frac{\mathrm{d}y}{\mathrm{d}x} = \frac{2}{2 - \cos y}$，由此得

$$\frac{\mathrm{d}^2y}{\mathrm{d}x^2} = \frac{\mathrm{d}}{\mathrm{d}x}\left(\frac{2}{2 - \cos y}\right) = 2 \cdot \left[-\frac{1}{(2 - \cos y)^2}\right] \cdot \sin y \cdot \frac{\mathrm{d}y}{\mathrm{d}x}$$

$$= \frac{-2\sin y}{(2 - \cos y)^2} \cdot \frac{2}{2 - \cos y} = -\frac{4\sin y}{(2 - \cos y)^3}$$

在某些场合，利用所谓的对数求导法求导数比用通常的方法简单些，这种方法是先在 $y = f(x)$ 的两边取对数，然后用隐函数求导法求出 $\frac{\mathrm{d}y}{\mathrm{d}x}$. 下面通过例子来说明这种方法.

例 2-24 求 $y = x^{\sin x}\ (x > 0)$ 的导数.

解 这个函数既不是幂函数也不是指数函数，通常称为幂指函数. 为了求出这个函数的导数，可以先在两边取对数，得

$$\ln y = \sin x \ln x$$

上式两边对 x 求导，注意到 y 是 x 的函数，得

$$\frac{1}{y}y' = \cos x \ln x + \frac{\sin x}{x}$$

于是

$$y' = y\left(\cos x \ln x + \frac{\sin x}{x}\right) = x^{\sin x}\left(\cos x \ln x + \frac{\sin x}{x}\right)$$

幂指函数的一般形式为 $y = f(x) = [u(x)]^{v(x)}\ (u(x) > 0)$，如果 $u(x), v(x)$ 都可导，则

可像例 2－24 那样利用对数求导法求出幂指函数 $y=[u(x)]^{v(x)}$ 的导数. 方法如下：

先在两边取对数，得

$$\ln y=v(x)\ln u(x)$$

上式两边对 x 求导，注意到 $y=f(x)$ 以及 $u(x)$，$v(x)$ 都是 x 的函数，得

$$\frac{1}{y}\cdot y'=v'(x)\ln u(x)+v(x)\frac{u'(x)}{u(x)}$$

于是

$$y'=y\left[v'(x)\ln u(x)+v(x)\frac{u'(x)}{u(x)}\right]=[u(x)]^{v(x)}\left[v'(x)\ln u(x)+\frac{v(x)u'(x)}{u(x)}\right]$$

例 2－25　求 $y=\sqrt{\dfrac{(x-1)(x-2)}{(x-3)(x-4)}}$ 的导数.

解　先在等式两边取对数，得

$$\ln y=\frac{1}{2}[\ln(x-1)+\ln(x-2)-\ln(x-3)-\ln(x-4)]$$

上式两边对 x 求导，注意到 y 是 x 的函数，得

$$\frac{1}{y}\cdot y'=\frac{1}{2}\left(\frac{1}{x-1}+\frac{1}{x-2}-\frac{1}{x-3}-\frac{1}{x-4}\right)$$

于是

$$y'=\frac{1}{2}\sqrt{\frac{(x-1)(x-2)}{(x-3)(x-4)}}\left(\frac{1}{x-1}+\frac{1}{x-2}-\frac{1}{x-3}-\frac{1}{x-4}\right)$$

2.5.2* 参数方程所确定的函数的导数

在有些场合，平面曲线需用参数方程

$$\begin{cases}x=\varphi(t)\\ y=\psi(t)\end{cases}\quad(a\leqslant t\leqslant b)$$

表示. 当 t 取一个值时，x 与 y 各有一个值与之对应，于是 x 与 y 的值可以通过 t 的值而互相对应，成为函数关系. 这里 x 与 y 的变化都以 t 为对应，本不分先后，谁作自变量可由我们选择. 若认为 y 因 x 而变，就先认为 t 因 x 而变，然后 y 因 t 而变，即用 $x=\varphi(t)$ 的反函数 $t=\varphi^{-1}(x)$ 与 $y=\psi(t)$ 组成复合函数，即

$$y=\psi(t),t=\varphi^{-1}(x)\Rightarrow y=\psi[\varphi^{-1}(x)]$$

所以由复合函数与反函数的求导法则，有

$$\frac{\mathrm{d}y}{\mathrm{d}x}=\frac{\mathrm{d}y}{\mathrm{d}t}\cdot\frac{\mathrm{d}t}{\mathrm{d}x}=\frac{\mathrm{d}y}{\mathrm{d}t}\cdot\frac{1}{\frac{\mathrm{d}x}{\mathrm{d}t}}=\frac{\frac{\mathrm{d}y}{\mathrm{d}t}}{\frac{\mathrm{d}x}{\mathrm{d}t}}=\frac{\psi'(t)}{\varphi'(t)}$$

可见，参数方程确定的函数的导数，等于参数方程里的两个函数对于参数的导数之比.

进一步还可求二阶导数，以 $y=\psi[\varphi^{-1}(x)]$ 为例，有

$$\frac{\mathrm{d}^2y}{\mathrm{d}x^2}=\frac{\mathrm{d}}{\mathrm{d}x}\left(\frac{\mathrm{d}y}{\mathrm{d}x}\right)=\frac{\mathrm{d}}{\mathrm{d}x}\left[\frac{\psi'(t)}{\varphi'(t)}\right]=\frac{\mathrm{d}}{\mathrm{d}t}\left[\frac{\psi'(t)}{\varphi'(t)}\right]\cdot\frac{\mathrm{d}t}{\mathrm{d}x}=\frac{\left[\frac{\psi'(t)}{\varphi'(t)}\right]'}{\varphi'(t)}$$

$$=\frac{\psi''(t)\varphi'(t)-\psi'(t)\varphi''(t)}{[\varphi'(t)]^3}$$

在求参数方程确定的函数的二阶导数时必须注意,一阶导数$\frac{dy}{dx}=\frac{\psi'(t)}{\varphi'(t)}$仍通过中间变量 t 与自变量 x 建立函数关系,于是与求一阶导数方法类似.

例 2-26 试求由参数方程

$$\begin{cases} x = a\cos t \\ y = b\sin t \end{cases} \quad (0 < t < \pi)$$

所确定的函数 $y = y(x)$ 的一阶导数和二阶导数.

解

$$\frac{dy}{dx} = \frac{\frac{dy}{dt}}{\frac{dx}{dt}} = \frac{b\cos t}{-a\sin t} = -\frac{b}{a}\cot t$$

$$\frac{d^2y}{dx^2} = \frac{d}{dx}\left(\frac{dy}{dx}\right) = \frac{\frac{d\left(\frac{dy}{dx}\right)}{dt}}{\frac{dx}{dt}} = -\frac{\frac{b}{a}(-\csc^2 t)}{(-a\sin t)} = -\frac{b}{a^2\sin^3 t}$$

2.6 函数的微分

2.6.1 微分的定义

先分析一个具体问题:一块正方形金属薄片因受温度变化的影响,其边长由 x_0 变到 $x_0+\Delta x$(见图 2-2),问此薄片的面积改变了多少?

设此薄片的边长为 x_0,面积为 A,则 $A = x_0^2$. 薄片受温度变化的影响对面积的改变量,可以看成是当自变量 x 自 x_0 取得增量 Δx 时,因变量 A 取得相应的增量 ΔA,即

$$\Delta A = (x_0+\Delta x)^2 - x_0^2 = 2x_0\Delta x + (\Delta x)^2$$

从上式可以看出,ΔA 由两部分组成,第一部分 $2x_0\Delta x$ 是 Δx 的线性函数,第二部分 $(\Delta x)^2$,当 $\Delta x \to 0$ 时,$(\Delta x)^2$ 是比 Δx 高阶的无穷小,即 $(\Delta x)^2 = o(\Delta x)(\Delta x \to 0)$. 由此可见,如果边长改变很微小,即 $|\Delta x|$ 很小时,面积的改变量 ΔA 可近似地用第一部分来代替.

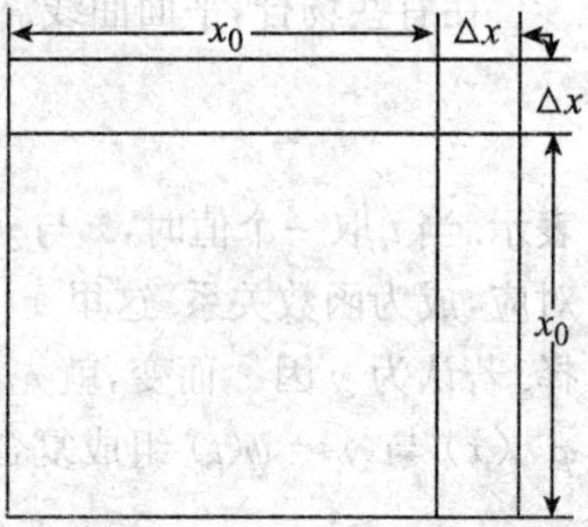

图 2-2

一般地,如果函数 $y = f(x)$ 满足一定条件,则因变量的增量 Δy 可表示为

$$\Delta y = A\Delta x + o(\Delta x)$$

其中 A 是不依赖于 Δx 的常数,因此,$A\Delta x$ 是 Δx 的线性函数,且它与 Δy 之差

$$\Delta y - A\Delta x = o(\Delta x)$$

是比 Δx 高阶的无穷小,所以,当 $A \neq 0$ 且 $|\Delta x|$ 很小时,我们就可以近似地用 $A\Delta x$ 来代替 Δy.

定义 2.4 设函数 $y = f(x)$ 在某区间内有定义,x_0 及 $x_0+\Delta x$ 在这区间内,如果因变量的增量

$$\Delta y = f(x_0+\Delta x) - f(x_0)$$

可表示为

$$\Delta y = A\Delta x + o(\Delta x)$$

其中 A 是不依赖于 Δx 的常数，而 $o(\Delta x)$ 是 $\Delta x \to 0$ 时比 Δx 高阶的无穷小，那么称函数 $y = f(x)$ 在点 x_0 处是可微的，而 $A\Delta x$ 叫做函数 $y = f(x)$ 在点 x_0 处相应于自变量增量 Δx 的微分，记作 $\mathrm{d}y$，即

$$\mathrm{d}y = A\Delta x$$

下面讨论函数可微的条件. 设函数 $y = f(x)$ 在点 x_0 可微，则按定义有

$$\Delta y = A\Delta x + o(\Delta x)$$

两边除以 Δx 得

$$\frac{\Delta y}{\Delta x} = A + \frac{o(\Delta x)}{\Delta x}$$

于是，当 $\Delta x \to 0$ 时，由上式就得到

$$A = \lim_{\Delta x \to 0} \frac{\Delta y}{\Delta x} = f'(x_0)$$

因此，如果函数 $y = f(x)$ 在点 x_0 处可微，则 $f(x)$ 在点 x_0 处也一定可导(即 $f'(x_0)$ 存在)，且$A = f'(x_0)$

反之，如果 $y = f(x)$ 在点 x_0 处可导，即

$$\lim_{\Delta x \to 0} \frac{\Delta y}{\Delta x} = f'(x_0)$$

存在，根据极限与无穷小的关系，上式可写成

$$\frac{\Delta y}{\Delta x} = f'(x_0) + \alpha$$

其中 $\alpha \to 0$(当 $\Delta x \to 0$ 时)，由此可得

$$\Delta y = f'(x_0)\Delta x + \alpha\Delta x$$

因 $\alpha\Delta x = o(\Delta x)$，且 $f'(x_0)$ 不依赖于 Δx，故上式就是函数可微的定义，所以 $f(x)$ 在点 x_0 处也是可微的.

由此得出结论：函数 $f(x)$ 在点 x_0 处可微的充分必要条件是函数 $f(x)$ 在点 x_0 处可导，且当 $f(x)$ 在点 x_0 处可微时其微分一定是

$$\mathrm{d}y = f'(x_0)\Delta x$$

当 $f'(x_0) \neq 0$ 时，有

$$\lim_{\Delta x \to 0} \frac{\Delta y - \mathrm{d}y}{\Delta y} = \lim_{\Delta x \to 0} \frac{\Delta y - f'(x_0)\Delta x}{\Delta y} = \lim_{\Delta x \to 0} \left[1 - \frac{f'(x_0)}{\dfrac{\Delta y}{\Delta x}}\right] = 0$$

这表明，在 $f'(x_0) \neq 0$ 的条件下，当 $\Delta x \to 0$ 时，$\Delta y - \mathrm{d}y$ 不仅是比 Δx 高阶的无穷小，而且也是比 Δy 高阶的无穷小，因此说，$\mathrm{d}y$ 是 Δy 的主要部分；又由于 $\mathrm{d}y = f'(x_0)\Delta x$ 是 Δx 的线性函数，所以，在 $f'(x_0) \neq 0$ 的条件下，我们称 $\mathrm{d}y$ 是 Δy 的线性主部(当 $\Delta x \to 0$)，从而，当 $|\Delta x|$ 很小时有

$$\Delta y \approx \mathrm{d}y$$

例 2-27　求函数 $y = x^2$ 在 $x = 1$ 和 $x = 3$ 处的微分.

解　函数 $y = x^2$ 在 $x = 1$ 处的微分为

$$dy = (x^2)'\mid_{x=1}\Delta x = 2\Delta x$$

在 $x = 3$ 处的微分为

$$dy = (x^2)'\mid_{x=3}\Delta x = 6\Delta x$$

函数 $y = f(x)$ 在任意点 x 的微分称为函数的微分，记作 dy 或 $dy(x)$，即

$$dy = f'(x)\Delta x$$

例如，函数 $y = \cos x$ 的微分为

$$dy = (\cos x)'\Delta x = -\sin x\Delta x$$

例 2-28 求函数 $y = x^3$ 当 $x = 2, \Delta x = 0.02$ 时的微分.

解 先求函数在任意点 x 的微分，有

$$dy = (x^3)'\Delta x = 3x^2\Delta x$$

再求函数当 $x = 2, \Delta x = 0.02$ 时的微分，有

$$dy\Big|_{\substack{x=2\\ \Delta x=0.02}} = 3x^2\Delta x\Big|_{\substack{x=2\\ \Delta x=0.02}} = 3\cdot 2^2\cdot 0.02 = 0.24$$

通常把自变量 x 的增量 Δx 称为自变量的微分，记作 dx，即 $dx = \Delta x$，于是函数 $y = f(x)$ 的微分又可记作

$$dy = f'(x)dx$$

从而有

$$\frac{dy}{dx} = f'(x)$$

这就是说，函数的微分 dy 与自变量的微分 dx 之商等于该函数的导数，因此，导数也叫做"微商".

2.6.2 微分的几何意义

为了对微分有比较直观的了解，我们来说明微分的几何意义.

在直角坐标系中，函数 $y = f(x)$ 的图形是一条曲线，对于某一固定的值 x_0，曲线上有一个确定点 $M(x_0, y_0)$，当自变量 x 有微小增量 Δx 时，相应函数有微小增量 Δy，从而得到曲线上另一点 $N(x_0 + \Delta x, y_0 + \Delta y)$. 从图 2-3 可知 $MQ = \Delta x, QN = \Delta y$. 过点 M 作曲线的切线 MT，它的倾角为 α，则 $QP = MQ\cdot\tan\alpha = \Delta x\cdot f'(x_0)$，即 $dy = QP$.

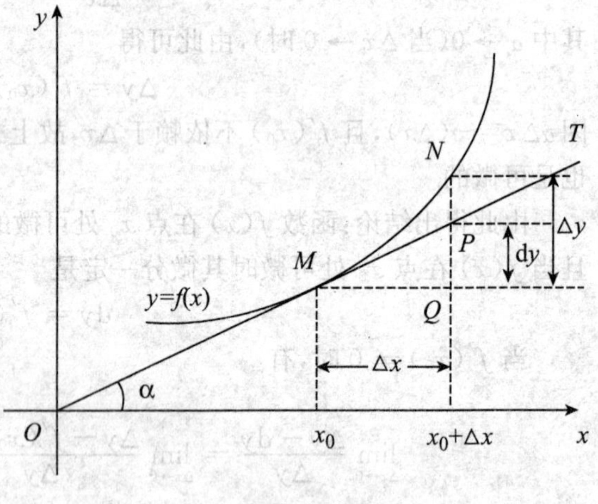

图 2-3

由此可见，当 Δy 是曲线 $y = f(x)$ 上点的纵坐标的增量时，dy 就是曲线上相应点的切线上纵坐标的增量，当 $|\Delta x|$ 很小时，$|\Delta y - dy|$ 比 $|\Delta x|$ 小得多，因此在点 M 的邻近，可以用切线段来近似代替曲线段.

2.6.3　基本初等函数的导数、微分公式与微分运算法则

从函数微分的表达式

$$dy = f'(x)dx$$

可以看出，要计算函数的微分，只要计算函数的导数，再乘以自变量的微分. 由此，可得如下的微分公式和微分运算法则.

1. 基本初等函数的导数、微分公式(见下表)

导数公式	微分公式
$(x^\mu)' = \mu x^{\mu-1}$	$d(x^\mu) = \mu x^{\mu-1}dx$
$(a^x)' = a^x \ln a$	$d(a^x) = a^x \ln a dx$
$(\log_a x)' = \dfrac{1}{x\ln a}$	$d(\log_a x) = \dfrac{1}{x\ln a}dx$
$(\sin x)' = \cos x$	$d(\sin x) = \cos x dx$
$(\cos x)' = -\sin x$	$d(\cos x) = -\sin x dx$
$(\tan x)' = \sec^2 x$	$d(\tan x) = \sec^2 x dx$
$(\cot x)' = -\csc^2 x$	$d(\cot x) = -\csc^2 x dx$
$(\sec x)' = \sec x \tan x$	$d(\sec x) = \sec x \tan x dx$
$(\csc x)' = -\csc x \cot x$	$d(\csc x) = -\csc x \cot x dx$
$(\arcsin x)' = \dfrac{1}{\sqrt{1-x^2}}$	$d(\arcsin x) = \dfrac{1}{\sqrt{1-x^2}}dx$
$(\arccos x)' = -\dfrac{1}{\sqrt{1-x^2}}$	$d(\arccos x) = -\dfrac{1}{\sqrt{1-x^2}}dx$
$(\arctan x)' = \dfrac{1}{1+x^2}$	$d(\arctan x) = \dfrac{1}{1+x^2}dx$
$(\text{arccot} x)' = -\dfrac{1}{1+x^2}$	$d(\text{arccot} x) = -\dfrac{1}{1+x^2}dx$

2. 函数和、差、积、商的微分法则

由函数和、差、积、商的求导法则，可推得相应的微分法则，为了便于对照，列成下表.

函数和、差、积、商的求导法则	函数和、差、积、商的微分法则
$(u \pm v)' = u' \pm v'$	$d(u \pm v) = du \pm dv$
$(uv)' = u'v + uv'$	$d(uv) = vdu + udv$
$\left(\dfrac{u}{v}\right)' = \dfrac{u'v - uv'}{v^2}$	$d\left(\dfrac{u}{v}\right) = \dfrac{vdu - udv}{v^2}$

3. 复合函数的微分法则

与复合函数的求导法则相应的复合函数的微分法则可推导如下.

设 $y=f(u)$，$u=\varphi(x)$，则复合函数 $y=f[\varphi(x)]$ 的微分为

$$dy=\frac{dy}{dx}dx=\frac{dy}{du}\frac{du}{dx}dx$$

即

$$dy=f'[\varphi(x)]\varphi'(x)dx$$

由于 $u=\varphi(x)$，$du=\varphi'(x)dx$，所以，复合函数 $y=f[\varphi(x)]$ 的微分公式也可以写成

$$dy=f'(u)du$$

由此可见，无论 u 是自变量还是中间变量，$y=f(u)$ 的微分 dy 总可以用 $f'(u)$ 与 du 的乘积来表示，这一性质称为微分形式的不变性.

例 2-29 $y=\sin(2x+1)$，求 dy.

解 把 $2x+1$ 看成是中间变量 u，即 $u=2x+1$，则

$$\begin{aligned}dy&=d\sin u=\cos u du=\cos(2x+1)d(2x+1)=\cos(2x+1)\cdot 2dx\\&=2\cos(2x+1)dx\end{aligned}$$

例 2-30 $y=e^{1-3x}\cos x$，求 dy.

解 应用积的微分法则，得

$$\begin{aligned}dy&=d(e^{1-3x}\cos x)=\cos x d(e^{1-3x})+e^{1-3x}d(\cos x)\\&=\cos x\cdot e^{1-3x}\cdot(-3dx)+e^{1-3x}\cdot(-\sin x)dx=-3\cos x e^{1-3x}dx+(-\sin x)e^{1-3x}dx\\&=-e^{1-3x}(3\cos x+\sin x)dx\end{aligned}$$

例 2-31 在下列等式左端的括号中填入适当的函数，使等式成立.

(1) $d(\quad)=xdx$； (2) $d(\quad)=\cos\omega t\,dt$.

解 (1) 我们知道 $d(x^2)=2xdx$，可见

$$xdx=\frac{1}{2}d(x^2)=d(\frac{x^2}{2})$$

即 $d(\frac{x^2}{2})=xdx$.

(2) 因为 $d(\sin\omega t)=\omega\cos\omega t\,dt$，可见

$$\cos\omega t\,dt=\frac{1}{\omega}d(\sin\omega t)=d(\frac{\sin\omega t}{\omega})$$

即 $d(\frac{\sin\omega t}{\omega})=\cos\omega t\,dt$.

显然以上两小题中函数后加任意常数 c，等式仍然成立，即

$$d(\frac{x^2}{2}+c)=xdx,\quad d(\frac{\sin\omega t}{\omega}+c)=\cos\omega t\,dt$$

2.7　导数概念在经济学中的应用

本节介绍导数概念在经济学中的两个应用 —— 边际分析和弹性分析.

2.7.1　边际和边际分析

设需求量 Q 是价格 P 的函数，即 $Q = Q(P)$，自变量 P 点有改变量 ΔP，因变量相应有改变量 ΔQ，则 $\dfrac{\Delta Q}{\Delta P}$ 表示在 ΔP 的变化范围内，价格平均变化 1 个单位，需求量变化多少个单位. 现在要从 ΔP 范围的平均情况过渡到 P 这一点的瞬时情况，取极限 $\lim\limits_{\Delta P\to 0}\dfrac{\Delta Q}{\Delta P}$ —— 这就是需求函数在 P 点的导数. 经济学中"P 点的边际需求"定义为价格在 P 时，价格增加 1 个单位时需求量的改变量. 这里，自变量的改变量"1 个单位"可以认为是微小的变化，即 $\Delta P = 1$ 很小，由微分近似公式知

$$\Delta Q = Q(P+1) - Q(P) \approx Q'(P)\cdot \Delta P = Q'(P)$$

即以需求函数在 P 点的导数值近似代替"P 点的边际需求".

类似地，在经济学中，边际成本定义为产量增加 1 个单位时所增加的总成本；边际收益定义为多销售 1 个单位产品时所增加的销售总收益；边际利润定义为多销售 1 个单位产品时所增加(或减少) 的利润. 在经济理论研究及经济问题分析中，当总成本函数 $C = C(x)$(x 为产量)、总收益函数 $R(x)$(x 为销售量)、总利润函数 $L = L(x)$(x 为销售量) 可导时，也称 $C'(x)$，$R'(x)$，$L'(x)$ 为产量或销售量为 x 时的边际成本、边际收益、边际利润.

由于总利润为总收益与总成本之差，即有

$$L(x) = R(x) - C(x)$$

由导数运算法则可知，边际利润为边际收益与边际成本之差，即

$$L'(x) = R'(x) - C'(x)$$

例 2-32　设总成本函数

$$C(x) = 0.001x^3 - 0.3x^2 + 40x + 1\,000$$

求边际成本函数和 $x = 50$ 单位时的边际成本并解释后者的经济意义.

解　边际成本函数为

$$C'(x) = 0.003x^2 - 0.6x + 40$$

当 $x = 50$ 单位时的边际成本

$$C'(50) = 0.003\times 2\,500 - 0.6\times 50 + 40 = 17.5$$

这表示生产第 51 个单位产品时，所花费的成本为 17.5 单位.

例 2-33　设某产品的需求函数为 $P = 20 - \dfrac{Q}{5}$，其中 P 为价格，Q 为销售量，求销售量为 15 个单位时的总收益、平均收益、边际收益，并求当销售量从 15 个单位增加到 20 个单位时收益的平均变化率.

解　设总收益函数为 $R(Q)$，则

$$R(Q) = PQ = 20Q - \frac{Q^2}{5}$$

故销售量为 15 个单位时，有

$$\text{总收益}\qquad R(Q)\Big|_{Q=15}=20\times15-\frac{15^2}{5}=255$$

$$\text{平均收益}\qquad \bar{R}(Q)\Big|_{Q=15}=\frac{R(Q)}{Q}\Big|_{Q=15}=\frac{255}{15}=17$$

$$\text{边际收益}\qquad R'(Q)\Big|_{Q=15}=(20-\frac{2}{5}Q)\Big|_{Q=15}=14$$

当销售从 15 个单位增加到 20 个单位时收益的平均变化率为

$$\frac{\Delta R(Q)}{\Delta Q}=\frac{R(20)-R(15)}{20-15}=\frac{320-255}{5}=13$$

例 2－34 设某厂每月生产产品的固定成本为 1 000 元，生产 Q 单位产品的可变成本为 $(0.01Q^2+10Q)$ 元，如果每单位产品的售价为 30 元，试求边际成本、利润函数和边际利润为零时的产量.

解 依题意，得总成本

$$C(Q)=0.01Q^2+10Q+1\,000$$

于是边际成本

$$C'(Q)=0.02Q+10$$

总收益函数 $R(Q)=PQ=30Q$，故利润函数为

$$L(Q)=R(Q)-C(Q)=-0.01Q^2+20Q-1\,000$$

于是，边际利润

$$L'(Q)=-0.02Q+20=0.02(1\,000-Q)$$

可见当月产量为 1 000 单位时，$L'(Q)=0$.

2.7.2 弹性与弹性分析

1. 弹性概念

由前面的边际分析可见，尽管边际概念反映了经济函数关系中一个量变化对另一个量的影响，但边际值依赖于所采用的计量单位. 如边际需求 $Q'(P)$ 表示价格为 P 时，价格变化 1 个单位，需求量大约变化 $Q'(P)$ 个单位. 因而无法在不同产品(产品的计量单位不同)、不同市场(价格的货币单位不同)之间进行比较. 在经济数学中，另一概念能更深刻地刻画需求对价格变化反应的灵敏度，它表示在某一价格水平下价格变化百分之一时需求量变化的百分比.

联系“边际”概念的经济意义及定义式 —— 绝对改变量之比的极限，不难想到“相对改变量之比”，从而与“边际需求”讨论类似地有 $\dfrac{\Delta Q/Q}{\Delta P/P}$ —— 表示在 ΔP 的变化范围内，价格平均每变化百分之一，需求量变化百分之几. $\lim\limits_{\Delta P\to0}\dfrac{\Delta Q/Q}{\Delta P/P}$ —— 将它定义为 P 点的需求的价格弹性，其经济含义是价格在 P 时，价格变化百分之一，需求量(大约)变化百分之几.

对一般的函数 $y=f(x)$，给出弹性定义如下.

定义 2.5 设函数 $y=f(x)$ 在点 $x_0\,(x_0\neq0)$ 的某邻域内有定义，且 $f(x_0)\neq0$，如果极限

$$\lim_{\Delta x \to 0} \frac{\Delta y / f(x_0)}{\Delta x / x_0} = \lim_{\Delta x \to 0} \frac{[f(x_0 + \Delta x) - f(x_0)]/f(x_0)}{\Delta x / x_0}$$

存在，则称此极限值为函数 $y = f(x)$ 在点 x_0 处的点弹性，记为 $\left.\frac{EY}{EX}\right|_{x=x_0}$.

而称比值

$$\frac{\Delta y / f(x_0)}{\Delta x / x_0} = \frac{f(x_0 + \Delta x) - f(x_0)}{\Delta x} \cdot \frac{x_0}{f(x_0)}$$

为函数 $y = f(x)$ 在点 x_0 与 $x_0 + \Delta x$ 之间的弧弹性.

易见，当 $|\Delta x|$ 很小时，点弹性 $\left.\frac{EY}{EX}\right|_{x=x_0} \approx$ 弧弹性 $\frac{\Delta y / f(x_0)}{\Delta x / x_0}$，从而有函数相对改变量与自变量相对改变量之间的如下关系式：

$$\frac{\Delta y}{y_0} \approx \left.\frac{EY}{EX}\right|_{x=x_0} \cdot \frac{\Delta x}{x_0}$$

由定义可推出弹性计算公式为

$$\left.\frac{EY}{EX}\right|_{x=x_0} = \lim_{\Delta x \to 0} \frac{\Delta y / y_0}{\Delta x / x_0} = \lim_{\Delta x \to 0} \frac{\Delta y}{\Delta x} \cdot \frac{x_0}{f(x_0)} = \frac{x_0}{f(x_0)} \cdot \left.\frac{\mathrm{d}y}{\mathrm{d}x}\right|_{x=x_0}$$

若函数 $y = f(x)$ 在区间 (a,b) 内可导且 $f(x) \neq 0$，则称

$$\frac{EY}{EX} = \frac{x}{f(x)} \cdot f'(x)$$

为 $y = f(x)$ 在 (a,b) 内的（点）弹性函数.

2. 需求弹性分析

设某商品的市场需求量为 Q，价格为 P，需求函数 $Q = Q(P)$，则称

$$\frac{EQ}{EP} = \frac{P}{Q(P)} \cdot \frac{\mathrm{d}Q}{\mathrm{d}P}$$

为该商品的需求对价格的弹性，简称为需求弹性，记为 ε_p.

需求弹性 ε_p 表示某商品需求量 Q 对价格 P 变动的反应程度，由于需求函数为价格的减函数，故需求弹性为负值，这表明，当某商品的价格上涨（或下降）1% 时，其需求量将减少（或增加）$|\varepsilon_p|$%. 因此，在经济学中，比较商品需求弹性的大小时，是指弹性的绝对值 $|\varepsilon_p|$，当我们说某商品的需求价格弹性大时，是指其绝对值大.

当 $|\varepsilon_p| > 1$ 时，即 $\varepsilon_p < -1$ 时，称为高弹性，此时商品需求量变化的百分比高于价格变化的百分比，价格变动对需求量的影响较大；当 $|\varepsilon_p| < 1$，即时 $-1 < \varepsilon_p < 0$ 时，称为低弹性，此时商品需求量变化的百分比低于价格变化的百分比，价格的变动对需求量的影响不大；当 $|\varepsilon_p| = 1$，即 $\varepsilon_p = -1$ 时，称为单位弹性，此时商品需求量变化的百分比等于价格变化的百分比.

在商品经济中，商品经营者关心的是提价（$\Delta P > 0$）或降价（$\Delta P < 0$）对总收益的影响. 利用需求弹性的概念，可以得出价格变动如何影响销售收益的结论. 事实上，由于

$$\varepsilon_p = \frac{P}{Q} \cdot \frac{\mathrm{d}Q}{\mathrm{d}P} \quad \text{或} \quad P\mathrm{d}Q = \varepsilon_p Q \mathrm{d}P$$

可见，由价格 P 的微小变化（$|\Delta P|$ 很小）而引起的销售收益 $R = PQ$ 的改变量为

$$\Delta R = \Delta(PQ) \approx \mathrm{d}(PQ) = Q\mathrm{d}P + P\mathrm{d}Q = (1 + \varepsilon_p) Q \mathrm{d}P$$

由 $\varepsilon_p < 0$ 知，$\varepsilon_p = -|\varepsilon_p|$，于是有

$$\Delta R \approx (1-|\varepsilon_p|)Q\mathrm{d}P = (1-|\varepsilon_P|)Q\Delta P$$

由此可知，当 $|\varepsilon_p|>1$（高弹性）时，降价（$\Delta P<0$）可使总收益增加（$\Delta R>0$），薄利多销多收益，提价（$\Delta P>0$）将使总收益减少（$\Delta R<0$）；当 $|\varepsilon_p|<1$（低弹性）时，降价使总收益减小，提价使总收益增加；当 $|\varepsilon_p|=1$（单位弹性）时，总收益的改变量 ΔR 是较价格改变量 ΔP 高阶的无穷小量，提价或降价对总收益无明显影响.

例 2-35 设某商品的需求函数为 $Q=Q(P)=12-\dfrac{P}{2}$.

(1) 求需求弹性函数；

(2) 求 $P=6$ 时的需求弹性；

(3) 求 $P=6$ 时，若价格上涨 1%，总收益增加或减少百分之几？

解 (1) $\varepsilon_p=\dfrac{P}{Q}\cdot Q'(P)=-\dfrac{1}{2}\times\dfrac{P}{12-\dfrac{P}{2}}=-\dfrac{P}{24-P}$.

(2) 当 $P=6$ 时，$\varepsilon_p=-\dfrac{6}{24-6}=-\dfrac{1}{3}$.

(3) $\varepsilon_p=-\dfrac{1}{3}$，$|\varepsilon_p|<1$，所以价格上涨 1%，总收益将增加. 下面求 R 增长的百分比，即求 R 的弹性.

因为 $R=P\cdot Q$，所以

$$R'=Q+PQ'=Q\left(1+Q'\cdot\frac{P}{Q}\right)=Q(1-|\varepsilon_p|)$$

故 $R'(6)=Q(6)\left(1-\dfrac{1}{3}\right)=6$. 又 $R(6)=54$，所以

$$\left.\frac{ER}{EP}\right|_{P=6}=R'(6)\cdot\frac{6}{R(6)}=6\times\frac{6}{54}=\frac{2}{3}\approx 0.67$$

即当 $P=6$ 时，价格上涨 1%，总收益增加 0.67%.

习题 2

1. 用导数定义求下列函数的导数：

(1) $y=ax+b$； (2) $y=\sqrt{x}$； (3) $y=1-x^2$.

2. 下列各题中均假定 $f'(x_0)$ 存在，按照导数定义观察下列极限，指出 A 表示什么.

(1) $\lim\limits_{\Delta x\to 0}\dfrac{f(x_0-\Delta x)-f(x_0)}{\Delta x}=A$；

(2) $\lim\limits_{h\to 0}\dfrac{f(x_0+h)-f(x_0-h)}{h}=A$.

3. 若函数 $f(x)$ 在点 $x=0$ 处连续，且 $\lim\limits_{x\to 0}\dfrac{f(x)}{x}$ 存在，试问函数 $f(x)$ 在点 $x=0$ 处是否可导？

4. 讨论下列函数在给定点 $x=0$ 处的连续性与可导性：

(1) $f(x)=\begin{cases}1+x, & x<0;\\ 1-x, & x\geqslant 0.\end{cases}$

(2) $f(x)=\begin{cases}x, & x<0;\\ \ln(1+x), & x\geqslant 0.\end{cases}$

(3) $f(x)=\begin{cases}x^2\sin\dfrac{1}{x}, & x\neq 0;\\ 0, & x=0.\end{cases}$

5. 求下列函数的导数：

(1) $y=3x^2-2\cos x+3^x-\ln e$；

(2) $y=\dfrac{x^3}{3}-\dfrac{x^2}{2}+x$；

(3) $y=\sqrt{x\sqrt{x\sqrt{x}}}$；

(4) $y=\dfrac{1-\ln x}{1+\ln x}$.

6. 求下列复合函数的导数：

(1) $y=\sqrt{x^2-2x+5}$；

(2) $y=\cos x^2+\cos^2 x$；

(3) $y=4^{\sin x}$；

(4) $y=\ln(\ln x)$；

(5) $y=(\dfrac{x}{1+x})^{10}$；

(6) $y=\ln\sqrt{x}+\sqrt{\ln x}$；

(7) $y=2\left(\sin\dfrac{1}{x^2}\right)^2$；

(8) $y=\ln(x+\sqrt{x^2-a^2})$；

(9) $y=\sqrt{4x-x^2}+4\arcsin\dfrac{\sqrt{x}}{2}$；

(10) $y=\ln\tan\dfrac{x}{2}-\cos x\cdot\ln\tan x$.

7. 求下列隐函数的导数：

(1) $x^2+y^2-xy=1$；

(2) $\cos(xy)=x$；

(3) $y=1+xe^y$；

(4) $\arctan\dfrac{y}{x}=\ln\sqrt{x^2+y^2}$.

8. 利用对数求导法求下列函数的导数：

(1) $y=x\sqrt{\dfrac{1-x}{1+x}}$；

(2) $y=x^{\sin x}$；

(3) $y=\dfrac{x^2}{1-x}\sqrt{\dfrac{3-x}{(3+x)^2}}$；

(4) $y^x=x^y$.

9. 求下列函数的二阶导数：

(1) $y=x\ln x$；

(2) $y=(1+x^2)\arctan x$；

(3) $xy+e^y=1$.

10. 求由参数方程$\begin{cases}x=e^t\cos t,\\ y=e^t\sin t\end{cases}$所确定的函数的二阶导数$\dfrac{d^2y}{dx^2}$.

11. 设函数 $f(x)$ 可导，求下列函数的导数：

(1) $y=f(\sqrt{x})$；

(2) $y=f(\sin^2 x)+f(\cos^2 x)$；

(3) $y=f(e^x)\cdot e^{f(x)}$.

12. 求下列函数的微分：

(1) $y=x^2e^{2x}$；

(2) $y=\arcsin\sqrt{1-x^2}$；

(3) $y=8x^x-6\tan^2 x$；

(4) $y=x+\dfrac{1}{2}\sin y$.

13. 设某产品的需求函数和总成本函数分别为

$$P + 0.1x = 80, \quad C(x) = 5\,000 + 2x$$

其中 x 为销售量，P 为价格，求边际利润函数，并计算 $x = 150$ 和 $x = 400$ 时的边际利润.

14. 某商品的需求函数为 $Q = Q(P) = 75 - P^2$.

(1) 求 $P = 4$ 时边际需求.

(2) 求 $P = 4$ 时的需求弹性.

(3) $P = 4$ 时，若价格上涨 1%，总收益将变化百分之几？是增加还是减少？

第3章　中值定理与导数的应用

在上一章中,我们讨论了导数和微分的概念及其计算方法,本章将进一步研究构成微分学理论基础的、反映导数更深刻性质的微分中值定理,它是应用导数研究函数及进行经济分析的依据.

3.1　中值定理

1. 罗尔定理

定理 3.1　若函数 $f(x)$ 在闭区间 $[a,b]$ 上连续,在开区间 (a,b) 内可导,且在区间端点取等值,即 $f(a)=f(b)$,则在区间 (a,b) 内至少存在一点 ξ,使得 $f'(\xi)=0$.

我们先看该定理的几何意义. 该定理假设 $f(x)$ 在 $[a,b]$ 上连续,在 (a,b) 内可导,说明 $y=f(x)$ 在平面上是一条以 A,B 为端点的连续的且处处有切线的曲线段,由 $f(a)=f(b)$,故线段 AB 平行于 x 轴;定理结论为 $f'(\xi)=0$,说明在曲线段上必有一点 C(C 点的横坐标为 ξ),在该点的切线的斜率为 0,也即曲线在该点的切线平行于 x 轴,由图 3-1 中我们看到,这样的 ξ 确实存在.

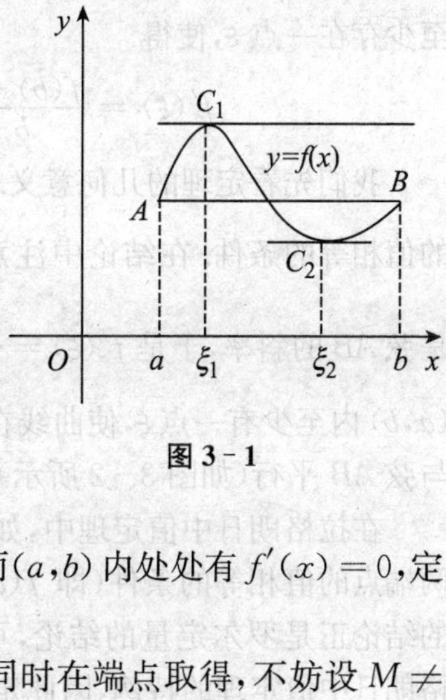

图 3-1

证　因为 $f(x)$ 在闭区间 $[a,b]$ 上连续,故根据闭区间上连续函数的性质,它在该区间必能取到最大值 M 和最小值 m,此时有以下两种可能:

(1) 若 $m=M$,则 $f(x)$ 在 $[a,b]$ 上必恒等于常数 M,因而 (a,b) 内处处有 $f'(x)=0$,定理得证.

(2) 若 $m\neq M$,因为 $f(a)=f(b)$,所以 M,m 不可能同时在端点取得,不妨设 $M\neq f(a)$,这样在开区间 (a,b) 内至少有一点 ξ,使 $f(\xi)=M$,下面我们证明 $f'(\xi)=0$.

由于 $f(\xi)=M$ 是最大值,所以不论 Δx 为正或为负,恒有

$$f(\xi+\Delta x)-f(\xi)\leqslant 0,\quad \xi+\Delta x\in(a,b)$$

当 $\Delta x>0$ 时有

$$\frac{f(\xi+\Delta x)-f(\xi)}{\Delta x}\leqslant 0$$

由局部保号性定理可知

$$f_+'(\xi)=\lim_{\Delta x\to 0^+}\frac{f(\xi+\Delta x)-f(\xi)}{\Delta x}\leqslant 0$$

当 $\Delta x<0$ 时,同样有

$$f_-'(\xi) = \lim_{\Delta x \to 0^-} \frac{f(\xi + \Delta x) - f(\xi)}{\Delta x} \geqslant 0$$

因为 $f(x)$ 在 (a,b) 内可导,因此必定有 $f_-'(\xi) = f_+'(\xi)$,则 $f'(\xi) = 0$.

例 3-1 验证函数 $f(x) = x^3 + 4x^2 - 7x - 10$ 在区间 $[-1,2]$ 上满足罗尔定理的三个条件,并求出满足 $f'(\xi) = 0$ 的 ξ.

解 因 $f(x) = x^3 + 4x^2 - 7x - 10$ 是多项式,所以在 $(-\infty, +\infty)$ 上可导,故它在 $[-1,2]$ 上连续,且在 $(-1,2)$ 内可导,容易验证 $f(-1) = f(2) = 0$. 因此,$f(x)$ 满足罗尔定理的三个条件.

而 $f'(x) = 3x^2 + 8x - 7$,令 $f'(x) = 0$,即 $3x^2 + 8x - 7 = 0$. 解得

$$x_1 = \frac{1}{3}(-4 + \sqrt{37}), \quad x_2 = \frac{1}{3}(-4 - \sqrt{37})$$

显然,x_2 不在 $(-1,2)$ 内,应舍去,而 $x_1 \in (-1,2)$,因而可取 $\xi = \frac{1}{3}(-4 + \sqrt{37}) \in (-1, 2)$,就有 $f'(\xi) = 0$.

注意:如果定理的三个条件中有一个不满足,则定理的结论就可能不成立.

2. 拉格朗日中值定理

定理 3.2 设函数 $f(x)$ 在闭区间 $[a,b]$ 上连续,在开间 (a,b) 内可导,则在区间 (a,b) 内至少存在一点 ξ,使得

$$f'(\xi) = \frac{f(b) - f(a)}{b - a} \quad 或 \quad f(b) - f(a) = f'(\xi)(b - a)$$

我们先看定理的几何意义. 连续与可导的条件与罗尔定理一样,仅少了该函数在两端点的值相等的条件. 在结论中注意到 $\frac{f(b) - f(a)}{b - a}$ 正是弦 AB 的斜率,于是 $f'(\xi) = \frac{f(b) - f(a)}{b - a}$ 说明在 (a,b) 内至少有一点 ξ,使曲线在相应点 C 处的切线与弦 AB 平行(如图 3-2 所示).

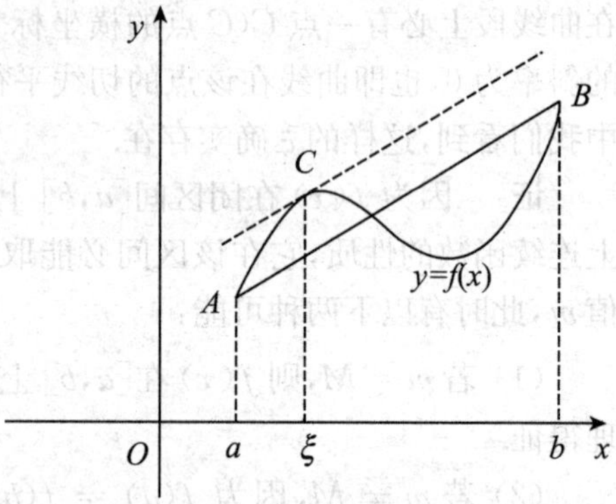

图 3-2

在拉格朗日中值定理中,如果再增加该函数在两端点的值相等的条件(即 $f(a) = f(b)$),则定理的结论正是罗尔定量的结论,可见,罗尔定理是拉格朗日中值定理的特例,因此定理证明的基本思路就是构造一个辅助函数,使其符合罗尔定理的条件,然后可利用罗尔定理得出证明.

证 作辅助函数

$$\varphi(x) = f(x) - f(a) - \frac{f(b) - f(a)}{b - a}(x - a)$$

容易验证 $\varphi(a) = \varphi(b) = 0$,且由于 $f(x)$ 在 $[a,b]$ 上连续,在 (a,b) 内可导,故 $\varphi(x)$ 也在 $[a,b]$ 上连续,在 (a,b) 内可导,因此 $\varphi(x)$ 满足罗尔定理的全部条件. 根据罗尔定理,在 (a,b) 内至少存在一点 ξ,使 $\varphi'(\xi) = 0$. 即

$$f'(\xi) - \frac{f(b) - f(a)}{b - a} = 0$$

于是得

$$f'(\xi)=\frac{f(b)-f(a)}{b-a} \quad \text{或} \quad f(b)-f(a)=f'(\xi)(b-a)$$

推论 1　如果函数 $f(x)$ 在区间 (a,b) 内任意点的导数 $f'(x)=0$，则函数 $f(x)$ 在 (a,b) 内是常数.

推论 2　如果函数 $f(x)$ 与 $g(x)$ 在区间 (a,b) 内每一点处都有 $f'(x)=g'(x)$，则这两个函数在区间 (a,b) 内至多相差一个常数.

例 3－2　对于函数 $f(x)=\ln x$，在闭区间 $[1,\mathrm{e}]$ 上验证拉格朗日定理的正确性.

解　显然 $f(x)=\ln x$，在闭区间 $[1,\mathrm{e}]$ 内可导，又 $f(1)=\ln 1=0$，$f(\mathrm{e})=\ln\mathrm{e}=1$，$f'(x)=\dfrac{1}{x}$，有

$$\frac{\ln\mathrm{e}-\ln 1}{\mathrm{e}-1}=\frac{1}{\xi}$$

从而解得 $\xi=\mathrm{e}-1\in(1,\mathrm{e})$，故可取 $\xi=\mathrm{e}-1$，使 $f'(\xi)=\dfrac{f(\mathrm{e})-f(1)}{\mathrm{e}-1}$ 成立.

例 3－3　证明：当 $b>a>0$ 时，$\dfrac{1}{b}(b-a)<\ln\dfrac{b}{a}<\dfrac{1}{a}(b-a)$.

证　设函数 $f(x)=\ln x$. 显然 $f(x)$ 在 $[a,b]$ 上连续，在 (a,b) 内可导，所以满足拉格朗日定理条件. 由拉格朗日定理得，至少存在一点 $\xi\in(a,b)$，使得

$$f'(\xi)=\frac{f(b)-f(a)}{b-a}$$

因为 $f(a)=\ln a$，$f(b)=\ln b$，$f'(x)=\dfrac{1}{x}$，所以

$$\frac{1}{\xi}=\frac{\ln b-\ln a}{b-a}$$

因为 $0<a<\xi<b$，所以 $\dfrac{1}{b}<\dfrac{1}{\xi}<\dfrac{1}{a}$，又因为 $b>a$，所以

$$\frac{1}{b}(b-a)<\ln b-\ln a<\frac{1}{a}(b-a)$$

即

$$\frac{1}{b}(b-a)<\ln\frac{b}{a}<\frac{1}{a}(b-a)$$

3. 柯西中值定理

定理 3.3　若 $f(x)$，$g(x)$ 在闭区间 $[a,b]$ 上连续，在开区间 (a,b) 内可导，且 $g'(x)\neq 0$，$x\in(a,b)$，则在开区间 (a,b) 内至少存在一点 ξ，使得

$$\frac{f'(\xi)}{g'(\xi)}=\frac{f(b)-f(a)}{g(b)-g(a)}$$

显然，当 $g(x)=x$ 时，柯西中值定理就转化为拉格朗日中值定理，可见，柯西中值定理是拉格朗日中值定理的推广. 因此，可类似于拉格朗日中值定理的证明，构造辅助函数利用罗尔定理来证明柯西中值定理（证明略）.

3.2 罗必塔法则

中值定理的一个重要应用是计算函数的极限.由于两个无穷小量之比的极限或两个无穷大量之比的极限,有的存在,有的不存在,通常称这种类型的极限为未定式,简记为$\frac{0}{0}$型或$\frac{\infty}{\infty}$型,对这种未定式的计算,有一个重要而又简便的方法,即下面将要介绍的罗必塔法则.

先讨论$x \to a$时的$\frac{0}{0}$型未定式,关于这种情形有如下的定理.

定理 3.4 设

(1) 当$x \to a$时,函数$f(x)$及$F(x)$都趋于零;

(2) 在点a的某个去心邻域$\mathring{U}(a,\delta)$内,$f'(x)$及$F'(x)$都存在且$F'(x) \neq 0$;

(3) $\lim\limits_{x \to a}\frac{f'(x)}{F'(x)}$存在(或为无穷大),

那么

$$\lim_{x \to a}\frac{f(x)}{F(x)} = \lim_{x \to a}\frac{f'(x)}{F'(x)}$$

这就是说,$\lim\limits_{x \to a}\frac{f'(x)}{F'(x)}$存在时,$\lim\limits_{x \to a}\frac{f(x)}{F(x)}$也存在,且两者相等;当$\lim\limits_{x \to a}\frac{f'(x)}{F'(x)}$为无穷大时,$\lim\limits_{x \to a}\frac{f(x)}{F(x)}$也是无穷大.

这种在一定条件下通过分子分母分别求导再求极限来确定未定式的值的方法称为罗必塔(L'Hospital)法则.

证 定理的条件没有说明$f(x)$及$F(x)$在点$x = a$的取值情况,为了应用柯西中值定理,我们假定$f(a) = F(a) = 0$(这个假定并不影响$\frac{f(x)}{F(x)}$当$x \to a$时的极限),于是由条件(1)和(2)知道,$f(x)$及$F(x)$在点a的邻域$U(a,\delta)$内连续,在去心邻域$\mathring{U}(a,\delta)$内可导且$F'(x) \neq 0$.

设$x \in \mathring{U}(a,\delta)$,在以$a$和$x$为端点的闭区间上,$f(x)$和$F(x)$满足柯西中值定理的条件,因此有

$$\frac{f(x)}{F(x)} = \frac{f(x) - f(a)}{F(x) - F(a)} = \frac{f'(\xi)}{F'(\xi)} \quad (\xi\text{在}a\text{与}x\text{之间})$$

令$x \to a$对上式两端取极限,注意到$x \to a$时$\xi \to a$,因此有

$$\lim_{x \to a}\frac{f(x)}{F(x)} = \lim_{\xi \to a}\frac{f'(\xi)}{F'(\xi)}$$

再有条件(3)可知

$$\lim_{\xi \to a}\frac{f'(\xi)}{F'(\xi)} = \lim_{x \to a}\frac{f'(x)}{F'(x)}$$

并且当上式右端为无穷大时,左端也为无穷大.证毕.

$\dfrac{f'(x)}{F'(x)}$ 当 $x \to a$ 时仍为 $\dfrac{0}{0}$ 型未定式，且这时 $f'(x)$，$F'(x)$ 能满足定理中 $f(x)$，$F(x)$ 所要满足的条件，则可继续再用罗必塔法则，即

$$\lim_{x\to a}\frac{f(x)}{F(x)}=\lim_{x\to a}\frac{f'(x)}{F'(x)}=\lim_{x\to a}\frac{f''(x)}{F''(x)}$$

且可依次继续下去.

例 3-4　求 $\lim\limits_{x\to 0}\dfrac{\sin ax}{\sin bx}(b\neq 0)$.

解

$$\lim_{x\to 0}\frac{\sin ax}{\sin bx}=\lim_{x\to 0}\frac{a\cos ax}{b\cos bx}=\frac{a}{b}$$

例 3-5　求 $\lim\limits_{x\to 0}\dfrac{1-\dfrac{\sin x}{x}}{1-\cos x}$.

解

$$\lim_{x\to 0}\frac{1-\dfrac{\sin x}{x}}{1-\cos x}=\lim_{x\to 0}\frac{x-\sin x}{x(1-\cos x)}$$

由于当 $x\to 0$ 时，$1-\cos x\sim\dfrac{x^2}{2}$，因此

$$\lim_{x\to 0}\frac{x-\sin x}{x(1-\cos x)}=\lim_{x\to 0}\frac{x-\sin x}{\dfrac{x^3}{2}}=2\lim_{x\to 0}\frac{1-\cos x}{3x^2}=2\lim_{x\to 0}\frac{\dfrac{x^2}{2}}{3x^2}=\frac{1}{3}$$

从上例可以看到，在应用罗必塔法则求极限的过程中，遇到可以应用等价无穷小的替代和重要极限的时候，应尽量应用以简化运算.

对于 x 的其他变化趋势（如 $x\to\infty$，$x\to x_0^+$，$x\to x_0^-$，$x\to+\infty$ 或 $x\to-\infty$）的 $\dfrac{0}{0}$ 型未定式，以及 x 的各种变化趋势下的 $\dfrac{\infty}{\infty}$ 型未定式，也有相应的罗必塔法则，下面我们通过例子来加以说明.

例 3-6　求 $\lim\limits_{x\to+\infty}\dfrac{\dfrac{\pi}{2}-\arctan x}{\dfrac{1}{x}}$.

解

$$\lim_{x\to+\infty}\frac{\dfrac{\pi}{2}-\arctan x}{\dfrac{1}{x}}=\lim_{x\to+\infty}\frac{-\dfrac{1}{1+x^2}}{-\dfrac{1}{x^2}}=\lim_{x\to+\infty}\frac{x^2}{1+x^2}=1$$

例 3-7　求 $\lim\limits_{x\to+\infty}\dfrac{\ln x}{x^n}(n>0)$.

解　本题为 $x\to+\infty$ 时的 $\dfrac{\infty}{\infty}$ 型未定式，应用罗必塔法则得

$$\lim_{x\to+\infty}\frac{\ln x}{x^n}=\lim_{x\to+\infty}\frac{\dfrac{1}{x}}{nx^{n-1}}=\lim_{x\to+\infty}\frac{1}{nx^n}=0$$

未定式除了前面讨论的两种类型外，还有 $0\cdot\infty$，$\infty-\infty$，0^0，1^∞，∞^0 等类型，可将它们

先化为$\frac{0}{0}$或$\frac{\infty}{\infty}$型的未定式,然后用罗必塔法则进行计算,下面通过例子加以说明.

例 3-8 求$\lim\limits_{x\to 0^+}x\ln x$.

解 这是$0\cdot\infty$型未定式,把$x\ln x$改写成$\frac{\ln x}{\frac{1}{x}}$,于是得到$x\to 0^+$时的$\frac{\infty}{\infty}$型未定式,应用罗必塔法则得

$$\lim_{x\to 0^+}x\ln x=\lim_{x\to 0^+}\frac{\ln x}{\frac{1}{x}}=\lim_{x\to 0^+}\frac{\frac{1}{x}}{-\frac{1}{x^2}}=\lim_{x\to 0^+}(-x)=0$$

例 3-9 求$\lim\limits_{x\to 1}\left(\frac{x}{1-x}-\frac{1}{\ln x}\right)$.

解 这是$\infty-\infty$型未定式,把$\frac{x}{1-x}-\frac{1}{\ln x}$改写为$\frac{x\ln x-(1-x)}{(1-x)\ln x}$,于是得到$x\to 1$时的$\frac{0}{0}$型未定式,应用罗必塔法则得

$$\lim_{x\to 1}\left(\frac{x}{1-x}-\frac{1}{\ln x}\right)=\lim_{x\to 1}\frac{x\ln x-(1-x)}{(1-x)\ln x}=\lim_{x\to 1}\frac{\ln x+2}{\frac{1-x}{x}-\ln x}=\infty$$

例 3-10 求$\lim\limits_{x\to 0^+}x^x$.

解 这是0^0型未定式,令$y=x^x$,两边取对数得

$$\ln y=x\ln x=\frac{\ln x}{\frac{1}{x}}$$

当$x\to 0^+$时,$\ln y=\frac{\ln x}{\frac{1}{x}}$就为$\frac{\infty}{\infty}$型未定式,应用例 3-8 的结果可知

$$\lim_{x\to 0^+}\ln y=\lim_{x\to 0^+}x\ln x=0$$

于是

$$\lim_{x\to 0^+}y=\lim_{x\to 0^+}x^x=e^0=1$$

最后,我们指出,本节定理给出的是$\frac{0}{0}$型未定式存在极限(或等于∞)的一个充分条件,因此当$\lim\limits_{\substack{x\to a\\(x\to\infty)}}\frac{f'(x)}{F'(x)}$不存在时(等于无穷大的情况除外),$\lim\limits_{\substack{x\to a\\(x\to\infty)}}\frac{f(x)}{F(x)}$仍可能存在,这时应改用其他方法求极限.

3.3* 泰勒公式

拉格朗日中值定理不仅可以从一个函数的情形推广到两个函数的情形,从而得到柯西中值定理,而且还可以另一个方向加以推广:建立函数$f(x)$在一个区间上的增量与函数在这区间内某点处的高阶导数之间的联系,从而得到泰勒公式.

我们先来建立函数增量与二阶导数之间的联系，设函数 $f(x)$ 在含有 x_0 的某个区间 (a,b) 内具有一阶和二阶导数，则对 (a,b) 内任一 x，我们来证明下式成立：

$$f(x)=f(x_0)+f'(x_0)(x-x_0)+\frac{f''(\xi)}{2}(x-x_0)^2 \quad (\xi \text{在} x_0 \text{与} x \text{之间})$$

证明时，为了避免字母记法上的混淆，我们用 t 记函数的自变量，而让 x 表示任意取定的一点，令

$$R(t)=f(t)-f(x_0)-f'(x_0)(t-x_0)$$

只需证

$$R(x)=\frac{f''(\xi)}{2}(x-x_0)^2 \quad (\xi \text{在} x_0 \text{与} x \text{之间})$$

由假设可知，$R(t)$ 在 (a,b) 内也具有一阶和二阶导数，且 $R(x_0)=R'(x_0)=0$.

对两个函数 $R(t)$ 和 $(t-x_0)^2$ 在以 x_0 及 x 为端点的区间上应用柯西中值定理，得

$$\frac{R(x)}{(x-x_0)^2}=\frac{R(x)-R(x_0)}{(x-x_0)^2-(x_0-x_0)^2}=\frac{R'(\xi_1)}{2(\xi_1-x_0)} \quad (\xi_1 \text{在} x_0 \text{与} x \text{之间})$$

再对两个函数 $R'(t)$ 与 $2(t-x_0)$ 在以 x_0 及 ξ_1 为端点的区间上应用柯西中值定理，得

$$\frac{R'(\xi_1)}{2(\xi_1-x_0)}=\frac{R'(\xi_1)-R'(x_0)}{2(\xi_1-x_0)-2(x_0-x_0)}=\frac{R''(\xi)}{2}$$

其中 ξ 在 x_0 与 ξ_1 之间，从而在 x_0 与 x 之间.

由上面两式即可得

$$R(x)=\frac{R''(\xi)}{2}(x-x_0)^2 \quad (\xi \text{在} x_0 \text{与} x \text{之间})$$

注意到 $R''(\xi)=f''(\xi)$，则由上式得

$$R(x)=\frac{f''(\xi)}{2}(x-x_0)^2$$

这就是所要证明的式子.

应用类似的证明方法，我们能够证得下面更加一般性的结果.

泰勒公式　设 $f(x)$ 在含有 x_0 的某个区间 (a,b) 内具有直到 $(n+1)$ 阶的导数，则对任一 $x\in(a,b)$，下式成立：

$$f(x)=f(x_0)+f'(x_0)(x-x_0)+\frac{f''(x_0)}{2!}(x-x_0)^2+\cdots+\frac{f^{(n)}(x_0)}{n!}(x-x_0)^n+R_n(x)$$

其中

$$R_n(x)=\frac{f^{(n+1)}(\xi)}{(n+1)!}(x-x_0)^{n+1} \quad (\xi \text{在} x_0 \text{与} x \text{之间})$$

泰勒公式建立了函数 $f(x)$ 在一个区间上的增量与这个函数在区间内某点处的高阶导数之间的联系，当 $n=0$ 时，上式就变成了拉格朗日中值定理，即

$$f(x)=f(x_0)+f'(\xi)(x-x_0) \quad (\xi \text{在} x_0 \text{与} x \text{之间})$$

因此泰勒公式是拉格朗日中值定理的推广.

我们着重指出，泰勒公式在函数表示方面有着十分重要的意义，它说明，如果 $f(x)$ 在包含 x_0 的某个区间内具有直到 $(n+1)$ 阶的导数，那么 $f(x)$ 就可以表示成一个 $(x-x_0)$ 的 n 次多项式与一个余项 $R_n(x)$ 之和. 我们知道，多项式函数只包含自变量的有限次的加、减、乘三种算术运算，进行数值计算时非常方便，因此我们希望用多项式函数来近似表示一个复杂

函数，以便于对复杂函数进行研究，而泰勒公式提供了用多项式近似表示函数的一种重要方法. 它不仅给出近似多项式的具体形式，还给出了用这个多项式代替函数时引起的误差 $|R_n(x)|$ 的表达式，因此有着广泛的应用.

在泰勒公式中，如果取 $x_0=0$，则 ξ 在 0 与 x 之间，因此可令 $\xi=\theta x\ (0<\theta<1)$，从而泰勒公式变成较简单的形式，即所谓的麦克劳林(Maclaurin) 公式

$$f(x)=f(0)+f'(0)x+\frac{f''(0)}{2!}x^2+\cdots+\frac{f^{(n)}(0)}{n!}x^n+\frac{f^{(n+1)}(\theta x)}{(n+1)!}x^{n+1}\quad(0<\theta<1)$$

由此得近似公式

$$f(x)\approx f(0)+f'(0)x+\frac{f''(0)}{2!}x^2+\cdots+\frac{f^{(n)}(0)}{n!}x^n$$

例 3－11 写出函数 $f(x)=\mathrm{e}^x$ 的 n 阶麦克劳林公式.

解 因为 $f'(x)=f''(x)=\cdots=f^{(n)}(x)=\mathrm{e}^x$，所以

$$f(0)=f'(0)=\cdots=f^{(n)}(0)=1$$

把这些数值代入麦克劳林公式，并注意到 $f^{(n+1)}(\theta x)=\mathrm{e}^{\theta x}$，得

$$\mathrm{e}^x=1+x+\frac{x^2}{2!}+\cdots+\frac{x^n}{n!}+\frac{\mathrm{e}^{\theta x}}{(n+1)!}x^{n+1}\quad(0<\theta<1)$$

由这个公式可得 e^x 用 n 次多项式表达的近似式，即

$$\mathrm{e}^x\approx 1+x+\frac{x^2}{2!}+\cdots+\frac{x^n}{n!}$$

这时的误差为

$$|R_n(x)|=\frac{\mathrm{e}^{\theta x}}{(n+1)!}|x|^{n+1}\quad(0<\theta<1)$$

如果取 $x=1$，则得无理数 e 的近似式为

$$\mathrm{e}\approx 1+1+\frac{1}{2!}+\cdots+\frac{1}{n!}$$

其误差为

$$|R_n(x)|=\frac{\mathrm{e}^{\theta}}{(n+1)!}<\frac{\mathrm{e}}{(n+1)!}$$

当 $n=10$ 时，可算出 $\mathrm{e}\approx 2.718\,282$，其误差不超过 10^{-6}.

例 3－12 求 $f(x)=\sin x$ 的 n 阶麦克劳林公式.

解 因为 $f'(x)=\cos x, f''(x)=-\sin x, f'''(x)=-\cos x, f^{(4)}(x)=\sin x, f^{(5)}(x)=\cos x,\cdots, f^{(n)}(x)=\sin(x+\frac{n}{2}\pi)$，所以 $f(0)=0, f'(0)=1, f''(0)=0, f'''(0)=-1, f^{(4)}(0)=0$ 等等，它们顺次循环地取四个数 $0,1,0,-1$，于是按公式得(令 $n=2m$)

$$\sin x=x-\frac{x^3}{3!}+\frac{x^5}{5!}-\cdots+(-1)^{m-1}\frac{x^{2m-1}}{(2m-1)!}+R_{2m}(x)$$

其中

$$R_{2m}(x)=\frac{\sin\left[\theta x+(2m+1)\dfrac{\pi}{2}\right]}{(2m+1)!}x^{2m+1}=\frac{(-1)^m\cos\theta x}{(2m+1)!}x^{2m+1}\quad(0<\theta<1)$$

易知

$$|R_{2m}(x)| \leqslant \frac{|x|^{2m+1}}{(2m+1)!}$$

如果取 $m=1$,则得近似公式 $\sin x \approx x$,这时误差为 $|R_2(x)| \leqslant \frac{|x|^3}{6}$;如果 m 取 2 和 3,则分别可得 $\sin x$ 的 3 次和 5 次近似多项式,即

$$\sin x \approx x - \frac{x^3}{3!} \quad 和 \quad \sin x \approx x - \frac{x^3}{3!} + \frac{x^5}{5!}$$

其误差的绝对值分别小于 $\frac{|x|^5}{5!}$ 和 $\frac{|x|^7}{7!}$.

3.4　函数单调性的判别法

在第 1 章中,我们已经给出函数在某个区间内单调性定义,一般地说,直接按定义判别函数的单调性并不容易,本节将介绍利用导数判别函数单调性的简便而有效的方法.

我们先从几何上直观分析一下. 如果在区间 (a,b) 内,曲线上每一点的切线斜率都为正值,$\tan\alpha = f'(x) > 0$,则曲线是上升的,即函数 $f(x)$ 是单调增加的(如图 3-3 所示);如果切线斜率都为负值,$\tan\alpha = f'(x) < 0$,则曲线是下降的,即函数 $f(x)$ 是单调减少的. 对于上升或下降的曲线,它的切线在个别点可能平行于 x 轴(即导数等于 0),如图 3-4 中的 C 点.

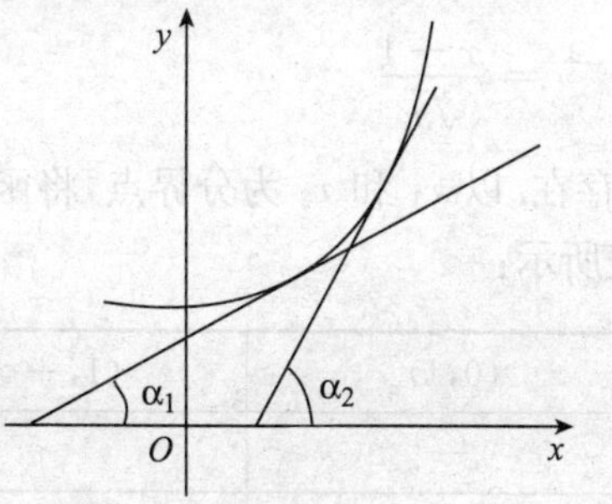

图 3-3

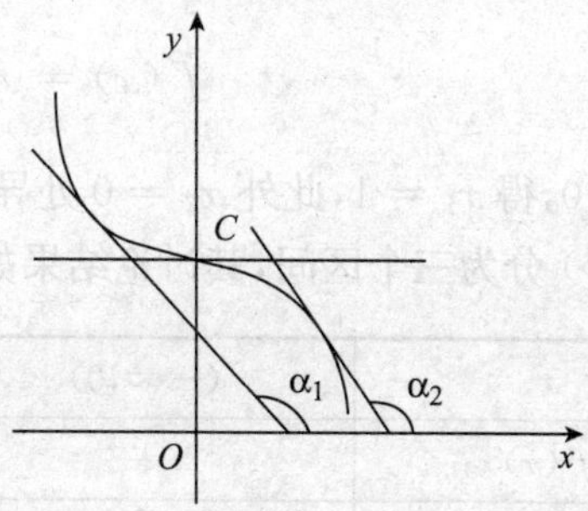

图 3-4

由此可见,函数的单调性与其导数的符号有着密切联系,这启示我们,可否利用导数的符号判别函数的单调性. 对此,下面定理给出肯定的回答.

定理 3.5(函数单调性判别定理)　设函数 $y = f(x)$ 在 $[a,b]$ 上连续,在 (a,b) 内可导.

(1) 如果在 (a,b) 内恒有 $f'(x) > 0$,则 $f(x)$ 在 $[a,b]$ 内单调增加;

(2) 如果在 (a,b) 内恒有 $f'(x) < 0$,则 $f(x)$ 在 $[a,b]$ 内单调减少.

证　在区间 (a,b) 内任取两点 x_1, x_2,不妨假设 $x_1 < x_2$,则函数 $f(x)$ 在 $[x_1, x_2]$ 上满足拉格朗日中值定理的条件,于是,至少存在一点 $\xi \in (x_1, x_2)$,使得

$$f(x_2) - f(x_1) = f'(\xi)(x_2 - x_1), \quad x_1 < \xi < x_2$$

从而由 $x_2 - x_1 > 0$ 可知,$f(x_2) - f(x_1)$ 的符号与 $f'(\xi)$ 的符号一致. 而由(1) 的条件知 $f'(\xi) > 0$,从而 $f(x_2) > f(x_1)$,再由 x_1 和 x_2 的任意性可知,$f(x)$ 在 $[a,b]$ 上单调增加.

同理可证(2).

显然,如果将定理中的区间换成其他各种区间(包括无穷区间),判别定理结论仍成立.

例 3-13 确定函数 $f(x)=x^3-3x$ 的单调区间.

解 $$f'(x)=3x^2-3=3(x+1)(x-1)$$

令 $f'(x)=0$,得 $x_1=-1,x_2=1$. x_1,x_2 将函数的定义域 $(-\infty,+\infty)$ 分成三个区间 $(-\infty,-1),(-1,1),(1,+\infty)$,其讨论结果列表如下:

x	$(-\infty,-1)$	$(-1,1)$	$(1,+\infty)$
$f'(x)$	+	−	+
$f(x)$	↗	↘	↗

所以,函数在 $(-\infty,-1)$ 和 $(1,+\infty)$ 内单调增加,在 $(-1,1)$ 内单调减少.

注意:如果在区间 (a,b) 内 $f'(x)\geqslant 0$(或 $f'(x)\leqslant 0$),但等号只在个别点处成立,则函数 $f(x)$ 在 (a,b) 内仍是单调增加(或单调减少)的.

例 3-14 确定函数 $f(x)=x^3$ 的增减性.

解 因 $f'(x)=3x^2\geqslant 0$,且只有当 $x=0$ 时,$f'(0)=0$,所以 $f(x)=x^3$ 在 $(-\infty,+\infty)$ 内是单调增加的.

此外,函数 $f(x)$ 单调区间的分界点除了是使 $f'(x)=0$ 的点外,$f'(x)$ 不存在的点也可能是单调区间的分界点.

例 3-15 确定函数 $f(x)=\frac{3}{5}x^{\frac{5}{3}}-\frac{3}{2}x^{\frac{2}{3}}+1$ 的单调区间.

解 $$f'(x)=x^{\frac{2}{3}}-x^{-\frac{1}{3}}=\frac{x-1}{\sqrt[3]{x}}$$

令 $f'(x)=0$,得 $x_1=1$,此外 $x_2=0$ 处导数不存在. 以 x_1 和 x_2 为分界点,将函数的定义域 $(-\infty,+\infty)$ 分为三个区间,其讨论结果如下表所示:

x	$(-\infty,0)$	$(0,1)$	$(1,+\infty)$
$f'(x)$	+	−	+
$f(x)$	↗	↘	↗

所以,函数在 $(-\infty,0)$ 和 $(1,+\infty)$ 内单调增加,在 $(0,1)$ 内单调减少.

综上所述,求函数 $y=f(x)$ 增减区间的步骤如下:

(1) 确定 $f(x)$ 的定义域;

(2) 求出 $f(x)$ 单调区间所有可能的分界点($f'(x)=0$ 的点和 $f'(x)$ 不存在的点),并根据分界点把定义域分成相应的区间;

(3) 列表讨论一阶导数 $f'(x)$ 在各区间内的符号,从而判断 $f(x)$ 在各区间中的单调性.

利用函数的单调性,还可以证明不等式.

例 3-16 证明:当 $x>1$ 时,有 $2\sqrt{x}>3-\frac{1}{x}$.

证 设 $f(x)=2\sqrt{x}-(3-\frac{1}{x})$,只要证 $f(x)>0\ (x>1)$ 即可. 由于

$$f'(x)=\frac{1}{\sqrt{x}}-\frac{1}{x^2}=\frac{x\sqrt{x}-1}{x^2}$$

当 $x>1$ 时，$f'(x)>0$，所以 $f(x)$ 单调增加，而 $f(1)=0$，因此当 $x>1$ 时，$f(x)>f(1)=0$，即当 $x>1$ 时，$2\sqrt{x}-(3-\frac{1}{x})>0$，也即 $2\sqrt{x}>3-\frac{1}{x}$.

3.5　函数的极值与最值

3.5.1　函数的极值及其求法

在讨论函数的增减性时曾遇到这样的情形：函数先是递增的，到达某一点后它又变为递减的；也有先递减，后又变为递增的. 于是，在函数的增减性发生转变的地方，就出现了这样的函数值，它与附近的函数值比较起来，是最大的或者是最小的，通常把前者称为函数的极大值，把后者称为极小值. 下面，我们给出它们的定义.

定义 3.1　设函数在点 x_0 的某个邻域内有定义，且

(1) 若对邻域中任何点 x，恒有 $f(x)<f(x_0)$，则称 $f(x_0)$ 为函数的一个极大值，而称 x_0 为极大值点(如图 3 - 5 所示)；

(2) 若对邻域中任何点 x，恒有 $f(x)>f(x_0)$，则称 $f(x_0)$ 为函数的一个极小值，而称 x_0 为极小值点(如图 3 - 6 所示).

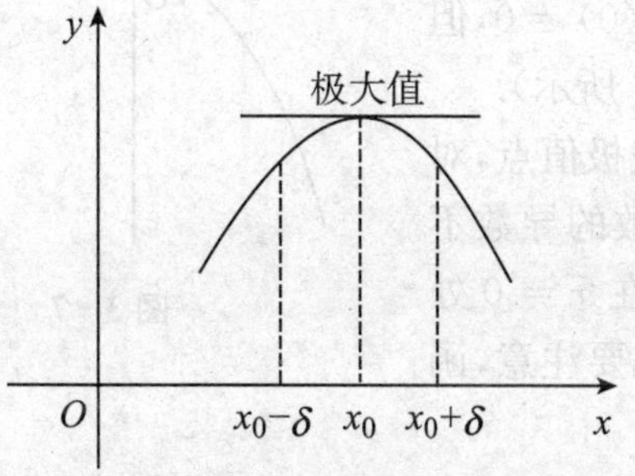

图 3 - 5

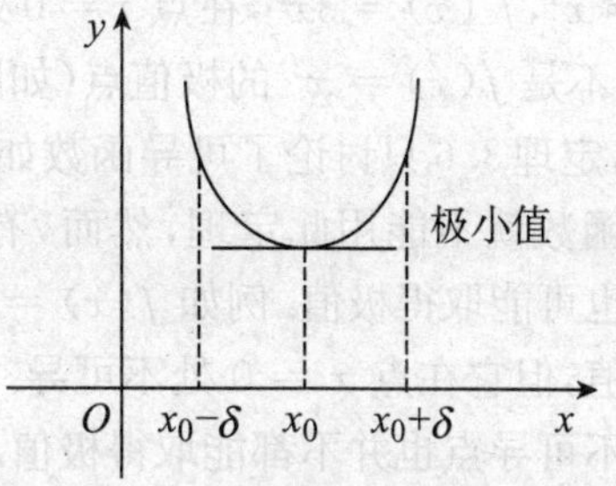

图 3 - 6

极大值和极小值统称为极值，极大值点和极小值点统称为极值点.

由定义可知，函数在某点取到极大值或极小值是指局部范围内(即在该点的邻域内)该点的函数值为最大或最小，而不一定是函数在整个考察范围内的最大值或最小值. 因此，一个定义在区间 (a,b) 上的函数，它在 (a,b) 上可以有许多极大值和极小值，但其中的极大值并不一定都是大于每一个极小值的.

另外，由定义可知，函数定义区间的端点一定不是极值点. 因为作为一个极值，就要同它左右两侧的函数值进行比较，这就是说，函数如果有极值，则一定是在定义区间的内部达到.

函数的极值问题在微分学的理论与应用中都极为重要，下面我们将系统地介绍函数极值的求法，先介绍极值存在的必要条件.

定理 3.6(极值存在的必要条件)　设函数 $f(x)$ 在点 x_0 有导数，且在 x_0 处 $f(x)$ 取得极值，则函数在 x_0 处的导数 $f'(x_0)=0$.

证 不妨设函数 $f(x)$ 在点 x_0 取得极大值,故必存在 x_0 的某个邻域,在此邻域内,恒有

$$f(x_0+\Delta x)\leqslant f(x_0)$$

因而当 $\Delta x<0$ 时

$$\frac{f(x_0+\Delta x)-f(x_0)}{\Delta x}\geqslant 0$$

当 $\Delta x>0$ 时

$$\frac{f(x_0+\Delta x)-f(x_0)}{\Delta x}\leqslant 0$$

于是有

$$f_+'(x_0)=\lim_{\Delta x\to 0^+}\frac{\Delta y}{\Delta x}\leqslant 0,\quad f_-'(x_0)=\lim_{\Delta x\to 0^-}\frac{\Delta y}{\Delta x}\geqslant 0$$

又因 $f(x)$ 在 x_0 处可导,故有

$$f'(x_0)=f'_-(x_0)=f'_+(x_0)$$

从而有 $f'(x_0)=0$.

类似地可证,当 x_0 为 $f(x)$ 的极小值点时,也必定有 $f'(x_0)=0$.

由定理 3.6 可知,一个可导函数的极值点必须在使它的导数等于零的点中去找. 如果可导函数在某一点导数不为零,则它在这一点就肯定不能取得极值. 我们将一阶导数 $f'(x)=0$ 的点称为函数的驻点,定理 3.6 告诉我们,可导函数的极值点必定是驻点,但驻点不一定是极值点. 例如 $f(x)=x^3$,$f'(x)=3x^2$,在点 $x=0$ 处有 $f'(0)=0$,但是,$x=0$ 不是 $f(x)=x^3$ 的极值点(如图 3-7 所示).

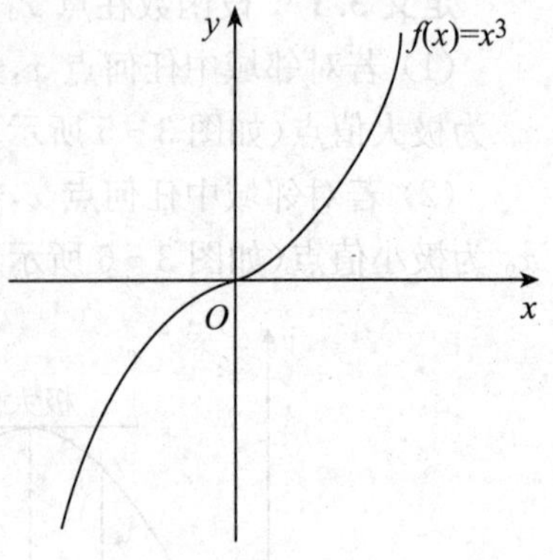

图 3-7

此外,定理 3.6 只讨论了可导函数如何寻找极值点,对于不可导函数就不能用此定理,然而,有的函数的导数不存在点处也可能取得极值. 例如 $f(x)=|x|$,在 $x=0$ 处取得极小值,但它在点 $x=0$ 处不可导. 当然也要注意,函数在它的不可导点也并不都能取得极值.

综上所述,求函数的极值应从导数等于零的点和导数不存在的点中去寻找,先把这些点找出来,然后逐个加以判别是否是极值点. 下边再给出两个判别极值点存在的充分条件.

定理 3.7(极值存在的第一充分条件) 设函数 $f(x)$ 在点 x_0 的某个邻域内可导且 $f'(x_0)=0$.

(1) 如果当 x 取 x_0 左侧邻近的值时,$f'(x)$ 恒为正,当 x 取 x_0 右侧邻近的值时,$f'(x)$ 恒为负,那么函数 $f(x)$ 在 x_0 处取得极大值;

(2) 如果当 x 取 x_0 左侧邻近的值时,$f'(x)$ 恒为负,当 x 取 x_0 右侧邻近的值时,$f'(x)$ 恒为正,那么函数 $f(x)$ 在 x_0 处取得极小值.

证 就情形(1)来说,根据函数单调性的判定法,函数 $f(x)$ 在 x_0 的左侧邻近是单调增加的,在 x_0 的右侧邻近是单调减少的,因此 $f(x_0)$ 是函数 $f(x)$ 的一个极大值.

类似地可证明(2)的情形.

定理 3.7 也可简单地这样说:当 x 在 x_0 的邻近渐增地经过 x_0 时,如果 $f'(x)$ 的符号由正变负,那么 $f(x)$ 在 x_0 处取得极大值;当 x 在 x_0 的邻近渐减地经过 x_0 时,如果 $f'(x)$ 的符

号由负变正，那么 $f(x)$ 在 x_0 处取得极小值.

显然，如果当 x 在 x_0 的邻近渐增（或渐减）地经过 x_0 时，$f'(x)$ 的符号不改变，那么 $f(x)$ 在 x_0 处没有极值.

综上所述，寻找函数的极值点可照如下步骤进行：

(1) 求出函数 $f(x)$ 的一阶导数等于零的点和导数不存在的点（它们是可能的极值点）；

(2) 考察 $f'(x)$ 在可能极值点两旁的符号，再根据极值存在的第一充分条件，确定是否为极值点，以及是极大值点还是极小值点；

(3) 求出各极值点处的函数值，从而求得函数 $f(x)$ 的全部极值点和相应的极值.

例 3－17　求函数 $f(x)=(x+2)^2(x-1)^3$ 的极值.

解　函数的定义域是 $(-\infty,+\infty)$.

(1) $f'(x)=2(x+2)(x-1)^3+3(x+2)^2(x-1)^2=(x+2)(x-1)^2(5x+4)$.

(2) 令 $f'(x)=0$，得 $x_1=-2, x_2=-\dfrac{4}{5}, x_3=1$.

(3) x_1, x_2, x_3 把定义域分成四个区间，其讨论结果如下表所示：

x	$(-\infty,-2)$	-2	$\left(-2,-\frac{4}{5}\right)$	$-\frac{4}{5}$	$\left(-\frac{4}{5},1\right)$	1	$(1,+\infty)$
$f'(x)$	$+$	0	$-$	0	$+$	0	$+$
$f(x)$	↗	极大值 0	↘	极小值 -8.4	↗	无极值	↗

由表可见，$f(x)$ 在 $x=-2$ 处取得极大值 $f(-2)=0$，在 $x=-\dfrac{4}{5}$ 处取得极小值 $f\left(-\dfrac{4}{5}\right)\approx-8.4$.

例 3－18　求函数 $f(x)=x-\dfrac{3}{2}x^{\frac{2}{3}}$ 的极值.

解　函数的定义域为 $(-\infty,+\infty)$. 有

$$f'(x)=1-x^{-\frac{1}{3}}=\frac{\sqrt[3]{x}-1}{\sqrt[3]{x}}$$

令 $f'(x)=0$，得驻点 $x=1$；当 $x=0$ 时，$f'(x)$ 不存在. 驻点 $x=1$ 及 $f'(x)$ 不存在的点 $x=0$ 将定义域分成三个区间，其讨论结果如下表所示：

x	$(-\infty,0)$	0	$(0,1)$	1	$(1,+\infty)$
$f'(x)$	$+$	不存在	$-$	0	$+$
$f(x)$	↗	极大值 0	↘	极小值 $-\frac{1}{2}$	↗

由表可见，$f(x)$ 在 $x=0$ 处取得极大值 $f(0)=0$，在 $x=1$ 处取极小值得 $f(1)=-\dfrac{1}{2}$.

用定理 3.7 判定函数的极值点时，必须确定导数 $f'(x)$ 在某一点 x_0 左右两侧的符号，这对于比较复杂的导函数有时是相当困难的，于是，当函数在驻点处的二阶导数存在时，有如下的判定定理.

定理 3.8(极值存在的第二充分条件) 设函数 $f(x)$ 在点 x_0 处具有二阶导数，且 $f'(x_0)=0, f''(x_0)\neq 0$.

(1) 若 $f''(x_0)>0$，则 $f(x)$ 有极小值 $f(x_0)$；

(2) 若 $f''(x_0)<0$，则 $f(x)$ 有极大值 $f(x_0)$.

证 (1) 由导数定义及 $f'(x_0)=0, f''(x_0)>0$ 得

$$0<f''(x_0)=\lim_{x\to x_0}\frac{f'(x)-f'(x_0)}{x-x_0}=\lim_{x\to x_0}\frac{f'(x)}{x-x_0}$$

由极限的保号性定理可知，存在点 x_0 的一个邻域，使在该邻域内恒有

$$\frac{f'(x)}{x-x_0}>0 \quad (x\neq x_0)$$

所以，当 $x<x_0$ 时，$f'(x)<0$；当 $x>x_0$ 时，$f'(x)>0$. 由定理 3.7 可知，$f(x_0)$ 为极小值.

同理可证(2).

需要注意的是，当 $f''(x_0)=0$ 时，则 $f(x_0)$ 是否为极值需进一步判定，此时，函数 $f(x)$ 在点 x_0 处可能有极大值，也可能有极小值，也可能没有极值.

例 3-19 求函数 $f(x)=x^3-3x$ 的极值.

解 $$f'(x)=3x^2-3=3(x+1)(x-1),\quad f''(x)=6x$$

令 $f'(x)=0$，得驻点 $x_1=-1, x_2=1$. 因为 $f''(-1)=-6<0$，故 $f(-1)=2$ 为 $f(x)$ 的极大值；又因为 $f''(1)=6>0$，故 $f(1)=-2$ 为 $f(x)$ 的极小值.

虽然用定理 3.8 比用定理 3.7 有时要简单些，但定理 3.8 的假设条件较强，适用范围较窄，如遇有二阶导数为零时，或一阶导数、二阶导数不存在的点，就只能用定理 3.7 来判定.

3.5.2 函数的最值及其求法

在许多理论和应用中，需要求函数在某区间上的最大值和最小值.

一般地说，函数的最值与极值是两个不同的概念，最值是对整个区间而言的，是全局性的，极值是对极值点的某个邻域而言的，是局部性的. 另外，最值可以在区间的端点取得，而极值则只能在区间内的点取得.

如果函数 $f(x)$ 在闭区间 $[a,b]$ 上连续，根据连续函数性质，$f(x)$ 在 $[a,b]$ 上一定能取到最大值和最小值. 由前面的分析讨论可知，求函数在闭区间 $[a,b]$ 上的最值，可照下列步骤进行：

(1) 求出 $f(x)$ 在 $[a,b]$ 上的所有驻点和导数不存在的点；

(2) 求出驻点、导数不存在的点以及区间端点的函数值；

(3) 对上述函数值进行比较，其最大者即为最大值，其最小者即为最小值.

在实际问题中常常遇到这样一种特殊情况的连续函数，若在区间 (a,b) 内有且仅有一个极大值，而没有极小值，则此极大值就是函数在区间 $[a,b]$ 上的最大值；同样，连续函数若在区间 (a,b) 内有且仅有一个极小值，而没有极大值，则此极小值也就是函数在区间 $[a,b]$ 上的最小值.

例 3-20 求函数 $f(x)=x^4-2x^2+5$ 在区间 $[-2,2]$ 上的最大值和最小值.

解 $$f'(x)=4x^3-4x=4x(x+1)(x-1)$$

令 $f'(x)=0$，解得函数驻点为 $x_1=-1, x_2=0, x_3=1$，在驻点处的函数值为

$$f(-1)=4,\quad f(0)=5,\quad f(1)=4$$

区间端点的函数值为

$$f(-2)=f(2)=13$$

因此，比较上述 5 个点的函数值，即可得到区间$[-2,2]$上的最大值为 $f(-2)=f(2)=13$，最小值为 $f(-1)=f(1)=4$.

例 3-21　将边长为 a 的一块正方形的铁皮，四角各截去一个大小相同的小正方形，然后将四边折起做成一个无盖的方盒，问截掉的小正方形边长为多大时，所得方盒的容积最大？

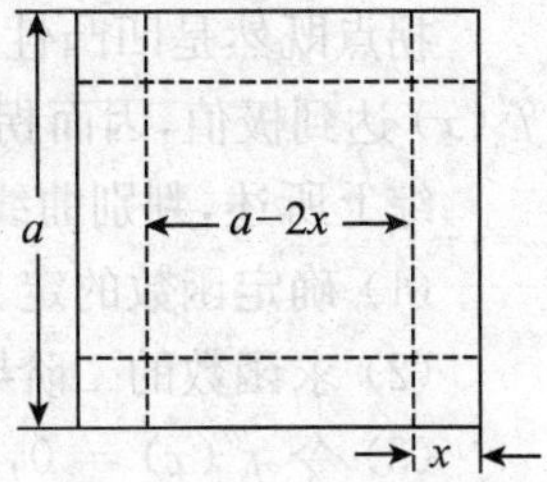

图 3-8

解　设小正方形的边长为 x，则盒底的边长为 $a-2x$(如图 3-8 所示)，因此，方盒的容积为

$$V=x(a-2x)^2,\quad x\in\left(0,\frac{a}{2}\right)$$

求得 $V'=(a-2x)(a-6x)$. 令 $V'=0$，得 $x_1=\frac{a}{6}$，$x_2=\frac{a}{2}$(舍去). 又由 $V''=24x-8a$，有 $V''\left(\frac{a}{6}\right)=4a-8a=-4a<0$，可知 x_1 是 V 的极大值点，则也是 V 的最大值点.

由此可知，当截去的小正方形边长等于所给正方形铁皮边长的$\frac{1}{6}$时，所做成的方盒容积最大，最大容积为$\frac{2}{27}a^3$.

3.6　曲线的凹凸性、拐点与渐近线

在研究函数图形的变化状况时，由导数 $f'(x)$ 的正负，可以确定函数的单调区间与极值，但这样还不能完全反映它的变化规律. 函数 $y=f(x)$ 的图形在区间(a,b)内虽然一直是上升的，但却有不同的弯曲状况，因此研究函数图形时考察它的弯曲方向以及扭转弯曲方向的点是很必要的. 从图 3-9 中明显看出，曲线向下弯曲的弧位于这弧上任意一点的切线的上方，曲线向上弯曲的弧位于这弧上任意一点的切线的下方，据此给出如下定义.

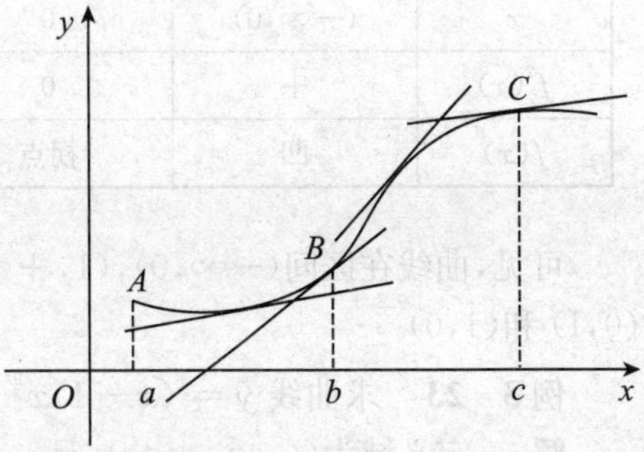

图 3-9

定义 3.2　设函数 $f(x)$ 在区间(a,b)内可导，如果曲线 $y=f(x)$ 上任意一点处的切线都在曲线的上方，则称该曲线为向上凸的，称区间(a,b)为曲线的上凸区间；如果曲线 $y=f(x)$ 上任意一点处的切线都在曲线的下方，则称该曲线为向上凹，称区间(a,b)为曲线的上凹区间.

图 3-9 中，(a,b)为曲线的上凹区间，(b,c)为曲线的上凸区间.

如何判别曲线的凹凸性？如图 3-9 所示，当凹弧 AB 上的切点由 A 向 B 运动时，其切线斜率 $f'(x)$ 将单调增加；当凸弧 BC 上的切点由 B 向 C 运动时，其切线斜率 $f'(x)$ 将单调减少. 于是，当 $f''(x)$ 存在时，有判别曲线凹凸性的充分条件.

定理 3.9　设函数 $f(x)$ 在区间 (a,b) 内二阶可导.

(1) 若在 (a,b) 内 $f''(x)>0$，由曲线 $y=f(x)$ 在 (a,b) 内是(向上)凹的；

(2) 若在 (a,b) 内 $f''(x)<0$，则曲线 $y=f(x)$ 在 (a,b) 内是(向上)凸的.

证明从略.

定义 3.3　曲线上凹凸性的分界点称为曲线的拐点.

拐点既然是凹凸性的分界点，所以在拐点左右邻近 $f''(x)$ 必然异号，这表明在拐点处 $f'(x)$ 达到极值，因而拐点处有 $f''(x)=0$ 或 $f''(x)$ 不存在.

综上所述，判别曲线 $y=f(x)$ 的凹凸性及拐点，可依照下述步骤进行：

(1) 确定函数的定义域；

(2) 求函数的二阶导数 $f''(x)$；

(3) 令 $f''(x)=0$，求出二阶导数为零的点，找出二阶导数不存在的点；

(4) 以二阶导数为零和二阶导数不存在的点把函数的定义域分成小区间，然后再确定二阶导数在各小区间上的符号，并据此判定曲线的凹凸性和拐点.

例 3-22　求曲线 $y=x^4-2x^3+1$ 的凹凸区间与拐点.

解　定义域为 $(-\infty,+\infty)$，且

$$y'=4x^3-6x^2,\quad y''=12x^2-12x=12x(x-1)$$

令 $y''=0$，得 $x_1=0, x_2=1$. 以 $x_1=0, x_2=1$ 把函数定义域 $(-\infty,+\infty)$ 分成三个区间，其讨论结果如下表所示：

x	$(-\infty,0)$	0	$(0,1)$	1	$(1,+\infty)$
$f''(x)$	+	0	−	0	+
$f(x)$	凹	拐点	凸	拐点	凹

可见，曲线在区间 $(-\infty,0)$，$(1,+\infty)$ 上是凹的，在区间 $(0,1)$ 上是凸的，曲线的拐点是 $(0,1)$ 和 $(1,0)$.

例 3-23　求曲线 $y=(x-1)x^{\frac{5}{3}}$ 的凹凸区间与拐点.

解　定义域为 $(-\infty,+\infty)$，且

$$y'=x^{\frac{5}{3}}+(x-1)\cdot\frac{5}{3}\cdot x^{\frac{2}{3}}=\frac{8}{3}x^{\frac{5}{3}}-\frac{5}{3}x^{\frac{2}{3}}$$

$$y''=\frac{40}{9}x^{\frac{2}{3}}-\frac{10}{9}x^{-\frac{1}{3}}=\frac{10}{9}(4x-1)x^{-\frac{1}{3}}$$

令 $y''=0$，得 $x=\frac{1}{4}$，且在 $x=0$ 处 y'' 不存在. 以点 $x=0$，$x=\frac{1}{4}$ 把定义域 $(-\infty,+\infty)$ 分成三个区间，其讨论结果如下表所示：

x	$(-\infty,0)$	0	$(0,\frac{1}{4})$	$\frac{1}{4}$	$(\frac{1}{4},+\infty)$
$f''(x)$	+	不存在	−	0	+
$f(x)$	凹	拐点	凸	拐点	凹

可见,曲线在$(-\infty,0)$,$(\frac{1}{4},+\infty)$上是凹的,在$(0,\frac{1}{4})$上是凸的,曲线的拐点是$(0,0)$和$(\frac{1}{4},-\frac{3}{16\sqrt[3]{16}})$.

在平面上,当曲线伸向无穷远处时,一般很难把它画准确,但如果曲线伸向无穷远处时能渐渐靠近一条直线,那么就可以既快又好地画出趋于无穷远处这条曲线的走向趋势.

定义 3.4　如果曲线上的动点沿着曲线趋于无穷远处时,动点与某条直线的距离趋于零,则称此直线为曲线的渐近线.

如果给定曲线的方程 $y=f(x)$,如何确定该曲线是否有渐近线呢?如果有渐近线,怎样求出它呢?

(1) 水平渐近线

如果

$$\lim_{x\to+\infty} f(x)=c \quad 或 \quad \lim_{x\to-\infty} f(x)=c$$

则称 $y=c$ 为曲线 $y=f(x)$ 的水平渐近线.

例如,由于$\lim\limits_{x\to\infty}\frac{1}{x}=0$,所以,$y=0$ 为曲线 $y=\frac{1}{x}$ 的水平渐近线;又例如,由于$\lim\limits_{x\to+\infty}\arctan x=\frac{\pi}{2}$,$\lim\limits_{x\to-\infty}\arctan x=-\frac{\pi}{2}$,所以 $y=\frac{\pi}{2}$ 和 $y=-\frac{\pi}{2}$ 是曲线$y=\arctan x$ 的水平渐近线.

(2) 垂直渐近线

如果

$$\lim_{x\to x_0^-} f(x)=\infty \quad 或 \quad \lim_{x\to x_0^+} f(x)=\infty$$

则称 $x=x_0$ 为曲线 $y=f(x)$ 的垂直渐近线.

例如,由于$\lim\limits_{x\to0}\frac{1}{x}=\infty$,所以,$x=0$是曲线$y=\frac{1}{x}$的垂直渐近线;又例如,由于$\lim\limits_{x\to0^+}e^{\frac{1}{x}}=\infty$,所以 $x=0$ 是曲线 $y=e^{\frac{1}{x}}$ 的垂直渐近线.

3.7　函数图形的描绘

前面我们讨论的函数的各种性态可应用于函数的作图,在描绘函数的图形时,可依照下列步骤:

(1) 确定函数的定义域;

(2) 确定函数的对称性及周期性;

(3) 讨论函数的单调性和极值;

(4) 讨论函数的凹凸性和拐点;

(5) 讨论函数的渐近线;

(6) 由曲线方程找出一些特殊的点,特别是曲线与坐标轴的交点,并作图.

例 3-24　作函数 $f(x)=\frac{1}{\sqrt{2\pi}}e^{-\frac{x^2}{2}}$ 的图形.

解 (1) 定义域为$(-\infty,+\infty)$.

(2) 由于 $f(-x)=f(x)$，故 $f(x)$ 是偶函数，图形关于 y 轴对称.

(3) $f'(x)=\dfrac{-x}{\sqrt{2\pi}}e^{-\frac{x^2}{2}}$，$f''(x)=\dfrac{(x+1)(x-1)}{\sqrt{2\pi}}e^{-\frac{x^2}{2}}$.

由 $f'(x)=0$ 得 $x=0$；由 $f''(x)=0$ 得 $x_1=-1$，$x_2=1$.

用上述点把定义域分成四个区间，其讨论结果如下表所示：

x	$(-\infty,-1)$	-1	$(-1,0)$	0	$(0,1)$	1	$(1,+\infty)$
$f'(x)$	+	+	+	0	−	−	−
$f''(x)$	+	0	−	−	−	0	+
$f(x)$	↗	拐点	↗	极大值	↘	拐点	↘

其中极值点为$\left(0,\dfrac{1}{\sqrt{2\pi}}\right)$，拐点为$\left(-1,\dfrac{1}{\sqrt{2\pi e}}\right)$ 和 $\left(1,\dfrac{1}{\sqrt{2\pi e}}\right)$.

(4) 因为 $\lim\limits_{x\to\pm\infty}f(x)=\lim\limits_{x\to\pm\infty}\dfrac{1}{\sqrt{2\pi}}e^{-\frac{x^2}{2}}=0$，所以 $y=0$ 是曲线 $f(x)=\dfrac{1}{\sqrt{2\pi}}e^{-\frac{x^2}{2}}$ 的水平渐近线.

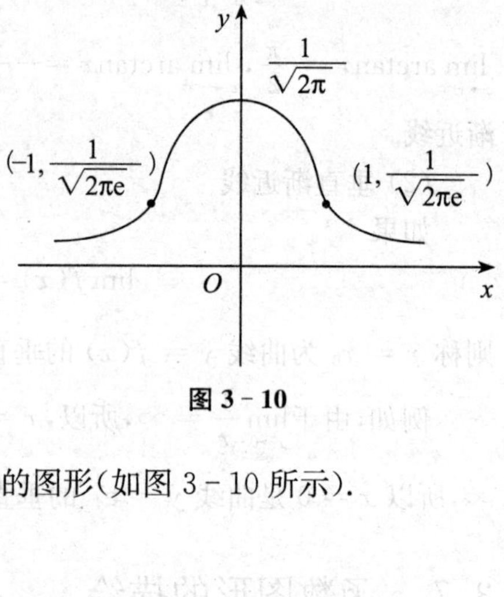

图 3-10

(5) 找出点$\left(0,\dfrac{1}{\sqrt{2\pi}}\right)$，$\left(1,\dfrac{1}{\sqrt{2\pi e}}\right)$，先作出区间$(0,+\infty)$ 内图形，再利用对称性作出区间$(-\infty,0)$ 内的图形（如图 3-10 所示）.

例 3-25 作函数 $y=\dfrac{4(x+1)}{x^2}-2$ 的图形.

解 (1) 定义域为$(-\infty,0)\cup(0,+\infty)$.

(2) $y'=-\dfrac{4(x+2)}{x^3}$，$y''=\dfrac{8(x+3)}{x^4}$.

令 $y'=0$，得 $x=-2$；令 $y''=0$，得 $x=-3$.

用上述点把定义域分成四个区间，其讨论结果如下表所示：

x	$(-\infty,-3)$	-3	$(-3,-2)$	-2	$(-2,0)$	$(0,+\infty)$
$f'(x)$	−	−	−	0	+	−
$f''(x)$	−	0	+	+	+	+
$f(x)$	↘	拐点	↘	极小值	↗	↘

其中极值点为$(-2,-3)$，拐点为$\left(-3,-\frac{26}{9}\right)$.

(3) 因为$\lim\limits_{x\to\pm\infty}\left(\frac{4(x+1)}{x^2}-2\right)=-2$，所以 $y=-2$ 是曲线 $y=\frac{4(x+1)}{x^2}-2$ 的水平渐近线，又因为$\lim\limits_{x\to 0}\left(\frac{4(x+1)}{x^2}-2\right)=\infty$，所以 $x=0$ 是曲体 $y=\frac{4(x+1)}{x^2}-2$ 的垂直渐近线.

(4) 找出点$(-2,-3)$，$\left(-3,-\frac{26}{9}\right)$，作出函数的图形，如图 3－11 所示.

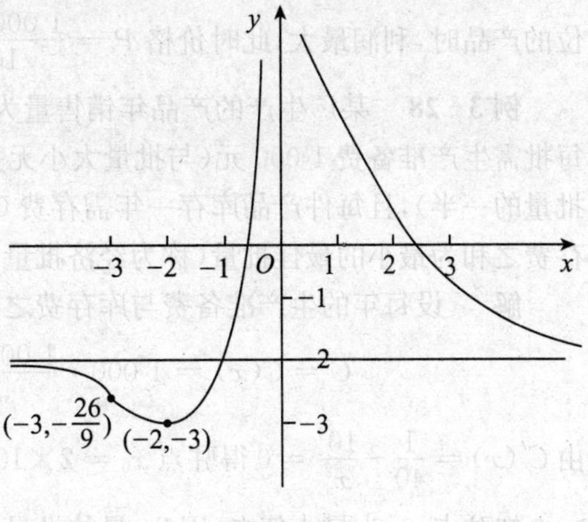

图 3－11

3.8　最大(小)值在经济方面应用举例

例 3－26　设某厂每日生产某种产品 x 单位的总成本为$C(x)=\frac{1}{5}x^2+4x+20$(元)，问每日生产多少单位的产品，其平均成本最小?并求最小的平均成本和相应的边际成本.

解　平均成本

$$\overline{C}(x)=\frac{C(x)}{x}=\frac{x}{5}+4+\frac{20}{x}$$

由 $\overline{C}'(x)=\frac{1}{5}-\frac{20}{x^2}=0$ 得唯一驻点 $x_1=10$($x_2=-10$ 舍去).

又由 $\overline{C}''(x)=\frac{40}{x^3}$，$\overline{C}''(10)=\frac{40}{10^3}>0$ 知，$x_1=10$ 为极小值点，也是最小值点. 即每日生产 10 个单位的产品时，平均成本最小，$\overline{C}(10)=8$ 元 / 单位. 此时，边际成本为

$$C'(10)=\left(\frac{2}{5}x+4\right)\Big|_{x=10}=8(\text{元}/\text{单位})=\overline{C}(10)$$

例 3－27　已知某商品的需求函数为$Q=1\,000-100P$，总成本函数为$C=1\,000+3Q$. 若工厂有权自定价格，每天生产多少个单位的产品时利润最大?此时价格为多少?

解　总收入

$$R=Q\cdot P=Q\cdot\frac{1\,000-Q}{100}=10Q-\frac{Q^2}{100}$$

利润

$$L=R-C=10Q-\frac{Q^2}{100}-1\,000-3Q=7Q-\frac{Q^2}{100}-1\,000$$

由 $L'(Q)=7-\frac{2Q}{100}=0$ 得唯一驻点 $Q_0=350$.

又由 $L''(Q)=-\frac{1}{50}<0$ 知，$Q_0=350$ 为极大值点，也是最大值点，即每日生产 350 个单

位的产品时，利润最大，此时价格 $P=\left.\frac{1\,000-Q}{100}\right|_{Q=350}=6.5$（价格单位）.

例 3-28 某厂生产的产品年销售量为 100 万件. 假设：(1) 这些产品分成若干批生产，每批需生产准备费 1 000 元（与批量大小无关）；(2) 产品均匀销售（即产品的平均库存量为批量的一半），且每件产品库存一年需存费 0.05 元. 试求使每年生产所需的生产准备费与库存费之和为最小的最佳批量（称为经济批量）.

解 设每年的生产准备费与库存费之和为 C，批量为 x，则

$$C=C(x)=1\,000\cdot\frac{1\,000\,000}{x}+0.05\cdot\frac{x}{2}=\frac{10^9}{x}+\frac{x}{40}$$

由 $C'(x)=\frac{1}{40}-\frac{10^9}{x^2}=0$ 得驻点 $x_0=2\times10^5$，又由 $C''(x)=\frac{2\times10^9}{x^3}$，$C''(2\times10^5)=\frac{1}{4\times10^6}>0$ 知驻点 x_0 为最小值点. 因此，最佳批量为 20 万件.

习题 3

1. 下列函数在给定区间上是否满足罗尔定理的所有条件？如满足，求出定理中的 ξ.

(1) $f(x)=\ln\sin x, x\in\left[\frac{\pi}{6},\frac{5\pi}{6}\right]$；

(2) $f(x)=x\sqrt{3-x}, x\in[0,3]$.

2. 试证明：函数 $y=px^2+qx+r$ 在任一区间上应用拉格朗日中值定理时所求得的点 ξ 总是该区间的中点.

3. 若函数 $f(x)$ 在 (a,b) 内具有二阶导数，且 $f(x_1)=f(x_2)=f(x_3)$，其中 $a<x_1<x_2<x_3<b$，证明：在 (x_1,x_3) 内至少有一点 ξ，使得 $f''(\xi)=0$.

4. 证明下列不等式：

(1) $\frac{x}{1+x}<\ln(1+x)<x, x>0$；

(2) $|\arctan a-\arctan b|\leqslant|a-b|$.

5. 利用罗必塔法则求下列极限：

(1) $\lim\limits_{x\to1}\frac{\ln x}{x-1}$；　(2) $\lim\limits_{x\to0}\frac{e^x-e^{-x}}{\sin x}$；

(3) $\lim\limits_{x\to\frac{\pi}{2}}\frac{\ln\sin x}{(\pi-2x)^3}$；　(4) $\lim\limits_{x\to0}\left(\cot x-\frac{1}{x}\right)$；

(5) $\lim\limits_{x\to1}\left(\frac{x}{1-x}-\frac{1}{\ln x}\right)$；　(6) $\lim\limits_{x\to0^+}\sin x\cdot\ln x$；

(7) $\lim\limits_{x\to\infty}x(e^{\frac{1}{x}}-1)$；　(8) $\lim\limits_{x\to0^+}x^{\sin x}$；

(9) $\lim\limits_{x\to0^+}\left(\ln\frac{1}{x}\right)^x$；　(10) $\lim\limits_{x\to+\infty}\left(\frac{2}{\pi}\arctan x\right)^x$.

6. 设 $f(x)$ 在 $x=x_0$ 的邻近区域有连续的二阶导数，证明

$$\lim_{h\to0}\frac{f(x_0+h)+f(x_0-h)-2f(x_0)}{h^2}=f''(x_0)$$

7. 确定下列函数的单调区间：

(1) $f(x)=(x-1)(x+1)^3$；　(2) $f(x)=x-2\sin x, 0\leqslant x<2\pi$；

(3) $f(x)=\sqrt{2x-x^2}$；　(4) $f(x)=x-e^x$.

8. 利用函数的增减性证明下列不等式：

(1) $\cos x+\frac{x^2}{2}>1, x>0$；

(2) $x-\frac{x^2}{2}+\frac{x^3}{3}>\ln(1+x), x>0$；

(3) $\frac{2}{\pi}x<\sin x<x, 0<x<\frac{\pi}{2}$.

9. 求下列函数的极值：

(1) $f(x)=2x^3-3x^2$；　(2) $f(x)=x-\ln(1+x)$；

(3) $f(x)=x+\sqrt{1-x}$；　(4) $f(x)=x^2e^{-x}$；

(5) $f(x)=\frac{2x}{1+x^2}$；　(6) $f(x)=\frac{\ln^2 x}{x}$.

10. 求下列函数在所给区间上的最值：

(1) $f(\theta)=\sin\theta+\cos\theta, \theta\in[0,\frac{\pi}{2}]$；

(2) $f(x)=e^{|x-3|}, x\in[-5,5]$；

(3) $f(x)=\tan^2 x-2\tan x, x\in(0,\frac{\pi}{2})$；

(4) $f(x)=xe^{-x^2}, x\in\mathbf{R}$.

11. 把长为 l 的线段截为两段，怎样截能使以这两个线段为边所组成的矩形的面积最大？

12. 从一边长为 a 的等边三角形铁皮的各角上截去相等的一块，做成一个无盖的底面是等边三角形的柱体形的盒子，截去多少能使做成的盒子容积最大？

13. 设某厂每天生产某种产品 x 单位时的总成本函数为

$$C(x)=0.5x^2+36x+9\,800(\text{元})$$

每天生产多少个单位的产品时，其平均成本最低？

14. 某商店每年销售某种商品 a 件，每次购进的手续费为 6 元，而每件库存费为 C 元/年. 若该商品均匀销售，问商店应分几批购进此种商品，能使所用的手续费及库存费总和最少？

15. 某商场每年销售出某商品 2 400 件（设商场均匀销售），每件成本 150 元，一件该商品库存一年所需库存费为其成本的 2%，每次订货需花费 100 元，全年分多少批订货，该商品的订货费与库存费之和最小？并求出最小费用.

16. 某厂家打算生产一批商品投放市场，已知该商品的需求函数为 $P=P(x)=10e^{-\frac{x}{2}}$，且最大需求量为 6，其中 x 表示需求量，P 表示价格.

(1) 求该商品的收益函数和边际收益函数；

(2) 求使收益最大的产量、最大收益和相应价格.

17. 确定下列曲线的凹凸区间,并求拐点:

(1) $f(x)=x^3-3x^2$; (2) $f(x)=\dfrac{2x}{1+x^2}$;

(3) $f(x)=\ln(1+x)$; (4) $f(x)=\dfrac{x}{(1+x)^2}$.

18. 作下列函数的图形:

(1) $f(x)=\dfrac{x^2}{x^2-1}$; (2) $f(x)=e^{\frac{1}{x}}$;

(3) $f(x)=\dfrac{\ln x}{x}$; (4) $f(x)=x^2e^{\frac{1}{x}}$.

第4章　不定积分

前面所讲的导数、微分、中值定理、导数的应用，总称为一元函数的微分学. 从本章开始，我们要学习一元函数的积分学. 这里所说的积分学包括两个部分：不定积分和定积分. 不定积分是作为导数(或微分)的反问题提出的，即要求一个可导函数，使它的导函数等于已知函数. 例如当质点作直线运动时，如果已知它的位置函数为 $s(t)$，那么，通过求导，便可求得速度函数 $v(t)=s'(t)$；如果已知它的速度函数为 $v(t)$，如何求它的位置函数 $s(t)$ 呢?这便是本章所要讨论的问题，也是积分学的基本问题之一.

4.1　原函数与不定积分的概念

在微分学中，解决的问题是已知一函数，求它的导数或微分. 但在实际应用中，常常会遇到相反的问题，即已知导数或微分，求原来的函数，也就是原函数. 因为这类问题具有普遍的意义，现以一般形式提出来进行讨论.

定义 4.1　设函数 $f(x)$ 与 $F(x)$ 在区间 I 上有定义，若对任意 $x\in I$，均有 $F'(x)=f(x)$ 或 $\mathrm{d}F(x)=f(x)\mathrm{d}x$，则称函数 $F(x)$ 为函数 $f(x)$ 在区间 I 上的一个原函数.

例如，在区间 $(-\infty,+\infty)$ 内，因为 $(\sin x)'=\cos x$，所以 $\sin x$ 是函数 $\cos x$ 在区间 $(-\infty,+\infty)$ 内的一个原函数. 显然，$\sin x+1$，$\sin x-\mathrm{e}$，$\sin x+c$(其中 c 为一任意常数)都是 $\cos x$ 的原函数.

由这个例子，引出了以下几个疑问：

(1) $f(x)$ 满足什么条件时，它的原函数存在?

(2) 如果 $f(x)$ 的原函数存在，有多少个?它们之间有什么关系?如何表示这些原函数?

(3) 如何去求 $f(x)$ 的全部原函数?

对于第一个问题的回答是：在给定区间内的连续函数在该区间内存在原函数，即连续函数的原函数一定存在. 该证明将在后面给出.

对于第二个问题，我们用下面的定理回答.

定理 4.1　设在区间 I 内，函数 $F(x)$ 是 $f(x)$ 的一个原函数，则 $F(x)+c$ 也是 $f(x)$ 的原函数，其中 c 是任意常数，并且 $f(x)$ 的任一原函数都可以表示成 $F(x)+c$ 的形式.

证　首先，因 $[F(x)+c]'=F'(x)=f(x)$，即对任意常数 c，$F(x)+c$ 是 $f(x)$ 的原函数，而 c 可以取任意的常数，所以一个函数如有原函数，则必定有无穷多个原函数.

其次，若 $G(x)$ 是 $f(x)$ 的一个异于 $F(x)$ 的原函数，则 $G'(x)=f(x)$，因此，$[G(x)-F(x)]'=f(x)-f(x)=0$，故由拉格朗日中值定理的推论知，$G(x)-F(x)\equiv c$(c 为常数)，$G(x)\equiv F(x)+c$. 即 $f(x)$ 的任一原函数都可表示成某一原函数 $F(x)$ 与常数 c 之和.

对于第三个问题，是我们将要讨论的重点，为此，引入不定积分的概念与记号.

定义 4.2 设函数 $F(x)$ 为函数 $f(x)$ 的一个原函数，则 $f(x)$ 的全体原函数 $F(x)+c$（c 是任意常数）称为 $f(x)$ 的不定积分，记为 $\int f(x)\mathrm{d}x$，即

$$\int f(x)\mathrm{d}x = F(x)+c$$

其中，$\int$ 称为积分号，$f(x)$ 为被积函数，x 为积分变量，$f(x)\mathrm{d}x$ 为被积表达式，c 为积分常数.

例 4-1 求函数 $f(x)=\dfrac{1}{x}$ 的不定积分.

解 因为当 $x\neq 0$ 时，$(\ln|x|)'=\dfrac{1}{x}$，所以

$$\int \frac{1}{x}\mathrm{d}x = \ln|x|+c$$

例 4-2 求函数 $f(x)=x^{\mu}(\mu\neq -1)$ 的不定积分.

解 因为 $(\dfrac{1}{1+\mu}x^{1+\mu})'=x^{\mu}$，所以

$$\int x^{\mu}\mathrm{d}x = \frac{1}{1+\mu}x^{\mu+1}+c$$

例 4-3 求函数 $f(x)=\sin x$ 的不定积分.

解 因为 $(-\cos x)'=\sin x$，所以

$$\int \sin x\mathrm{d}x = -\cos x+c$$

从几何角度看，不定积分 $\int f(x)\mathrm{d}x = F(x)+c$ 代表一族曲线，称为积分曲线族，原函数族 $F(x)+c$ 中的每一个原函数的图形是积分曲线族中的一条曲线，在相同的横坐标 x 处，积分曲线族中曲线的切线有相同的斜率 $f(x)$. 如果把原函数 $y=F(x)$ 的图形沿 y 轴向上或向下平行移动，就可以得到积分曲线族中的任一条曲线.

例 4-4 求过点 $(2,5)$ 且曲线上任一点处切线斜率为横坐标两倍的曲线方程.

解 设所求曲线方程 $y=f(x)$，于是 $f'(x)=2x$，故

$$y=\int f'(x)\mathrm{d}x=\int 2x\mathrm{d}x = x^2+c$$

因为曲线过点 $(2,5)$，把 $x=2$，$y=5$ 代入上式，可得 $c=1$，故所求曲线方程为

$$y=x^2+1$$

将 $y=x^2+1$ 的图形沿 y 轴向上或向下平行移动，就得到积分曲体族 $y=x^2+c$（c 为任意常数）中的任一条曲线（如图 4-1 所示）.

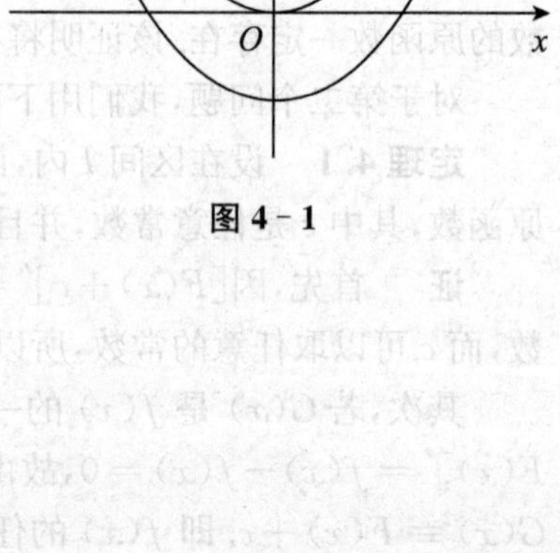

图 4-1

4.2　不定积分的性质与基本积分公式

4.2.1　不定积分的性质

性质 1
$$\left[\int f(x)\mathrm{d}x\right]' = f(x) \quad 或 \quad \mathrm{d}\int f(x)\mathrm{d}x = f(x)\mathrm{d}x$$
$$\int f'(x)\mathrm{d}x = f(x) + c \quad 或 \quad \int \mathrm{d}f(x) = f(x) + c$$

性质 1 可由不定积分的定义直接导出，它表明不定积分与导数(或微分) 互为逆运算. 对函数先积分后求导，两种运算互相抵消；先求导后积分，两种运算互相抵消，但相差一积分常数.

性质 2　被积函数中的非零常数因子可以提到积分号前面，即
$$\int kf(x)\mathrm{d}x = k\int f(x)\mathrm{d}x$$

证　因为
$$\left[k\int f(x)\mathrm{d}x\right]' = k\left[\int f(x)\mathrm{d}x\right]' = kf(x)$$
又 $kf(x)$ 是 $\int kf(x)\mathrm{d}x$ 的被积函数，所以结论成立.

性质 3　函数和(或差) 的不定积分等于函数不定积分之和(或差)，即
$$\int[f(x) \pm g(x)]\mathrm{d}x = \int f(x)\mathrm{d}x \pm \int g(x)\mathrm{d}x$$

证　因为
$$\left[\int f(x)\mathrm{d}x \pm \int g(x)\mathrm{d}x\right]' = \left[\int f(x)\mathrm{d}x\right]' \pm \left[\int g(x)\mathrm{d}x\right]' = f(x) \pm g(x)$$
又 $f(x) \pm g(x)$ 是 $\int[f(x) \pm g(x)]\mathrm{d}x$ 的被积函数，所以结论成立.

推论
$$\int[k_1f_1(x) \pm k_2f_2(x) \pm \cdots \pm k_nf_n(x)]\mathrm{d}x$$
$$= k_1\int f_1(x)\mathrm{d}x \pm k_2\int f_2(x)\mathrm{d}x \pm \cdots \pm k_n\int f_n(x)\mathrm{d}x$$
其中 $k_1, k_2, \cdots, k_n$ 为非零常数.

4.2.2　不定积分基本公式

由于积分是导数的逆运算，由基本求导公式，不难得到下列基本积分公式：

(1) $\int 0\mathrm{d}x = c$；

(2) $\int x^{\mu}\mathrm{d}x = \dfrac{1}{1+\mu}x^{1+\mu} + c \quad (\mu \neq -1)$；

(3) $\int \dfrac{1}{x}\mathrm{d}x = \ln|x| + c$；

(4) $\int a^x\mathrm{d}x = \dfrac{1}{\ln a}a^x + c \quad (a > 0, a \neq 1)$；

(5) $\int e^x dx = e^x + c$;

(6) $\int \sin x dx = -\cos x + c$;

(7) $\int \cos x dx = \sin x + c$;

(8) $\int \sec^2 x dx = \tan x + c$;

(9) $\int \csc^2 x dx = -\cot x + c$;

(10) $\int \sec x \tan x dx = \sec x + c$;

(11) $\int \csc x \cot x dx = -\csc x + c$;

(12) $\int \frac{1}{\sqrt{1-x^2}} dx = \arcsin x + c$;

(13) $\int \frac{1}{1+x^2} dx = \arctan x + c$.

由于这些公式在求不定积分时经常要用到，务必要熟记.

利用不定积分的性质和基本公式，可求出一些简单函数的不定积分，这称为直接积分法.

例 4-5 求不定积分 $\int \left[3^x + \frac{(x-1)^2}{\sqrt{x}}\right] dx$.

解

$$\begin{aligned}\int \left[3^x + \frac{(x-1)^2}{\sqrt{x}}\right] dx &= \int (3^x + x^{\frac{3}{2}} - 2x^{\frac{1}{2}} + x^{-\frac{1}{2}}) dx \\ &= \int 3^x dx + \int x^{\frac{3}{2}} dx - 2\int x^{\frac{1}{2}} dx + \int x^{-\frac{1}{2}} dx \\ &= \frac{3^x}{\ln 3} + \frac{2}{5} x^{\frac{5}{2}} - \frac{4}{3} x^{\frac{3}{2}} + 2x^{\frac{1}{2}} + c\end{aligned}$$

例 4-6 求不定积分 $\int \tan^2 x dx$.

解 $\int \tan^2 x dx = \int (\sec^2 x - 1) dx = \int \sec^2 x dx - \int dx = \tan x - x + c$

例 4-7 求不定积分 $\int \frac{\cos 2x}{\sin x - \cos x} dx$.

解

$$\begin{aligned}\int \frac{\cos 2x}{\sin x - \cos x} dx &= \int \frac{\cos^2 x - \sin^2 x}{\sin x - \cos x} dx = \int \frac{(\cos x - \sin x)(\cos x + \sin x)}{\sin x - \cos x} dx \\ &= -\int \cos x dx - \int \sin x dx = \cos x - \sin x + c\end{aligned}$$

例 4-8 求不定积分 $\int \sin^2 \frac{x}{2} dx$.

解 $\int \sin^2 \frac{x}{2} dx = \int \frac{1 - \cos x}{2} dx = \frac{1}{2}\int dx - \frac{1}{2}\int \cos x dx = \frac{1}{2}x - \frac{1}{2}\sin x + c$

例 4-9 求不定积分 $\int \frac{x^2}{1+x^2} dx$.

解 $\int \frac{x^2}{1+x^2}dx = \int \frac{x^2+1-1}{1+x^2}dx = \int (1-\frac{1}{1+x^2})dx = \int dx - \int \frac{1}{1+x^2}dx$

$= x - \arctan x + c$

4.3　换元积分法

利用积分的性质和基本积分公式,我们能计算的不定积分是很有限的,因此需要进一步学习其他积分方法.将复合函数求导法则反过来用于求不定积分,可得到非常有效的积分方法,叫做换元积分法.这一方法的基本思想是变量代换,即用一个变量代替某个表达式,或以一个表达式代替某个变量,从而使被积函数转化成新的变量表示的被积函数,而被积函数以新变量表示的积分容易求得.基于这种思路,换元积分法又可分为第一类换元法和第二换元法.

4.3.1　第一类换元法(凑微分法)

定理 4.2　设 $F(u)$ 是 $f(u)$ 的一个原函数,且 $u=\varphi(x)$,则 $F[\varphi(x)]$ 是 $f[\varphi(x)]\varphi'(x)$ 的原函数,即有换元积分公式

$$\int f[\varphi(x)]\varphi'(x)dx = \int f[\varphi(x)]d\varphi(x)$$

$$\xlongequal{令 u=\varphi(x)} \int f(u)du = F(u)+c = F[\varphi(x)]+c$$

证　令 $G(x)=F[\varphi(x)]$,由复合函数求导法则,有

$$G'(x) = \{F[\varphi(x)]\}' = F'[\varphi(x)]\varphi'(x) = f[\varphi(x)]\varphi'(x)$$

即 $G(x)=F[\varphi(x)]$ 是 $f[\varphi(x)]\varphi'(x)$ 的原函数.所以有

$$\int f[\varphi(x)]\varphi'(x)dx = F[\varphi(x)]+c$$

这就证明了定理 4.2.

使用第一类换元法的关键在于将被积函数表示成这样两部分的乘积:一部分是某个已知函数 $\varphi(x)$ 的复合函数 $f[\varphi(x)]$,另一部分是函数 $\varphi(x)$ 的导数 $\varphi'(x)$.如果求积分 $\int g(x)dx$,使用第一类换元法方法如下:

$$\int g(x)dx \xlongequal{分解 g(x)} \int f[\varphi(x)]\varphi'(x)dx \xlongequal{凑微分} \int f[\varphi(x)]d\varphi(x)$$

$$\xlongequal{令 u=\varphi(x)} \int f(u)du = F(u)+c = F[\varphi(x)]+c$$

例 4-10　求 $\int 2xe^{x^2}dx$.

解　$\int 2xe^{x^2}dx = \int e^{x^2}(x^2)'dx = \int e^{x^2}dx^2 \xlongequal{令 u=x^2} \int e^u du = e^u + c = e^{x^2}+c$

例 4-11　求 $\int \frac{\ln x}{x}dx$.

解　$\int \frac{\ln x}{x}dx = \int \ln x d\ln x \xlongequal{令 u=\ln x} \int u du = \frac{u^2}{2}+c = \frac{1}{2}\ln^2 x + c$

例 4-12　求 $\int \tan x dx$.

解 $\int \tan x \mathrm{d}x = \int \frac{\sin x}{\cos x}\mathrm{d}x = -\int \frac{1}{\cos x}\mathrm{d}\cos x \xlongequal{令 u=\cos x} -\int \frac{1}{u}\mathrm{d}u$

$= -\ln|u| + c = -\ln|\cos x| + c$

在运算熟练以后，可以不写出中间变量 u，直接使用第一类换元法.

例 4-13 求$\int \frac{1}{x^2-a^2}\mathrm{d}x$，其中 $a \neq 0$.

解 $\int \frac{1}{x^2-a^2}\mathrm{d}x = \int \frac{1}{(x-a)(x+a)}\mathrm{d}x = \frac{1}{2a}\int\left(\frac{1}{x-a}-\frac{1}{x+a}\right)\mathrm{d}x$

$= \frac{1}{2a}\left(\int \frac{1}{x-a}\mathrm{d}x - \int \frac{1}{x+a}\mathrm{d}x\right)$

$= \frac{1}{2a}\left(\int \frac{1}{x-a}\mathrm{d}(x-a) - \int \frac{1}{x+a}\mathrm{d}(x+a)\right)$

$= \frac{1}{2a}[\ln|x-a| - \ln|x+a|] + c = \frac{1}{2a}\ln\left|\frac{x-a}{x+a}\right| + c$

例 4-14 求$\int \sec x \mathrm{d}x$.

解 $\int \sec x \mathrm{d}x = \int \frac{1}{\cos x}\mathrm{d}x = \int \frac{\cos x}{\cos^2 x}\mathrm{d}x = \int \frac{1}{1-\sin^2 x}\mathrm{d}\sin x = \frac{1}{2}\ln\left|\frac{1+\sin x}{1-\sin x}\right| + c$

$= \ln|\sec x + \tan x| + c$

类似地，有

$$\int \csc x \mathrm{d}x = \ln|\csc x - \cot x| + c$$

例 4-15 求$\int \frac{1}{x^2+a^2}\mathrm{d}x$.

解 $\int \frac{1}{x^2+a^2}\mathrm{d}x = \frac{1}{a^2}\int \frac{\mathrm{d}x}{1+\left(\frac{x}{a}\right)^2} = \frac{1}{a}\int \frac{1}{1+\left(\frac{x}{a}\right)^2}\mathrm{d}\left(\frac{x}{a}\right) = \frac{1}{a}\arctan\frac{x}{a} + c$

例 4-16 求$\int \frac{1}{\sqrt{a^2-x^2}}\mathrm{d}x$，其中 $a > 0$.

解 $\int \frac{1}{\sqrt{a^2-x^2}}\mathrm{d}x = \frac{1}{a}\int \frac{1}{\sqrt{1-\left(\frac{x}{a}\right)^2}}\mathrm{d}x = \int \frac{1}{\sqrt{1-\left(\frac{x}{a}\right)^2}}\mathrm{d}\left(\frac{x}{a}\right) = \arcsin\frac{x}{a} + c$

例 4-17 求$\int \sin^2 x \mathrm{d}x$.

解 $\int \sin^2 x \mathrm{d}x = \int \frac{1-\cos 2x}{2}\mathrm{d}x = \frac{1}{2}\left(\int \mathrm{d}x - \int \cos 2x \mathrm{d}x\right)$

$= \frac{1}{2}\left[x - \frac{1}{2}\int \cos 2x \mathrm{d}(2x)\right] = \frac{1}{2}\left(x - \frac{1}{2}\sin 2x\right) + c$

例 4-18 求$\int \sin^2 x \cos^3 x \mathrm{d}x$.

解 $\int \sin^2 x \cos^3 x \mathrm{d}x = \int \sin^2 x(1-\sin^2 x)\mathrm{d}\sin x = \int \sin^2 x \mathrm{d}\sin x - \int \sin^4 x \mathrm{d}\sin x$

$= \frac{1}{3}\sin^3 x - \frac{1}{5}\sin^5 x + c$

例 4-19　求$\int \frac{1}{x\sqrt{1-\ln^2 x}}\mathrm{d}x$.

解
$$\int \frac{1}{x\sqrt{1-\ln^2 x}}\mathrm{d}x = \int \frac{1}{\sqrt{1-\ln^2 x}}\mathrm{d}\ln x = \arcsin(\ln x) + c$$

通过以上例题及微分知识不难知道，利用第一类换元法求不定积分时，常用的凑微分类型如下：

(1) $\int \frac{f'(x)}{f(x)}\mathrm{d}x = \int \frac{\mathrm{d}f(x)}{f(x)} = \ln|f(x)| + c$；

(2) $\int f(ax+b)\mathrm{d}x = \frac{1}{a}\int f(ax+b)\mathrm{d}(ax+b)$，其中 $a \neq 0$；

(3) $\int f(x^\mu)x^{\mu-1}\mathrm{d}x = \frac{1}{\mu}\int f(x^\mu)\mathrm{d}(x^\mu)$；

(4) $\int f(a^x)a^x\mathrm{d}x = \frac{1}{\ln a}\int f(a^x)\mathrm{d}a^x$，特别地，$\int f(\mathrm{e}^x)\mathrm{e}^x\mathrm{d}x = \int f(\mathrm{e}^x)\mathrm{d}\mathrm{e}^x$；

(5) $\int f(\ln x)\frac{1}{x}\mathrm{d}x = \int f(\ln x)\mathrm{d}(\ln x)$；

(6) $\int f(\sin x)\cos x\mathrm{d}x = \int f(\sin x)\mathrm{d}(\sin x)$；

(7) $\int f(\cos x)\sin x\mathrm{d}x = -\int f(\cos x)\mathrm{d}(\cos x)$；

(8) $\int f(\arctan x)\frac{1}{1+x^2}\mathrm{d}x = \int f(\arctan x)\mathrm{d}(\arctan x)$；

(9) $\int f(\tan x)\sec^2 x\mathrm{d}x = \int f(\tan x)\mathrm{d}(\tan x)$；

(10) $\int f(\cot x)\csc^2 x\mathrm{d}x = -\int f(\cot x)\mathrm{d}(\cot x)$；

(11) $\int f(\arcsin x)\frac{1}{\sqrt{1-x^2}}\mathrm{d}x = \int f(\arcsin x)\mathrm{d}(\arcsin x)$；

(12) $\int f(\sec x)\sec x\tan x\mathrm{d}x = \int f(\sec x)\mathrm{d}\sec x$.

掌握这些基本的凑微分方法，对求复杂的不定积分是很有帮助的. 一般地，如果被积函数由两个函数乘积构成，并且一个函数与另一函数的因式之间存在导数关系，应考虑用第一类换元法.

4.3.2　第二类换元法(去根号法)

定理 4.3　设 $x=\varphi(t)$ 是单调的、可导的函数，并且 $\varphi'(t)\neq 0$，又设 $f[\varphi(t)]\varphi'(t)$ 具有原函数 $F(t)$，则 $F[\varphi^{-1}(x)]$ 是 $f(x)$ 的原函数($\varphi^{-1}(x)$ 是 $x=\varphi(t)$ 的反函数)，即有换元公式

$$\int f(x)\mathrm{d}x = \int f[\varphi(t)]\varphi'(t)\mathrm{d}t = F(t) + c = F[\varphi^{-1}(x)] + c$$

证　由复合函数和反函数的求导法则有

$$\{F[\varphi^{-1}(x)]+c\}' \xlongequal{令 t=\varphi^{-1}(x)} \frac{\mathrm{d}F(t)}{\mathrm{d}t}\cdot\frac{\mathrm{d}t}{\mathrm{d}x} = \frac{\mathrm{d}F(t)}{\mathrm{d}t}\cdot\frac{1}{\frac{\mathrm{d}x}{\mathrm{d}t}}$$

$$= f[\varphi(t)]\varphi'(t) \cdot \frac{1}{\varphi'(t)} = f[\varphi(t)] = f(x)$$

即 $F[\varphi^{-1}(x)] + c$ 是 $f(x)$ 的全部原函数，这就证明了定理 4.3.

例 4-20 求 $\int \sqrt{a^2 - x^2}\mathrm{d}x$，其中 $a > 0$.

解 令 $x = a\sin t$，则

$$t = \arcsin\frac{x}{a} \quad \left(-\frac{\pi}{2} < t < \frac{\pi}{2}\right)$$

于是 $\sqrt{a^2 - x^2} = a\cos t$，$\mathrm{d}x = a\cos t\mathrm{d}t$，从而有

$$\int \sqrt{a^2 - x^2}\mathrm{d}x = \int a^2\cos^2 t\mathrm{d}t = \frac{a^2}{2}\int(1 + \cos 2t)\mathrm{d}t$$

$$= \frac{a^2}{2}\left[\int \mathrm{d}t + \frac{1}{2}\int \cos 2t\mathrm{d}(2t)\right] = \frac{a^2}{2}\left(t + \frac{1}{2}\sin 2t\right) + c$$

作辅助直角三角形（见图 4-2），把 $t = \arcsin\frac{x}{a}$，$\sin 2t = 2\sin t\cos t = \frac{2x\sqrt{a^2 - x^2}}{a^2}$ 代入上式得

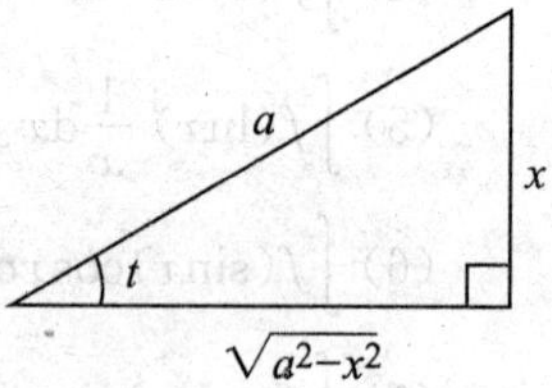

图 4-2

$$\int \sqrt{a^2 - x^2}\mathrm{d}x = \frac{x}{2}\sqrt{a^2 - x^2} + \frac{a^2}{2}\arcsin\frac{x}{a} + c$$

例 4-21 求 $\int \frac{1}{\sqrt{a^2 + x^2}}\mathrm{d}x$，其中 $a > 0$.

解 令 $x = a\tan t$，则

$$\mathrm{d}x = a\sec^2 t\mathrm{d}t \quad \left(-\frac{\pi}{2} < t < \frac{\pi}{2}\right)$$

于是 $\sqrt{a^2 + x^2} = a\sec t$，从而有

$$\int \frac{1}{\sqrt{a^2 + x^2}}\mathrm{d}x = \int \sec t\mathrm{d}t = \ln|\sec t + \tan t| + c$$

作辅助直角三角形（见图 4-3），可知 $\tan t = \frac{x}{a}$，$\sec t = \frac{\sqrt{a^2 + x^2}}{a}$，代入上式得

$$\int \frac{1}{\sqrt{a^2 + x^2}}\mathrm{d}x = \ln\left|\frac{x}{a} + \frac{\sqrt{a^2 + x^2}}{a}\right| + c_1$$

$$= \ln\left|x + \sqrt{a^2 + x^2}\right| - \ln a + c_1$$

$$= \ln(x + \sqrt{a^2 + x^2}) + c$$

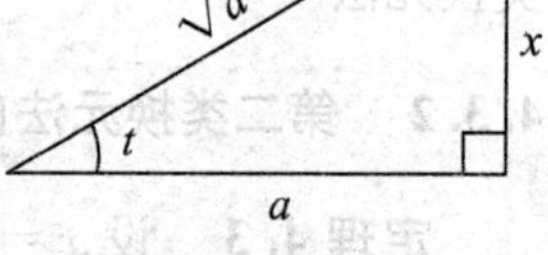

图 4-3

例 4-22 求 $\int \frac{1}{\sqrt{x^2 - a^2}}\mathrm{d}x$，其中 $a > 0$.

解 令 $x = a\sec t$，则 $\mathrm{d}x = a\sec t\tan t\mathrm{d}t$，且 $\sqrt{x^2 - a^2} = a\tan t$，从而有

$$\int \frac{1}{\sqrt{x^2 - a^2}}\mathrm{d}x = \int \sec t\mathrm{d}t = \ln|\sec t + \tan t| + c$$

作辅助直角三角形（见图 4-4），可知 $\sec t = \frac{x}{a}$，$\tan t = \frac{\sqrt{x^2 - a^2}}{a}$，代入上式得

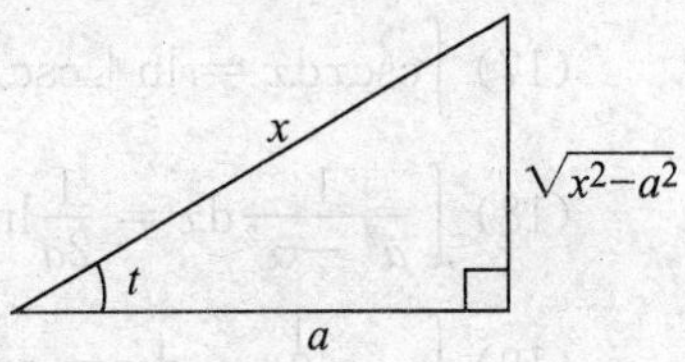

图 4-4

$$\int\frac{1}{\sqrt{x^2-a^2}}dx=\ln\left|\frac{x}{a}+\frac{\sqrt{x^2-a^2}}{a}\right|+c_1$$
$$=\ln|x+\sqrt{x^2-a^2}|-\ln a+c_1$$
$$=\ln|x+\sqrt{x^2-a^2}|+c$$

例 4-20～例 4-22 中所用的代换称为三角代换，三角代换的主要目的是将被积函数所含的根式 $\sqrt{x^2\pm a^2}$，$\sqrt{a^2-x^2}$ 化为三角有理式再去积分，变量还原时用辅助三角形比较方便. 但有时根据被积函数的具体情况，也可以选择更恰当的变换.

例 4-23　求 $\int\frac{1}{x^2\sqrt{x^2+1}}dx$，其中 $x>0$.

解法一　令 $x=\tan t$，则 $dx=\sec^2 t dt$，所以

$$\int\frac{1}{x^2\sqrt{x^2+1}}dx=\int\frac{\sec^2 t}{\tan^2 t\cdot\sec t}dt=\int\frac{\sec t}{\tan^2 t}dt=\int\frac{\cos t}{\sin^2 t}dt=\int\frac{d\sin t}{\sin^2 t}$$
$$=-\frac{1}{\sin t}+c=-\frac{\sqrt{1+x^2}}{x}+c$$

解法二　令 $x=\frac{1}{u}$，则 $dx=-\frac{1}{u^2}du$，所以

$$\int\frac{1}{x^2\sqrt{x^2+1}}dx=-\int\frac{u}{\sqrt{1+u^2}}du=-\frac{1}{2}\int(1+u^2)^{-\frac{1}{2}}d(1+u^2)=-\sqrt{1+u^2}+c$$
$$=-\frac{\sqrt{1+x^2}}{x}+c$$

解法二所用的代换称为倒代换，用倒代换求被积函数含无理式 $\sqrt{x^2\pm a^2}$，$\sqrt{a^2-x^2}$ 且分母中含 x^k 的积分有时十分有效.

例 4-24　求 $\int\frac{1}{x}\sqrt{\frac{1-x}{x}}dx$.

解　令 $\sqrt{\frac{1-x}{x}}=t$，则 $x=\frac{1}{1+t^2}$，$dx=\frac{-2t}{(1+t^2)^2}dt$，所以

$$\int\frac{1}{x}\sqrt{\frac{1-x}{x}}dx=-\int(1+t^2)t\cdot\frac{2t}{(1+t^2)^2}dt=-2\int\frac{t^2}{1+t^2}dt=-2\int dt+2\int\frac{1}{1+t^2}dt$$
$$=-2t+2\arctan t+c=-2\sqrt{\frac{1-x}{x}}+2\arctan\sqrt{\frac{1-x}{x}}+c$$

为以后引用更方便，下面将几个在前面例题中出现过的常用不定积分补充到基本积分公式中：

(14) $\int\tan x dx=-\ln|\cos x|+c$；

(15) $\int\cot x dx=\ln|\sin x|+c$；

(16) $\int\sec x dx=\ln|\sec x+\tan x|+c$；

(17) $\int \csc x \mathrm{d}x = \ln|\csc x - \cot x| + c$;

(18) $\int \dfrac{1}{a^2 - x^2}\mathrm{d}x = \dfrac{1}{2a}\ln\left|\dfrac{a+x}{a-x}\right| + c$;

(19) $\int \dfrac{1}{\sqrt{a^2 - x^2}}\mathrm{d}x = \arcsin\dfrac{x}{a} + c$;

(20) $\int \dfrac{1}{a^2 + x^2}\mathrm{d}x = \dfrac{1}{a}\arctan\dfrac{x}{a} + c$;

(21) $\int \dfrac{1}{\sqrt{x^2 + a^2}}\mathrm{d}x = \ln(x + \sqrt{a^2 + x^2}) + c$;

(22) $\int \dfrac{1}{\sqrt{x^2 - a^2}}\mathrm{d}x = \ln|x + \sqrt{x^2 - a^2}| + c$.

4.4 分部积分法

虽然换元积分法可帮助我们求出大量的不定积分，但对于形如$\int x^k e^x \mathrm{d}x$，$\int x^k \sin x \mathrm{d}x$，$\int x^k \arctan x \mathrm{d}x$，$\int x^k \ln x \mathrm{d}x$ 等形式的不定积分却不适用. 下面介绍求这类积分的一种有效方法——分部积分法.

设函数 $u(x)$ 和 $v(x)$ 具有连续导数，有两个函数乘积的求导公式

$$(uv)' = u'v + uv' \quad 或 \quad uv' = (uv)' - u'v$$

将上式两边积分得

$$\int uv'\mathrm{d}x = uv - \int vu'\mathrm{d}x$$

或改写成

$$\int u\mathrm{d}v = uv - \int v\mathrm{d}u$$

上式称为分部积分公式. 分部积分公式的意义在于当不定积分$\int uv'\mathrm{d}x$ 不易求出而不定积分$\int vu'\mathrm{d}x$ 容易求出时，分部积分公式起化难为易的作用. 利用分部积分公式的关键是选择适当的函数 $u(x)$ 和 $v(x)$，使待求不定积分$\int f(x)\mathrm{d}x$ 的被积函数凑成两部分的乘积，即 $f(x) = u(x)v'(x)$，并且 $v'(x)$ 的原函数 $v(x)$ 要容易求，$\int u'v\mathrm{d}x$ 不能比原来的积分$\int uv'\mathrm{d}x$ 难. 下面通过例子说明分部积分公式的使用.

例 4-25 求$\int x\cos x\mathrm{d}x$.

解 $\int x\cos x\mathrm{d}x = \int x\mathrm{d}\sin x = x\sin x - \int \sin x\mathrm{d}x = x\sin x + \cos x + c$

例 4-26 求$\int x e^x \mathrm{d}x$.

解　$\int xe^x dx = \int x de^x = xe^x - \int e^x dx = xe^x - e^x + c$

例 4-27　求$\int x^2 \ln x dx$.

解　$\int x^2 \ln x dx = \frac{1}{3}\int \ln x dx^3 = \frac{1}{3}x^3 \ln x - \frac{1}{3}\int x^2 dx = \frac{1}{3}x^3 \ln x - \frac{1}{9}x^3 + c$

例 4-28　求$\int \arctan x dx$.

解
$$\int \arctan x dx = x\arctan x - \int \frac{x}{1+x^2}dx = x\arctan x - \frac{1}{2}\int \frac{d(1+x^2)}{1+x^2}$$
$$= x\arctan x - \frac{1}{2}\ln(1+x^2) + c$$

例 4-29　求$\int e^x \sin x dx$.

解
$$\int e^x \sin x dx = \int \sin x de^x = e^x \sin x - \int e^x \cos x dx = e^x \sin x - \int \cos x de^x$$
$$= e^x \sin x - e^x \cos x - \int e^x \sin x dx$$

移项得
$$2\int e^x \sin x dx = e^x \sin x - e^x \cos x + c_1$$

整理得
$$\int e^x \sin x dx = \frac{e^x(\sin x - \cos x)}{2} + c$$

例 4-30　求 $I_n = \int x^n e^x dx$ 的递推公式，其中 n 为正整数，并求 I_2.

解　$I_n = \int x^n e^x dx = \int x^n de^x = x^n e^x - \int e^x dx^n = x^n e^x - n\int e^x x^{n-1} dx = x^n e^x - nI_{n-1}$

其中 $I_{n-1} = \int e^x x^{n-1} dx$. 又因为 $I_0 = \int e^x dx = e^x + c$，所以
$$I_1 = \int xe^x dx = xe^x - I_0 = xe^x - e^x + c$$
$$I_2 = \int x^2 e^x dx = x^2 e^x - 2I_1 = (x^2 - 2x + 2)e^x + c$$

4.5　简单有理分式函数的积分法

4.5.1　有理分式函数及简单性质

所谓有理分式函数，是指由两个多项式函数相除而得到的函数，其一般形式为
$$R(x) = \frac{P_n(x)}{Q_m(x)} = \frac{a_0 x^n + a_1 x^{n-1} + \cdots + a_{n-1}x + a_n}{b_0 x^m + b_1 x^{m-1} + \cdots + b_{m-1}x + b_m}$$
其中，n,m 为正整数，$a_0, a_1, \cdots, a_{n-1}, a_n$ 和 $b_0, b_1, \cdots, b_{m-1}, b_m$ 为常数，且 $a_0 \neq 0, b_0 \neq 0$. 若 $n < m$，则称 $R(x)$ 为有理真分式，否则称 $R(x)$ 为有理假分式. 本节讨论$\int R(x)dx$ 的积分方

法. 不失一般性，我们假定 $R(x)=\dfrac{P_n(x)}{Q_m(x)}$ 中 $P_n(x)$ 与 $Q_m(x)$ 没有公因子.

下面四种类型的有理真分式称为部分分式：

$$(1)\ \frac{A}{x-a},\quad (2)\ \frac{A}{(x-a)^k},\quad (3)\ \frac{Mx+N}{x^2+px+q},\quad (4)\ \frac{Mx+N}{(x^2+px+q)^k}$$

其中，k 为大于 1 的整数，a,A,M,N,p,q 是实数，x^2+px+q 是二次质因式，即 $p^2-4q<0$.

由代数学知识得知，有理分式函数有下列性质：

(1) 每一个有理假分式都可以表示成一个多项式与一个有理真分式之和；

(2) 每一个有理真分式都可以分解成有限个部分分式之和.

由于多项式的积分我们已经会求，所以，有理分式函数的积分就归结为有理真分式的积分，而有理真分式的积分问题又归结为部分分式的积分问题. 因此，要求有理真分式函数的积分，只需进一步讨论下面两个问题：

(1) 如何将一个有理真分式分解成有限个部分分式之和；

(2) 部分分式的积分法.

4.5.2 有理真分式的分解

对如何将一个有理真分式函数分解成有限个部分分式之和这里不作一般性讨论，只通过举例说明一种常用的方法 —— 待定系数法.

例 4-31 将真分式 $\dfrac{2x-1}{x^2-3x+2}$ 分解成部分分式之和.

解 因分母 $x^2-3x+2=(x-1)(x-2)$，故设

$$\frac{2x-1}{x^2-3x+2}=\frac{2x-1}{(x-1)(x-2)}=\frac{A}{x-1}+\frac{B}{x-2}$$

其中，A,B 为待定系数.

将上式去分母得

$$2x-1=A(x-2)+B(x-1)=(A+B)x-2A-B$$

所以 $\begin{cases}A+B=2,\\-2A-B=-1,\end{cases}$ 解得 $\begin{cases}A=-1,\\B=3,\end{cases}$ 于是

$$\frac{2x-1}{x^2-3x+2}=\frac{-1}{x-1}+\frac{3}{x-2}$$

例 4-32 将真分式函数 $\dfrac{x^2+2}{(x+2)(x^2+3x+4)}$ 分解成部分分式之和.

解 因分母已不能再分解，故设

$$\frac{x^2+2}{(x+2)(x^2+3x+4)}=\frac{A}{x+2}+\frac{Bx+C}{x^2+3x+4}$$

将上式去分母整理得

$$x^2+2=(A+B)x^2+(3A+2B+C)x+(4A+2C)$$

所以 $\begin{cases}A+B=1,\\3A+2B+C=0,\\4A+2C=2,\end{cases}$ 解得 $\begin{cases}A=3,\\B=-2,\\C=-5,\end{cases}$ 于是

$$\frac{x^2+2}{(x+2)(x^2+3x+4)}=\frac{3}{x+2}-\frac{2x+5}{x^2+3x+4}$$

4.5.3 部分分式的积分

讨论了将真分式函数分解成有限个部分分式的和之后，下面讨论部分分式的不定积分问题. 可以证明，四种类型部分分式的积分一定能积出来，其中(1) 与(2) 类型的部分分式不定积分是容易求得的，困难的是求(3) 和(4) 类型的部分分式不定积分. 部分分式类型(4) 的不定积分问题在此不作深入讨论，但对一些特殊情形可以用换元积分法去求. 下面举例说明如何求部分分式的不定积分.

例 4-33 求$\int\frac{2x-1}{x^2-3x+2}\mathrm{d}x$.

解 由例 4-31，有

$$\begin{aligned}\int\frac{2x-1}{x^2-3x+2}\mathrm{d}x&=3\int\frac{1}{x-2}\mathrm{d}x-\int\frac{1}{x-1}\mathrm{d}x\\&=3\int\frac{\mathrm{d}(x-2)}{x-2}-\int\frac{1}{x-1}\mathrm{d}(x-1)\\&=3\ln|x-2|-\ln|x-1|+c\end{aligned}$$

例 4-34 求$\int\frac{2x+5}{x^2+3x+4}\mathrm{d}x$.

解
$$\begin{aligned}\int\frac{2x+5}{x^2+3x+4}\mathrm{d}x&=\int\frac{\mathrm{d}(x^2+3x+4)+2\mathrm{d}x}{x^2+3x+4}\\&=\int\frac{\mathrm{d}(x^2+3x+4)}{x^2+3x+4}+2\int\frac{\mathrm{d}\left(x+\frac{3}{2}\right)}{\left(x+\frac{3}{2}\right)^2+\left(\frac{\sqrt{7}}{2}\right)^2}\\&=\ln(x^2+3x+4)+\frac{4}{\sqrt{7}}\arctan\frac{2}{\sqrt{7}}\left(x+\frac{3}{2}\right)+c\end{aligned}$$

习题 4

1. 在下列等号右端的括号中填上适当的函数，使等号成立.

(1) $a\mathrm{d}x=\mathrm{d}(\quad)$； (2) $x\mathrm{d}x=\mathrm{d}(\quad)$；

(3) $\cos x\mathrm{d}x=\mathrm{d}(\quad)$； (4) $\mathrm{e}^{-x}\mathrm{d}x=\mathrm{d}(\quad)$；

(5) $\frac{\ln x}{x}\mathrm{d}x=\mathrm{d}(\quad)$； (6) $\frac{1}{1+x^2}\mathrm{d}x=\mathrm{d}(\quad)$.

2. 一曲线通过点(e^2,3)，且在任一点处的切线斜率等于该点横坐标的倒数，求该曲线的方程.

3. 求下列不定积分：

(1) $\int(1-2x^3)\mathrm{d}x$； (2) $\int\frac{x^2+1}{x}\mathrm{d}x$；

(3) $\int\frac{(1+x)^2}{\sqrt{x}}\mathrm{d}x$； (4) $\int\left(1-\frac{1}{x^2}\right)\sqrt{x\sqrt{x}}\mathrm{d}x$；

(5) $\int e^{x+2}dx$；　(6) $\int \frac{3x^4+3x^2+1}{x^2+1}dx$；

(7) $\int \cot^2 x dx$；　(8) $\int \cos^2 \frac{x}{2}dx$；

(9) $\int \frac{\cos 2x}{\cos x-\sin x}dx$；　(10) $\int \sqrt{x\sqrt{x\sqrt{x}}}dx$；

(11) $\int \frac{1}{x^2(1+x^2)}dx$；　(12) $\int \frac{\cos 2x}{\cos^2 x\sin^2 x}dx$.

4. 求下列不定积分：

(1) $\int e^{5x}dx$；　(2) $\int (3-2x)^{100}dx$；

(3) $\int \frac{x}{x+x^2}dx$；　(4) $\int x^2 e^{-x^3}dx$；

(5) $\int \frac{1}{x^2}\sec^2 \frac{1}{x}dx$；　(6) $\int \frac{dx}{\sqrt{x}(1+x)}$；

(7) $\int \frac{2x-1}{x^2-x+3}dx$；　(8) $\int \frac{dx}{x(\ln x)^2}$；

(9) $\int \frac{dx}{x\sqrt{1-(\ln x)^2}}$；　(10) $\int \sin^2 x\cos^3 x dx$；

(11) $\int \sin^2 2x dx$；　(12) $\int \frac{\sec^2 x}{1+\tan x}dx$；

(13) $\int \frac{1-\tan x}{1+\tan x}dx$；　(14) $\int \frac{x+\arctan x}{1+x^2}dx$；

(15) $\int \frac{1}{4x^2+9}dx$；　(16) $\int \frac{1}{4x^2+4x+5}dx$.

5. 求下列不定积分：

(1) $\int x\sqrt{1+2x}dx$；　(2) $\int \frac{1}{1+\sqrt[3]{x+1}}dx$；

(3) $\int \frac{x^2}{\sqrt{1-x^2}}dx$；　(4) $\int (1-x^2)^{-\frac{3}{2}}dx$；

(5) $\int \frac{dx}{x\sqrt{x^2-1}}$；　(6) $\int \frac{\sqrt{x^2-a^2}}{x}dx$；

(7) $\int \frac{\ln x^2}{x}dx$；　(8) $\int \frac{1}{\sqrt{x}+\sqrt[3]{x}}dx$.

6. 求下列不定积分：

(1) $\int x^2\sin x dx$；　(2) $\int xe^{-x}dx$；

(3) $\int \ln^2 x dx$；　(4) $\int \arctan x dx$；

(5) $\int (\frac{\ln x}{x})^2 dx$；　(6) $\int \frac{x}{\sin^2 x}dx$；

(7) $\int x^2\arccos x dx$；　(8) $\int (\arcsin x)^2 dx$；

(9) $\int \ln(x+\sqrt{1+x^2})\mathrm{d}x$；　(10) $\int \sin(\ln x)\mathrm{d}x$；

(11) $\int x^2\ln(1+x)\mathrm{d}x$；　(12) $\int \sec^3 x\mathrm{d}x$.

7. 求下列不定积分：

(1) $\int \frac{4x-3}{x^2+3x+4}\mathrm{d}x$；　(2) $\int \frac{3x^2+1}{x^2-1}\mathrm{d}x$；

(3) $\int \frac{2x+3}{x^2+3x-10}\mathrm{d}x$；　(4) $\int \frac{x-2}{x^2+2x+3}\mathrm{d}x$.

8. 设商品的需求量 Q 是价格 P 的函数，且在价格为 0 时，需求量为 1 000，又知该商品的边际需求为 $Q'(P)=2\,000\mathrm{e}^{-0.125P}$，试求需求量 Q 对价格 P 的函数关系.

第 5 章　定积分及其应用

定积分是积分学的又一个重要概念，自然科学与生产实践中的许多问题，如平面图形面积、曲线的弧长、变力所作的功等都可以归结为定积分问题. 本章将从两个实际问题中引出定积分概念，然后讨论定积分的性质及计算方法，最后介绍定积分的应用.

5.1　定积分的概念

5.1.1　定积分问题举例

1. 曲边梯形的面积

设 $y=f(x)$ 在区间 $[a,b]$ 上非负连续. 由直线 $x=a$, $x=b$, $y=0$ 及曲线 $y=f(x)$ 所围成的图形(如图 5-1 所示)称为曲边梯形，其中曲线弧称为曲边，x 轴上对应区间 $[a,b]$ 的线段称为底边.

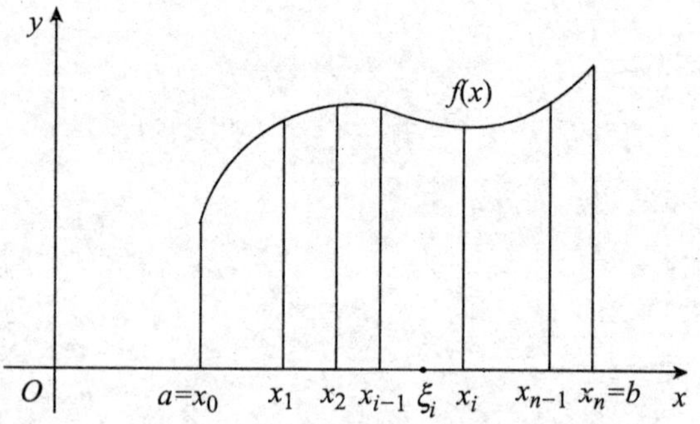

图 5-1

我们知道，矩形的高是不变的，它的面积可按公式

$$\text{矩形面积} = \text{高} \times \text{底}$$

来定义和计算，而曲边梯形在底边上各点处的高在区间 $[a,b]$ 上是变动的，故它的面积不能直接按上述公式来定义和计算. 然而，由于曲边梯形的高 $f(x)$ 在区间 $[a,b]$ 上是连续变化的，在很小一段区间上它的变化很小，近似于不变. 因此，如果把区间 $[a,b]$ 划分为许多小区间，在每个小区间上用其中某一点处的高来近似代替同一小区间上的窄曲边梯形的变高，那么，每个窄曲边梯形就可近似地看成这样得到的窄矩形. 我们就以所有这些窄矩形面积之和作为曲边梯形面积的近似值，并把区间 $[a,b]$ 无限细分下去，使每个小区间的长度都趋于零，这时所有窄矩形面积之和的极限就可定义为曲边梯形的面积. 这个定义同时也给出了计算曲边梯形面积的方法，现详述于下.

在区间 $[a,b]$ 中任意插入若干个分点

$$a = x_0 < x_1 < x_2 < \cdots < x_{n-1} < x_n = b$$

把 $[a,b]$ 分成 n 个小区间

$$[x_0, x_1],\quad [x_1, x_2],\quad \cdots,\quad [x_{n-1}, x_n]$$

它们的长度依次为

$$\Delta x_1 = x_1 - x_0,\quad \Delta x_2 = x_2 - x_1,\quad \cdots,\quad \Delta x_n = x_n - x_{n-1}$$

经过每一个分点作平行于 y 轴的直线段把曲边梯形分成 n 个窄曲边梯形. 在每个小区间 $[x_{i-1}, x_i]$ 上任取一点 ξ_i，以 $x_i - x_{i-1}$ 为底，$f(\xi_i)$ 为高的窄矩形近似替代第 i 个窄曲边梯形 $(i = 1, 2, \cdots, n)$，把这样得到的 n 个窄矩形面积之和作为所求曲边梯形面积 A 的近似值，即

$$A \approx \sum_{i=1}^{n} f(\xi_i) \Delta x_i$$

为了保证所有小区间的长度都无限缩小，我们要求小区间长度中的最大值趋于零，如记 $\lambda = \max\{\Delta x_1, \Delta x_2, \cdots, \Delta x_n\}$，则上述条件可表为 $\lambda \to 0$. 当 $\lambda \to 0$ 时（这时分段数 n 无限增多，即 $n \to \infty$），取上述和式的极限，便得曲边梯形的面积

$$A = \lim_{\lambda \to 0} \sum_{i=1}^{n} f(\xi_i) \Delta x_i$$

2. 变速直线运动的路程

设某物体作直线运动，已知速度 $v = v(t)$ 是时间间隔 $[T_1, T_2]$ 上 t 的连续函数，且 $v(t) \geqslant 0$，计算在这段时间内物体所经过的路程 s.

我们知道，对于匀速直线运动，有公式

$$\text{路程} = \text{速度} \times \text{时间}$$

但是，在我们的问题中，速度不是常量而是随时间变化的变量，因此，所求路程 s 不能直接按匀速直线运动的路程公式来计算. 然而，物体运动的速度函数 $v = v(t)$ 是连续变化的，在很短一段时间内，速度的变化很小，近似于匀速. 因此，如果把时间间隔分小，在小段时间内，以匀速运动代替变速运动，那么就可算出部分路程的近似值；再求和，得到整个路程的近似值；最后，通过对时间间隔无限细分的极限过程，这时所有部分路程的近似值之和的极限，就是所求变速直线运动的路程的精确值. 具体计算步骤如下.

在时间间隔 $[T_1, T_2]$ 内任意插入若干个分点

$$T_1 = t_0 < t_1 < t_2 < \cdots < t_{n-1} < t_n = T_2$$

把 $[T_1, T_2]$ 分成 n 个小段

$$[t_0, t_1], \quad [t_1, t_2], \quad \cdots, \quad [t_{n-1}, t_n]$$

各小段时间的长依次为

$$\Delta t_1 = t_1 - t_0, \quad \Delta t_2 = t_2 - t_1, \quad \cdots, \quad \Delta t_n = t_n - t_{n-1}$$

相应地，在各段时间内物体经过的路程依次为

$$\Delta s_1, \quad \Delta s_2, \quad \cdots, \quad \Delta s_n$$

在时间间隔 $[t_{i-1}, t_i]$ 上任取一个时刻 τ_i $(t_{i-1} \leqslant \tau_i \leqslant t_i)$，以 τ_i 时的速度 $v(\tau_i)$ 来代替 $[t_{i-1}, t_i]$ 上各个时刻的速度，得到部分路程 Δs_i 的近似值，即

$$\Delta s_i \approx v(\tau_i) \Delta t_i \quad (i = 1, 2, \cdots, n)$$

于是这 n 段部分路程的近似值之和就是所求变速直线运动路程 s 的近似值，即

$$s \approx \sum_{i=1}^{n} v(\tau_i) \Delta t_i$$

记 $\lambda = \max\{\Delta t_1, \Delta t_2, \cdots, \Delta t_n\}$，当 $\lambda \to 0$ 时，取上式右端和式的极限，即得变速直线运动的路程

$$s = \lim_{\lambda \to 0} \sum_{i=1}^{n} v(\tau_i) \Delta t_i$$

5.1.2 定积分定义

还有许多其他实际问题的计算都可用这样的方法，归结为求某种和式的极限. 把处理这类问题的数学思维方法加以概括和抽象，便得到定积分的定义.

定义 5.1 设函数 $f(x)$ 在区间 $[a,b]$ 上有定义. 用分点 $a = x_0 < x_1 < x_2 < \cdots < x_{n-1} < x_n = b$ 将区间 $[a,b]$ 任意分成 n 个小区间 $[x_{i-1}, x_i]$ $(i = 1,2,\cdots,n)$，这些小区间的长度分别为 $\Delta x_i = x_i - x_{i-1}$，在每个小区间 $[x_{i-1}, x_i]$ 上任取一点 $\xi_i (x_{i-1} \leqslant \xi_i \leqslant x_i)$，作（积分）和 $I_n = \sum\limits_{i=1}^{n} f(\xi_i)\Delta x_i$. 令 $\lambda = \max\{\Delta x_i\}$ $(i = 1,2,\cdots,n)$，如果当 $\lambda \to 0$ 时，和式 I_n 的极限存在，且此极限与 $[a,b]$ 的分法和 ξ_i 的取法无关，则称函数 $f(x)$ 在区间 $[a,b]$ 上是可积的，并称该极限值为 $f(x)$ 在 $[a,b]$ 上的定积分，记作 $\int_a^b f(x)\mathrm{d}x$，即

$$\int_a^b f(x)\mathrm{d}x = \lim_{\lambda \to 0} \sum_{i=1}^{n} f(\xi_i)\Delta x_i$$

其中，函数 $f(x)$ 称为被积函数，$f(x)\mathrm{d}x$ 称为被积表达式，x 称为积分变量，a 称为积分下限，b 称为积分上限，$[a,b]$ 称为积分区间.

几点说明：

(1) 定积分 $\int_a^b f(x)\mathrm{d}x$ 是和式的极限，它是一个定数. 它只与被积函数和积分区间有关，而与积分变量用什么字母无关，所以

$$\int_a^b f(x)\mathrm{d}x = \int_a^b f(t)\mathrm{d}t = \int_a^b f(u)\mathrm{d}u$$

(2) 函数 $f(x)$ 有界是可积的必要条件，但不是充分条件. 具备什么条件的函数才可积呢?这里不加证明的给出两个充分条件：闭区间上的连续函数是可积的；有穷区间上只有有限个间断点的有界函数是可积的.

(3) 在定积分的定义中假定的是 $a < b$，如果 $b < a$，则规定

$$\int_a^b f(x)\mathrm{d}x = -\int_b^a f(x)\mathrm{d}x$$

这表明，定积分的上限与下限互换时，定积分的值改变符号.

如果 $a = b$，则规定

$$\int_a^b f(x)\mathrm{d}x = 0$$

这表明，定积分的上限与下限相等时，定积分的值为零.

按定积分的定义，当 $f(x) > 0$ 时，定积分 $\int_a^b f(x)\mathrm{d}x$ 是由连续曲线 $y = f(x)$，直线 $x = a$，$x = b(a < b)$ 与 x 轴所围成图形的面积；当 $f(x) < 0$ 时，定积分 $\int_a^b f(x)\mathrm{d}x$ 的几何意义是由连续曲线 $y = f(x)$，直线 $x = a$，$x = b(a < b)$ 与 x 轴所围成图形的面积的负值. 一般地，定积分 $\int_a^b f(x)\mathrm{d}x$ 的几何意义是由连续曲线 $y = f(x)$，直线 $x = a$，$x = b(a < b)$ 与 x 轴所围成的图形的面积的代数和，即图形在 x 轴上方的面积减去在 x 轴下方的面积.

例 5-1　利用定义求定积分$\int_0^1 x^2\mathrm{d}x$.

解　因为被积函数 $f(x)$ 在区间$[0,1]$上连续，连续函数是可积的，所以积分存在且与区间$[0,1]$的分法及点 ξ_i 的取法无关. 为了便于计算，将区间$[0,1]$分成 n 等份，取分点 $x_i=\frac{i}{n}(i=1,2,\cdots,n-1)$；每一小区间的长度 $\Delta x_i=\frac{1}{n}(i=1,2,\cdots,n-1,n)$；取 $\xi_i=x_i(i=1,2,\cdots,n-1,n)$. 于是，得和式

$$\sum_{i=1}^{n}f(\xi_i)\Delta x_i=\sum_{i=1}^{n}\xi_i^2\Delta x_i=\sum_{i=1}^{n}x_i^2\Delta x_i=\sum_{i=1}^{n}\left(\frac{i}{n}\right)^2\cdot\frac{1}{n}=\frac{1}{n^3}\sum_{i=1}^{n}i^2$$
$$=\frac{1}{n^3}\cdot\frac{n(n+1)(2n+1)}{6}=\frac{1}{6}\left(1+\frac{1}{n}\right)\left(2+\frac{1}{n}\right)$$

当 $\lambda\to 0$ 即 $n\to\infty$ 时，所求定积分为上式右端的极限，即

$$\int_0^1 x^2\mathrm{d}x=\lim_{\lambda\to 0}\sum_{i=1}^{n}\xi_i^2\Delta x_i=\lim_{n\to\infty}\frac{1}{6}\left(1+\frac{1}{n}\right)\left(2+\frac{1}{n}\right)=\frac{1}{3}$$

5.2　定积分的基本性质

由定积分的定义

$$\int_a^b f(x)\mathrm{d}x=\lim_{\lambda\to 0}\sum_{i=1}^{n}f(\xi_i)\Delta x_i$$

以及极限的运算法则与性质，可以得到定积分的几个简单性质.

在讨论定积分的性质以前，我们先对定积分作以下两点补充规定：

(1) 当 $a=b$ 时，$\int_a^b f(x)\mathrm{d}x=0$；

(2) $\int_a^b f(x)\mathrm{d}x=-\int_b^a f(x)\mathrm{d}x$.

在下面的讨论中，积分上下限的大小如不特别指明，均不加限制；并假定各性质中所列出的定积分都是存在的.

性质 1　函数的和(差)的定积分等于它们的定积分的和(差)，即

$$\int_a^b[f(x)\pm g(x)]\mathrm{d}x=\int_a^b f(x)\mathrm{d}x\pm\int_a^b g(x)\mathrm{d}x$$

证
$$\int_a^b[f(x)\pm g(x)]\mathrm{d}x=\lim_{\lambda\to 0}\sum_{i=1}^{n}[f(\xi_i)\pm g(\xi_i)]\Delta x_i$$
$$=\lim_{\lambda\to 0}\sum_{i=1}^{n}f(\xi_i)\Delta x_i\pm\lim_{\lambda\to 0}\sum_{i=1}^{n}g(\xi_i)\Delta x_i$$
$$=\int_a^b f(x)\mathrm{d}x\pm\int_a^b g(x)\mathrm{d}x$$

性质 1 对于任意有限个函数都是成立的.

性质 2　被积函数的常数因子可以提到积分号外面，即

$$\int_a^b kf(x)\mathrm{d}x=k\int_a^b f(x)\mathrm{d}x\quad(k\text{ 是常数})$$

性质 3　如果被积函数 $f(x)$ 在$[a,b]$上恒有 $f(x)\equiv 1$，则

$$\int_a^b 1 \cdot \mathrm{d}x = \int_a^b \mathrm{d}x = b - a$$

这个性质请读者自己证明.

性质 4 如果将积分区间分成两部分,则在整个区间上的定积分等于这两部分区间上定积分之和,即设 $a < c < b$,则

$$\int_a^b f(x)\mathrm{d}x = \int_a^c f(x)\mathrm{d}x + \int_c^b f(x)\mathrm{d}x$$

证 因为函数 $f(x)$ 在区间$[a,b]$上可积,所以不论把$[a,b]$怎样分,积分和的极限总是不变的. 因此,我们在分区间时,可以使 c 永远是个分点. 那么,$[a,b]$ 上的积分和等于$[a,c]$上的积分和加$[c,b]$上的积分和,记为

$$\sum_{[a,b]} f(\xi_i)\Delta x_i = \sum_{[a,c]} f(\xi_i)\Delta x_i + \sum_{[c,b]} f(\xi_i)\Delta x_i$$

令 $\lambda \to 0$,上式两端同时取极限,即得

$$\int_a^b f(x)\mathrm{d}x = \int_a^c f(x)\mathrm{d}x + \int_c^b f(x)\mathrm{d}x$$

这个性质表明定积分对于积分区间是具有可加性的.

按定积分的补充规定,不论 a,b,c 的相对位置如何,总有等式

$$\int_a^b f(x)\mathrm{d}x = \int_a^c f(x)\mathrm{d}x + \int_c^b f(x)\mathrm{d}x$$

成立. 例如,当 $a < b < c$ 时,由于

$$\int_a^c f(x)\mathrm{d}x = \int_a^b f(x)\mathrm{d}x + \int_b^c f(x)\mathrm{d}x$$

于是得

$$\int_a^b f(x)\mathrm{d}x = \int_a^c f(x)\mathrm{d}x - \int_b^c f(x)\mathrm{d}x = \int_a^c f(x)\mathrm{d}x + \int_c^b f(x)\mathrm{d}x$$

性质 5 如果在区间$[a,b]$上 $f(x) \geqslant 0$,则

$$\int_a^b f(x)\mathrm{d}x \geqslant 0 \quad (a < b)$$

证 因为 $f(x) \geqslant 0$,所以 $f(\xi_i) \geqslant 0 (i = 1,2,\cdots,n)$,又由于 $\Delta x_i > 0 (i = 1,2,\cdots,n)$,因此

$$\sum_{i=1}^{n} f(\xi_i)\Delta x_i \geqslant 0$$

令 $\lambda = \max\{\Delta x_1, \cdots, \Delta x_n\} \to 0$,便得到要证的不等式.

推论 1 如果在区间$[a,b]$上 $f(x) \leqslant g(x)$,则

$$\int_a^b f(x)\mathrm{d}x \leqslant \int_a^b g(x)\mathrm{d}x \quad (a < b)$$

证 因为 $g(x) - f(x) \geqslant 0$,由性质 5 得

$$\int_a^b [g(x) - f(x)]\mathrm{d}x \geqslant 0$$

再利用性质 1,便得要证的不等式.

推论 2

$$\left|\int_a^b f(x)\mathrm{d}x\right| \leqslant \int_a^b |f(x)|\mathrm{d}x \quad (a < b)$$

证 因为

$$-|f(x)| \leqslant f(x) \leqslant |f(x)|$$

所以由推论 1 及性质 2 可得

$$-\int_a^b |f(x)| \mathrm{d}x \leqslant \int_a^b f(x)\mathrm{d}x \leqslant \int_a^b |f(x)| \mathrm{d}x$$

即

$$\left|\int_a^b f(x)\mathrm{d}x\right| \leqslant \int_a^b |f(x)| \mathrm{d}x$$

性质 6　设 M 及 m 分别是函数 $f(x)$ 在区间 $[a,b]$ 上的最大值及最小值，则

$$m(b-a) \leqslant \int_a^b f(x)\mathrm{d}x \leqslant M(b-a)$$

证　因为 $m \leqslant f(x) \leqslant M$，所以由性质 5 的推论 1，得

$$\int_a^b m\mathrm{d}x \leqslant \int_a^b f(x)\mathrm{d}x \leqslant \int_a^b M\mathrm{d}x$$

再由性质 2，即得所要证的不等式.

这个性质说明，由被积函数在积分区间上的最大值及最小值可以估计积分值的范围. 例如，定积分 $\int_0^2 \mathrm{e}^{x^2}\mathrm{d}x$，它的被积函数 $f(x)=\mathrm{e}^{x^2}$ 在 $[0,2]$ 上单调增加，于是有最小值 $m=\mathrm{e}^0=1$，最大值 $M=\mathrm{e}^4$，由性质 6 得

$$\mathrm{e}^0(2-0) \leqslant \int_0^2 \mathrm{e}^{x^2}\mathrm{d}x \leqslant \mathrm{e}^4(2-0)$$

即

$$2 \leqslant \int_0^2 \mathrm{e}^{x^2}\mathrm{d}x \leqslant 2\mathrm{e}^4$$

性质 7（定积分中值定理）　如果函数 $f(x)$ 在闭区间 $[a,b]$ 上连续，则在积分区间 $[a,b]$ 上至少存在一点 ξ，使下式成立：

$$\int_a^b f(x)\mathrm{d}x = f(\xi)(b-a) \quad (a \leqslant \xi \leqslant b)$$

证　把性质 6 中的不等式各除以 $b-a$，得

$$m \leqslant \frac{1}{b-a}\int_a^b f(x)\mathrm{d}x \leqslant M$$

这表明，确定的数值 $\frac{1}{b-a}\int_a^b f(x)\mathrm{d}x$ 介于函数 $f(x)$ 的最小值 m 及最大值 M 之间. 根据闭区间上连续函数的介值定理，在 $[a,b]$ 上至少存在着一点 ξ，使得函数 $f(x)$ 在点 ξ 处的值与这个确定的数值相等，即

$$\frac{1}{b-a}\int_a^b f(x)\mathrm{d}x = f(\xi) \quad (a \leqslant \xi \leqslant b)$$

两端各乘 $b-a$，即得

$$\int_a^b f(x)\mathrm{d}x = f(\xi)(b-a)$$

5.3 微积分基本定理

前面，我们学习了不定积分和定积分这两个从完全不同的角度引进的概念，本节来探讨不定积分和定积分两者之间的关系这个问题，并得到用原函数计算定积分的公式(牛顿-莱布尼兹公式).

设函数 $f(x)$ 在区间 $[a,b]$ 上连续，x 为区间 $[a,b]$ 上的任意一点，由于 $f(x)$ 在 $[a,x]$ 上仍然连续，因此 $f(x)$ 在区间 $[a,x]$ 上可积，习惯上将 $f(x)$ 在区间 $[a,x]$ 上的积分表示为 $\int_a^x f(x)\mathrm{d}x$，为了不致引起混淆，将积分变量 x 改用字母 t 表示，于是上面的定积分可以写成

$$\int_a^x f(t)\mathrm{d}t$$

这是一个变上限的定积分，对每一个 $x \in [a,b]$ 都有一个确定的值与之对应，因而它是一个定义在区间 $[a,b]$ 上的函数，称之为变上限积分或积分上限变量函数，记作 $\Phi(x)$，即

$$\Phi(x) = \int_a^x f(t)\mathrm{d}t, \quad x \in [a,b]$$

定理 5.1(原函数存在定理)　设 $f(x)$ 在区间 $[a,b]$ 上连续，则积分上限变量函数

$$\Phi(x) = \int_a^x f(t)\mathrm{d}t, \quad x \in [a,b]$$

为 $f(x)$ 在区间 $[a,b]$ 上的一个原函数，即有

$$\Phi'(x) = [\int_a^x f(t)\mathrm{d}t]' = f(x), \quad x \in [a,b]$$

证　给 x 以增量 Δx，则得函数 $\Phi(x)$ 的增量

$$\Delta\Phi(x) = \int_x^{x+\Delta x} f(t)\mathrm{d}t$$

应用积分中值定理，即有等式

$$\Delta\Phi(x) = f(\xi)\Delta x$$

这里，ξ 在 x 在 $x+\Delta x$ 之间. 上式两端除以 Δx，得

$$\frac{\Delta\Phi(x)}{\Delta x} = f(\xi)$$

由于假设 $f(x)$ 在 $[a,b]$ 上连续，而 $\Delta x \to 0$ 时，$\xi \to x$，因此

$$\lim_{\Delta x \to 0} \frac{\Delta\Phi(x)}{\Delta x} = \lim_{\xi \to x} f(\xi) = f(x)$$

即 $\Phi'(x) = f(x)$. 于是定理得证.

例 5-2　求 $\frac{\mathrm{d}}{\mathrm{d}x}\int_x^{-1} \cos^2 t\mathrm{d}t$.

解　因为

$$\int_x^{-1} \cos^2 t\mathrm{d}t = -\int_{-1}^x \cos^2 t\mathrm{d}t$$

所以

$$\frac{\mathrm{d}}{\mathrm{d}x}\int_x^{-1} \cos^2 t\mathrm{d}t = -\frac{\mathrm{d}}{\mathrm{d}x}\int_{-1}^x \cos^2 t\mathrm{d}t = -\cos^2 x$$

例 5-3　求$\frac{d}{dx}\int_{x}^{x^2}\sin t\,dt$.

解
$$\int_{x}^{x^2}\sin t\,dt=\int_{x}^{0}\sin t\,dt+\int_{0}^{x^2}\sin t\,dt=-\int_{0}^{x}\sin t\,dt+\int_{0}^{x^2}\sin t\,dt$$

将$\int_{0}^{x^2}\sin t\,dt$视为$g(u)=\int_{0}^{u}\sin t\,dt$与$u=x^2$的复合函数，则由公式与复合函数求导法则，有

$$\frac{d}{dx}\int_{0}^{x^2}\sin t\,dt=g'(u)\frac{du}{dx}=2x\sin u=2x\sin x^2$$

于是

$$\frac{d}{dx}\int_{x}^{x^2}\sin t\,dt=\frac{d}{dx}\left(-\int_{0}^{x}\sin t\,dt+\int_{0}^{x^2}\sin t\,dt\right)=2x\sin x^2-\sin x$$

一般地，有

$$\frac{d}{dx}\int_{a}^{\varphi(x)}f(t)\,dt=f[\varphi(x)]\varphi'(x)$$

定理 5.2（微积分基本定理）　设函数 $f(x)$ 在区间$[a,b]$上连续，$F(x)$ 是 $f(x)$ 的任何一个原函数，则

$$\int_{a}^{b}f(x)\,dx=F(b)-F(a)=F(x)\Big|_{a}^{b}$$

证　已知 $F(x)$ 是 $f(x)$ 的任何一个原函数，又由定理 5.1，知

$$\Phi(x)=\int_{a}^{x}f(t)\,dt \tag{5.1}$$

也是 $f(x)$ 的一个原函数，故与 $F(x)$ 最多相差一个常数，即

$$F(x)=\Phi(x)+c$$

将 $x=a$ 代入上式得

$$F(a)=\Phi(a)+c=\int_{a}^{a}f(t)\,dt+c=c$$

将 $x=b$ 代入上式得

$$F(b)=\Phi(b)+c=\int_{a}^{b}f(t)\,dt+c=\int_{a}^{b}f(t)\,dt+F(a)$$

移项得

$$\int_{a}^{b}f(t)\,dt=F(b)-F(a)$$

即

$$\int_{a}^{b}f(x)\,dx=F(b)-F(a)$$

公式(5.1)是微积分的基本公式，称为牛顿-莱布尼兹(Newton－Leibniz)公式，它提示了定积分与不定积分之间的关系：函数在$[a,b]$上的定积分值，等于被积函数的任一原函数在积分区间上的增量. 这一公式大大简化了定积分的计算，将计算定积分转化为求原函数的函数值之差，从而使得定积分在各学科中得以广泛的应用.

例 5-4　求$\int_{1}^{e}\frac{1}{x}dx$.

解
$$\int_{1}^{e}\frac{1}{x}dx=\ln x\Big|_{1}^{e}=\ln e-\ln 1=1$$

例 5-5 求$\int_{-2}^{2}|x|\mathrm{d}x$.

解 $$\int_{-2}^{2}|x|\mathrm{d}x=\int_{-2}^{0}(-x)\mathrm{d}x+\int_{0}^{2}x\mathrm{d}x=-\frac{x^2}{2}\bigg|_{-2}^{0}+\frac{x^2}{2}\bigg|_{0}^{2}=4$$

5.4 定积分的换元法与分部积分法

牛顿-莱布尼兹公式告诉我们,计算连续函数 $f(x)$ 的定积分$\int_a^b f(x)\mathrm{d}x$ 的有效、简便的方法是把它转化为求 $f(x)$ 的原函数在区间$[a,b]$上的增量,这说明连续函数的定积分计算与不定积分计算有着密切的联系.在不定积分的计算中有换元法与分部积分法,因此在一定的条件下,我们也可以在定积分的计算中应用换元法与分部积分法.

5.4.1 定积分的换元法

在引出定积分的换元法以前,先看一个例子.

例 5-6 求定积分$\int_0^a\sqrt{a^2-x^2}\mathrm{d}x$,其中 $a>0$.

解 设 $x=a\sin t$,取 $t=\arcsin\frac{x}{a}$,则 $\mathrm{d}x=a\cos t\mathrm{d}t$,所以

$$\int\sqrt{a^2-x^2}\mathrm{d}x=\int\sqrt{a^2-a^2\sin^2t}\,a\cos t\mathrm{d}t=a^2\int\cos^2t\mathrm{d}t=\frac{a^2}{2}\int(1+\cos2t)\mathrm{d}t$$
$$=\frac{a^2}{2}(t+\frac{\sin2t}{2})+c=\frac{a^2}{2}\arcsin\frac{x}{a}+\frac{x}{2}\sqrt{a^2-x^2}+c$$

于是

$$\int_0^a\sqrt{a^2-x^2}\mathrm{d}x=\left[\frac{a^2}{2}\arcsin\frac{x}{a}+\frac{x}{2}\sqrt{a^2-x^2}\right]\bigg|_0^a=\frac{\pi a^2}{4}$$

如果在换元的同时,我们将 x 的上、下限按 $t=\arcsin\frac{x}{a}$ 相应地换成 t 的上、下限,即当 $x=0$ 时 $t=0$,当 $x=a$ 时 $t=\frac{\pi}{2}$,则

$$\int_0^a\sqrt{a^2-x^2}\mathrm{d}x=a^2\int_0^{\frac{\pi}{2}}\cos^2t\mathrm{d}t=\frac{a^2}{2}\left[t+\frac{\sin2t}{2}\right]_0^{\frac{\pi}{2}}=\frac{\pi a^2}{4}$$

这样运算步骤得到了简化. 这种方法叫做定积分的换元法.

在什么条件下可以用换元法来计算定积分?关于这个问题,有下列定理.

定理 5.3 假设 $f(x)$ 在区间$[a,b]$上连续,函数 $x=\varphi(t)$ 在区间$[\alpha,\beta]$(或$[\beta,\alpha]$)上有连续导数,且有反函数 $t=\varphi^{-1}(x)$,其中 $\alpha=\varphi^{-1}(a)$,$\beta=\varphi^{-1}(b)$,当 t 从α 变到β 时,$\varphi(t)$ 从$\varphi(\alpha)=a$ 单调地变到 $\varphi(\beta)=b$,则

$$\int_a^b f(x)\mathrm{d}x=\int_\alpha^\beta f[\varphi(t)]\varphi'(t)\mathrm{d}t \tag{5.2}$$

证 设$\int f(x)\mathrm{d}x=F(x)+c$,则由不定积分的换元公式有

$$\int f[\varphi(t)]\varphi'(t)\mathrm{d}t=F[\varphi(t)]+c$$

于是

$$\int_{\alpha}^{\beta} f[\varphi(t)]\varphi'(t)\mathrm{d}t = F[\varphi(t)]\Big|_{\alpha}^{\beta} = F[\varphi(\beta)] - F[\varphi(\alpha)]$$

$$= F(b) - F(a) = \int_{a}^{b} f(x)\mathrm{d}x$$

公式(5.2) 称为定积分换元公式. 注意在使用该公式时，在原变量换为新的变量同时，积分上下限也要换成新变量相应的上下限，这样不必要代回原来的变量，即换元必换量，不必再还原.

例 5-7　求 $\int_{0}^{4} \frac{1}{1+\sqrt{x}}\mathrm{d}x$.

解　设 $\sqrt{x} = t$，则 $x = t^2$，$\mathrm{d}x = 2t\mathrm{d}t$. 当 $x = 0$ 时 $t = 0$，当 $x = 4$ 时 $t = 2$，于是

$$\int_{0}^{4} \frac{1}{1+\sqrt{x}}\mathrm{d}x = \int_{0}^{2} \frac{2t\mathrm{d}t}{1+t} = 2\int_{0}^{2}\left(1 - \frac{1}{1+t}\right)\mathrm{d}t = 2[t - \ln(1+t)]\Big|_{0}^{2} = 4 - 2\ln 3$$

例 5-8　证明：(1) 若 $f(x)$ 为偶函数，则

$$\int_{-a}^{a} f(x)\mathrm{d}x = 2\int_{0}^{a} f(x)\mathrm{d}x$$

(2) 若 $f(x)$ 为奇函数，则

$$\int_{-a}^{a} f(x)\mathrm{d}x = 0$$

证　因为

$$\int_{-a}^{a} f(x)\mathrm{d}x = \int_{-a}^{0} f(x)\mathrm{d}x + \int_{0}^{a} f(x)\mathrm{d}x$$

令 $x = -t$，则有

$$\int_{-a}^{0} f(x)\mathrm{d}x = \int_{a}^{0} f(-t)(-1)\mathrm{d}t = \int_{0}^{a} f(-t)\mathrm{d}t$$

$$\int_{-a}^{a} f(x)\mathrm{d}x = \int_{0}^{a} f(-x)\mathrm{d}x + \int_{0}^{a} f(x)\mathrm{d}x = \int_{0}^{a} [f(-x) + f(x)]\mathrm{d}x$$

所以(1) 当 $f(x)$ 为偶函数，即 $f(-x) = f(x)$ 时

$$\int_{-a}^{a} f(x)\mathrm{d}x = 2\int_{0}^{a} f(x)\mathrm{d}x$$

(2) 当 $f(x)$ 为奇函数，即 $f(-x) = -f(x)$ 时

$$\int_{-a}^{a} f(x)\mathrm{d}x = \int_{0}^{a} 0\mathrm{d}x = 0$$

5.4.2　定积分的分部积分法

定理 5.4　设函数 $u(x)$ 和 $v(x)$ 均在区间 $[a,b]$ 上具有连续导数，则有定积分分部积分公式

$$\int_{a}^{b} u\mathrm{d}v = (uv)\Big|_{a}^{b} - \int_{a}^{b} v\mathrm{d}u$$

证　由 $(uv)' = u'v + uv'$ 可得

$$uv' = (uv)' - u'v$$

两边取定积分，有

$$\int_a^b uv'\mathrm{d}x = \int_a^b [(uv)' - u'v]\mathrm{d}x = \int_a^b (uv)'\mathrm{d}x - \int_a^b vu'\mathrm{d}x$$

即

$$\int_a^b u\mathrm{d}v = uv\Big|_a^b - \int_a^b v\mathrm{d}u$$

例 5-9 求$\int_0^\pi x\cos x\mathrm{d}x$.

解 $\int_0^\pi x\cos x\mathrm{d}x = \int_0^\pi x\mathrm{d}\sin x = x\sin x\Big|_0^\pi - \int_0^\pi \sin x\mathrm{d}x = \cos x\Big|_0^\pi = -2$

例 5-10 求$\int_0^1 \ln(1+x^2)\mathrm{d}x$.

解 $\int_0^1 \ln(1+x^2)\mathrm{d}x = x\ln(1+x^2)\Big|_0^1 - \int_0^1 x\frac{2x}{1+x^2}\mathrm{d}x = \ln 2 - 2\int_0^1 \frac{x^2}{1+x^2}\mathrm{d}x$

$$= \ln 2 - 2\int_0^1 \left(1 - \frac{1}{1+x^2}\right)\mathrm{d}x = \ln 2 - 2(x - \arctan x)\Big|_0^1$$

$$= \ln 2 - 2 + \frac{\pi}{2}$$

例 5-11 求$\int_0^4 \mathrm{e}^{\sqrt{x}}\mathrm{d}x$.

解 令$\sqrt{x} = t$,则 $x = t^2$,$\mathrm{d}x = 2t\mathrm{d}t$. 当 $x = 4$ 时 $t = 2$,当 $x = 0$ 时 $t = 0$,所以

$$\int_0^4 \mathrm{e}^{\sqrt{x}}\mathrm{d}x = 2\int_0^2 \mathrm{e}^t t\mathrm{d}t = 2\int_0^2 t\mathrm{d}\mathrm{e}^t = 2t\mathrm{e}^t\Big|_0^2 - 2\int_0^2 \mathrm{e}^t\mathrm{d}t = 4\mathrm{e}^2 - 2\mathrm{e}^t\Big|_0^2 = 2\mathrm{e}^2 + 2$$

5.5 广义积分

在前面讨论定积分时,积分区间是有限区间$[a,b]$,被积函数 $f(x)$ 在积分区间上必须有界.但在有些实际问题中,我们还会碰到积分区间是无穷区间的积分及无界函数的积分,这两类积分统称为广义积分.

5.5.1 无穷积分

定义 5.2 设函数 $f(x)$ 在区间$[a,+\infty)$ 上连续,取 $b > a$,若极限 $\lim\limits_{b\to+\infty}\int_a^b f(x)\mathrm{d}x$ 存在,则称此极限值为函数 $f(x)$ 在区间$[a,+\infty)$ 上的广义积分,记作$\int_a^{+\infty} f(x)\mathrm{d}x$,即

$$\int_a^{+\infty} f(x)\mathrm{d}x = \lim_{b\to+\infty}\int_a^b f(x)\mathrm{d}x$$

此时也称广义积分$\int_a^{+\infty} f(x)\mathrm{d}x$ 收敛;若上述极限不存在,则称广义积分$\int_a^{+\infty} f(x)\mathrm{d}x$ 发散.

类似地,可定义在区间$(-\infty,b]$ 和$(-\infty,+\infty)$ 上的广义积分如下:

$$\int_{-\infty}^b f(x)\mathrm{d}x = \lim_{a\to-\infty}\int_a^b f(x)\mathrm{d}x$$

$$\int_{-\infty}^{+\infty} f(x)\mathrm{d}x = \int_{-\infty}^c f(x)\mathrm{d}x + \int_c^{+\infty} f(x)\mathrm{d}x \quad (c\text{ 为任意常数})$$

当且仅当等号右边的两个广义积分都收敛时,广义积分$\int_{-\infty}^{+\infty} f(x)\mathrm{d}x$ 收敛.

例 5-12　求$\int_0^{+\infty} \mathrm{e}^{-x}\mathrm{d}x$.

解　$\int_0^{+\infty} \mathrm{e}^{-x}\mathrm{d}x = \lim\limits_{b\to+\infty}\int_0^b \mathrm{e}^{-x}\mathrm{d}x = \lim\limits_{b\to+\infty}(-\mathrm{e}^{-x})\Big|_0^b = \lim\limits_{b\to+\infty}(1-\mathrm{e}^{-b}) = 1$

广义积分$\int_a^{+\infty} f(x)\mathrm{d}x = \lim\limits_{b\to+\infty}\int_a^b f(x)\mathrm{d}x = \lim\limits_{b\to+\infty} F(x)\Big|_a^b$,其中 $F(x)$ 为 $f(x)$ 在$[a,+\infty)$上的一个原函数. 为方便起见,在广义积分收敛时,也将 $\lim\limits_{b\to+\infty} F(x)\Big|_a^b$ 记作 $F(x)\Big|_a^{+\infty}$,即

$$\int_a^{+\infty} f(x)\mathrm{d}x = F(x)\Big|_a^{+\infty} = \lim_{x\to+\infty} F(x) - F(a)$$

同理,当广义积分收敛时,有

$$\int_{-\infty}^{b} f(x)\mathrm{d}x = F(x)\Big|_{-\infty}^{b} = F(b) - \lim_{x\to-\infty} F(x)$$

$$\int_{-\infty}^{+\infty} f(x)\mathrm{d}x = F(x)\Big|_{-\infty}^{+\infty} = \lim_{x\to+\infty} F(x) - \lim_{x\to-\infty} F(x)$$

例 5-13　求$\int_{-\infty}^{0} x\mathrm{e}^{-x^2}\mathrm{d}x$.

解　$\int_{-\infty}^{0} x\mathrm{e}^{-x^2}\mathrm{d}x = -\frac{1}{2}\int_{-\infty}^{0}\mathrm{e}^{-x^2}\mathrm{d}(-x^2) = -\frac{1}{2}\mathrm{e}^{-x^2}\Big|_{-\infty}^{0} = -\frac{1}{2} + \frac{1}{2}\lim\limits_{x\to-\infty}\mathrm{e}^{-x^2} = -\frac{1}{2}$

例 5-14　讨论广义积分$\int_1^{+\infty}\ln x\mathrm{d}x$ 的敛散性.

解　因为

$$\begin{aligned}\int_1^{+\infty}\ln x\mathrm{d}x &= \lim_{b\to+\infty}\int_1^b \ln x\mathrm{d}x = \lim_{b\to+\infty}\left(x\ln x\Big|_1^b - \int_1^b x\cdot\frac{1}{x}\mathrm{d}x\right)\\ &= \lim_{b\to+\infty}[b(\ln b-1)+1] = \infty\end{aligned}$$

所以该广义积分是发散的.

例 5-15　讨论广义积分$\int_1^{+\infty}\frac{1}{x^p}\mathrm{d}x$ 的敛散性.

解　当 $p=1$ 时

$$\int_1^{+\infty}\frac{\mathrm{d}x}{x} = \lim_{b\to+\infty}\int_1^b\frac{\mathrm{d}x}{x} = \lim_{b\to+\infty}(\ln b - \ln 1) = \infty$$

当 $p\neq 1$ 时

$$\int_1^{+\infty}\frac{1}{x^p}\mathrm{d}x = \lim_{b\to+\infty}\int_1^b\frac{1}{x^p}\mathrm{d}x = \lim_{b\to+\infty}\frac{x^{1-p}}{1-p}\Big|_1^b = \begin{cases}+\infty, & p<1;\\ \dfrac{1}{p-1}, & p>1\end{cases}$$

所以广义积分$\int_1^{+\infty}\frac{1}{x^p}\mathrm{d}x$ 当 $p>1$ 时收敛,当 $p\leqslant 1$ 时发散.

5.5.2　无界函数的积分(瑕积分)

定义 5.3　设函数 $f(x)$ 在区间$(a,b]$上连续,且$\lim\limits_{x\to a^+} f(x) = \infty$,若极限

$$\lim_{\varepsilon\to 0^+}\int_{a+\varepsilon}^{b} f(x)\mathrm{d}x$$

存在，则称此极限值为函数 $f(x)$ 在 $[a,b]$ 上的广义积分，记作 $\int_a^b f(x)\mathrm{d}x$，即

$$\int_a^b f(x)\mathrm{d}x=\lim_{\varepsilon\to0^+}\int_{a+\varepsilon}^b f(x)\mathrm{d}x$$

此时也称广义积分 $\int_a^b f(x)\mathrm{d}x$ 收敛；若上述极限不存在，则称广义积分 $\int_a^b f(x)\mathrm{d}x$ 发散，a 称为无界函数的瑕点.

类似地，函数在 $[a,b)$ 上连续，$\lim\limits_{x\to b^-}f(x)=\infty$，若极限

$$\lim_{\varepsilon\to0^+}\int_a^{b-\varepsilon} f(x)\mathrm{d}x$$

存在，则定义

$$\int_a^b f(x)\mathrm{d}x=\lim_{\varepsilon\to0^+}\int_a^{b-\varepsilon} f(x)\mathrm{d}x$$

此时称广义积分 $\int_a^b f(x)\mathrm{d}x$ 收敛；否则，称广义积分 $\int_a^b f(x)\mathrm{d}x$ 发散，这时 b 为 $f(x)$ 的瑕点.

若函数 $f(x)$ 在 $[a,b]$ 上除点 $c(a<c<b)$ 外连续，而 $\lim\limits_{x\to c}f(x)=\infty$，即 c 为 $f(x)$ 的瑕点，则广义积分

$$\int_a^b f(x)\mathrm{d}x=\int_a^c f(x)\mathrm{d}x+\int_c^b f(x)\mathrm{d}x$$

当且仅当等号右端两个广义积分都收敛时，广义积分 $\int_a^b f(x)\mathrm{d}x$ 收敛.

例 5－16 求 $\int_0^1 \frac{1}{\sqrt{x}}\mathrm{d}x$.

解 $$\int_0^1 \frac{1}{\sqrt{x}}\mathrm{d}x=\lim_{\varepsilon\to0^+}\int_\varepsilon^1 \frac{1}{\sqrt{x}}\mathrm{d}x=\lim_{\varepsilon\to0^+}2\sqrt{x}\Big|_\varepsilon^1=\lim_{\varepsilon\to0^+}(2-2\sqrt{\varepsilon})=2$$

例 5－17 求 $\int_0^1 \frac{\mathrm{d}x}{\sqrt{1-x^2}}$.

解 $$\int_0^1 \frac{1}{\sqrt{1-x^2}}\mathrm{d}x=\lim_{\varepsilon\to0^+}\int_0^{1-\varepsilon} \frac{1}{\sqrt{1-x^2}}\mathrm{d}x=\lim_{\varepsilon\to0^+}\arcsin x\Big|_0^{1-\varepsilon}=\lim_{\varepsilon\to0^+}\arcsin(1-\varepsilon)=\frac{\pi}{2}$$

例 5－18 讨论广义积分 $\int_{-1}^1 \frac{1}{x^2}\mathrm{d}x$ 的敛散性.

解 因为 $\lim\limits_{x\to0}\frac{1}{x^2}=\infty$，故 $x=0$ 为瑕点，所以

$$\int_{-1}^1 \frac{1}{x^2}\mathrm{d}x=\int_{-1}^0 \frac{1}{x^2}\mathrm{d}x+\int_0^1 \frac{1}{x^2}\mathrm{d}x$$

先讨论广义积分 $\int_0^1 \frac{1}{x^2}\mathrm{d}x$ 的敛散性，有

$$\int_0^1 \frac{1}{x^2}\mathrm{d}x=\lim_{\varepsilon\to0^+}\int_\varepsilon^1 \frac{1}{x^2}\mathrm{d}x=\lim_{\varepsilon\to0^+}\left(-\frac{1}{x}\right)\Big|_\varepsilon^1=\lim_{\varepsilon\to0^+}\left(\frac{1}{\varepsilon}-1\right)=\infty$$

即广义积分 $\int_0^1 \frac{1}{x^2}\mathrm{d}x$ 发散，从而广义积分 $\int_{-1}^1 \frac{1}{x^2}\mathrm{d}x$ 发散.

5.6　定积分的应用

5.6.1　定积分的微元法

前面学习了定积分的概念和计算，这一节学习定积分的应用.

首先，回顾一下曲边梯形面积的求法. 由于曲边梯形“高”是变化的，我们 ① 先分割整体量为部分量；② 在局部范围内求部分量时，用小矩形面积代替小曲边梯形面积；③ 将部分量的近似值相加得总体量的近似值；④ 再通过取极限使整体量的近似值转化为精确值. 这种求曲边梯形面积的思想也就是利用定积分求解实际问题的基本思想.

一般地，对于一个要求量 U，若它与变量 x 的变化区间 $[a,b]$ 相关，且把区间 $[a,b]$ 分成许多部分区间时，要求量 U 相应地被分成许多部分量，而要求量 U 又等于所有这些部分量之和，则称要求量 U 对于区间 $[a,b]$ 具有可加性. 当要求量 U 对于区间 $[a,b]$ 具有可加性时，如果区间 $[a,b]$ 内的小区间 $[x,x+\mathrm{d}x]$ 上相应的部分量 ΔU 可近似表示为 $f(x)\mathrm{d}x$，ΔU 与 $f(x)\mathrm{d}x$ 之差是 $\mathrm{d}x$ 的高阶无穷小，则求 U 可简化为以下两步.

第一步：分割区间 $[a,b]$，取其中一小区间 $[x,x+\mathrm{d}x]$，x 是 $[a,b]$ 中任意一点，求 U 在 $[x,x+\mathrm{d}x]$ 上对应部分量 ΔU 的近似值，即

$$\Delta U \approx f(x)\mathrm{d}x$$

$f(x)\mathrm{d}x$ 称为要求量 U 的微分，记作 $\mathrm{d}U$.

第二步：以微分 $\mathrm{d}U=f(x)\mathrm{d}x$ 为被积表达式，求其在区间 $[a,b]$ 上的定积分，因为定积分是所有微元在区间上的无限积累，所以该积分即为要求量 U，即

$$U=\int_a^b f(x)\mathrm{d}x$$

这种通过建立部分量的微元来解决问题的方法称为定积分的微元法或元素法.

5.6.2　定积分在几何上的应用

1. 平面图形的面积

设有连续函数 $f(x)$，$g(x)$，满足

$$g(x)\leqslant f(x),\quad x\in[a,b]$$

求曲线 $y=f(x)$，$y=g(x)$ 及直线 $x=a$，$x=b$ 所围成的图形面积(见图 5-2).

第一步：分割区间，取其中任一小区间 $[x,x+\mathrm{d}x]$，对应于小区间 $[x,x+\mathrm{d}x]$ 的面积 Δs 可用小矩形面积近似，该小矩形以 $[f(x)-g(x)]$ 为高，以 $\mathrm{d}x$ 为底，于是微元

$$\mathrm{d}s=[f(x)-g(x)]\mathrm{d}x$$

第二步：以微元 $\mathrm{d}s=[f(x)-g(x)]\mathrm{d}x$ 为被积表达式，在区间 $[a,b]$ 上的定积分即为面积 S，即

$$S=\int_a^b[f(x)-g(x)]\mathrm{d}x$$

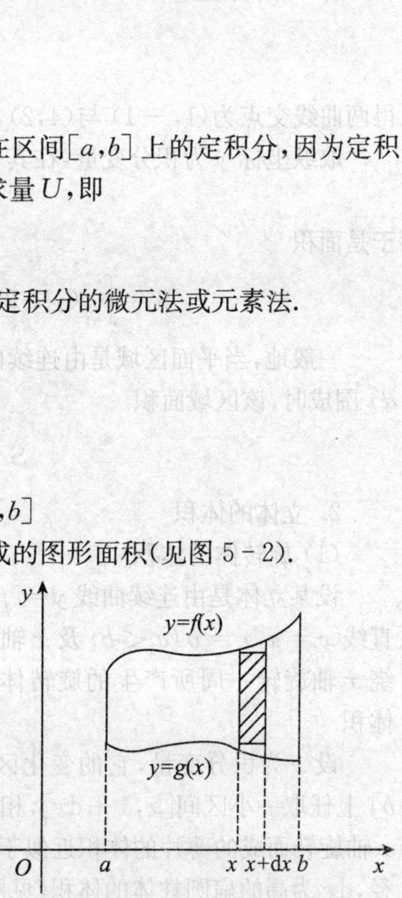

图 5-2

例 5-19 求由曲线 $y=\sqrt{x}$ 与 $y=\sin x$ 及 $x=\pi$ 所围成的图形面积(见图 5-3).

解 因为 $x>0,\sqrt{x}>\sin x$,所以微元

$$ds=(\sqrt{x}-\sin x)dx$$

面积

$$S=\int_0^{\pi}(\sqrt{x}-\sin x)dx=\left(\frac{2}{3}x^{\frac{3}{2}}+\cos x\right)\bigg|_0^{\pi}=\frac{2\pi\sqrt{\pi}}{3}-2$$

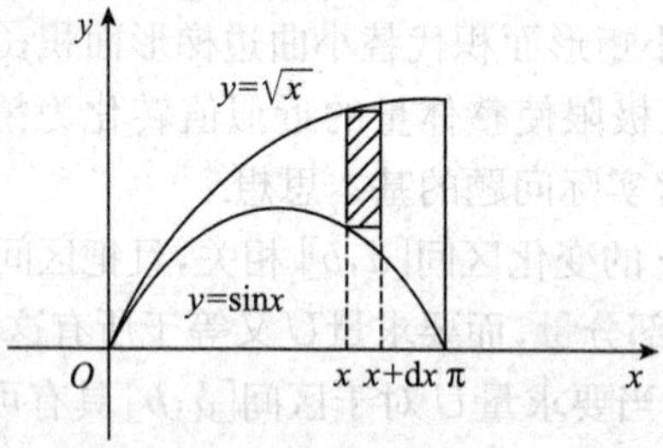

图 5-3

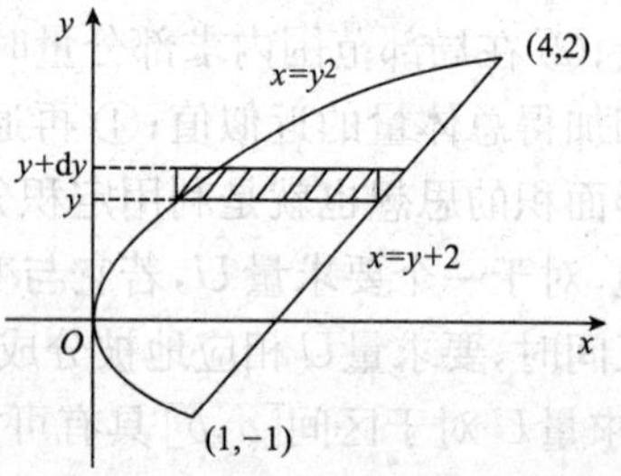

图 5-4

例 5-20 求由曲线 $x=y^2$ 与 $x=y+2$ 所围成的图形面积(见图 5-4).

解 解方程组

$$\begin{cases}x=y^2\\x=y+2\end{cases}$$

得两曲线交点为(1,-1)与(4,2),从而知道图形位于 $y=-1$ 与 $y=2$ 之间.

取纵坐标 y 为积分变量,在其变化区间$[-1,2]$内任取一小区间$[y,y+dy]$,得微元

$$ds=(y+2-y^2)dy$$

于是面积

$$S=\int_{-1}^{2}(y+2-y^2)dy=\left(\frac{y^2}{2}+2y-\frac{y^3}{3}\right)\bigg|_{-1}^{2}=\frac{9}{2}$$

一般地,当平面区域是由连续曲线 $x=\varphi(y),x=\psi(y)$ 及直线 $y=c,y=d$(其中 $c<d$)围成时,该区域面积

$$S=\int_c^d|\varphi(y)-\psi(y)|dy$$

2. 立体的体积

(1) 旋转体的体积

设某立体是由连续曲线 $y=f(x)(f(x)\geqslant 0)$ 和直线 $x=a,x=b\,(a<b)$ 及 x 轴所围成的平面图形绕 x 轴旋转一周所产生的旋转体,求这个旋转体的体积.

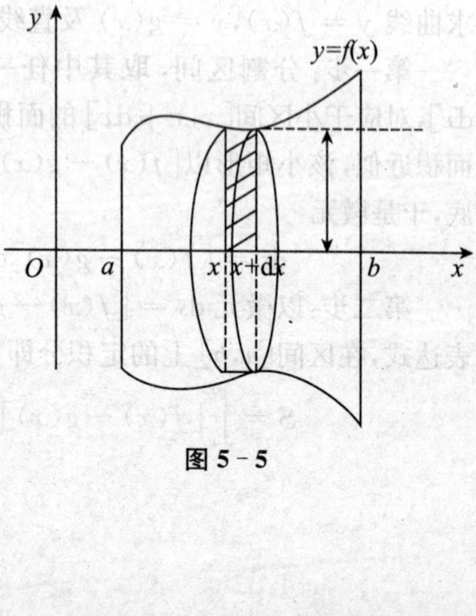

图 5-5

设 x 为积分变量,它的变化区间为$[a,b]$,在$[a,b]$上任取一小区间$[x,x+dx]$,相应的窄曲边梯形绕 x 轴旋转而成的薄片的体积近似于以 $|f(x)|$ 为底半径,dx 为高的扁圆柱体的体积(见图 5-5),从而得到体积元素

$$dv = \pi[f(x)]^2 dx$$

以 $\pi[f(x)]^2 dx$ 为被积表达式，在闭区间 $[a,b]$ 上作定积分，便得到所求旋转体的体积

$$V = \int_a^b \pi[f(x)]^2 dx$$

例 5－21　计算由椭圆 $\frac{x^2}{a^2}+\frac{y^2}{b^2}=1$ 围成的图形绕 x 轴旋转一周所成的旋转体（称为旋转椭球体）的体积.

解　这个旋转椭圆球体可以看作是由上半椭圆 $y=\frac{b}{a}\sqrt{a^2-x^2}$ 与 x 轴围成的图形绕 x 轴旋转一周而成的立体，所以它的体积

$$V=\int_{-a}^{a}\pi\left[\frac{b}{a}\sqrt{a^2-x^2}\right]^2 dx=\frac{\pi b^2}{a^2}\int_{-a}^{a}(a^2-x^2)dx$$

$$=\frac{\pi b^2}{a^2}\left(a^2x-\frac{1}{3}x^3\right)\Big|_{-a}^{a}=\frac{4}{3}\pi ab^2$$

当 $a=b$ 时，旋转椭球体就成为半径为 a 的球体，它的体积为 $\frac{4}{3}\pi a^3$.

用类似的方法可以推出由曲边梯形 $0\leqslant x\leqslant\varphi(y), c\leqslant y\leqslant d$ 绕 y 轴旋转一周所成的旋转体的体积为

$$V=\int_c^d \pi[\varphi(y)]^2 dy$$

(2) 平行截面面积为已知的立体的体积

如果一个立体不是旋转体，但却知道该立体上垂直于一定轴的各个截面的面积，那么这个立体的体积也可以用定积分来计算.

如图 5－6 所示，取一定轴为 x 轴，并设该立体在过点 $x=a$，$x=b$ 且垂直于 x 轴的两个平面之间，以 $S(x)$ 表示过点 x 且垂直于 x 轴的截面面积，并假定 $S(x)$ 在 $[a,b]$ 上连续，这时取 x 为积分变量，它的变化区间为 $[a,b]$，立体中相应于 $[a,b]$ 上的任一小区间 $[x,x+dx]$ 的一薄片的体积近似于底面积为 $S(x)$，高为 dx 的扁柱体的体积，从而得体积元素

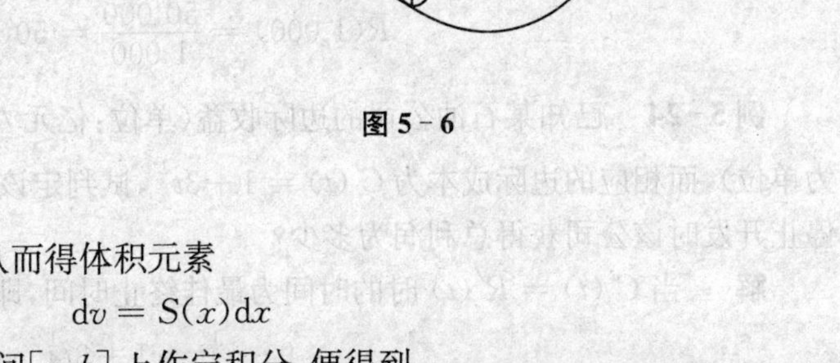

图 5－6

$$dv=S(x)dx$$

以 $S(x)dx$ 为被积表达式，在闭区间 $[a,b]$ 上作定积分，便得到

$$V=\int_a^b S(x)dx$$

例 5－22　一平面经过半径为 R 的圆柱体的底圆中心，并与底圆交成角 α（见图 5－7），计算这平面截圆柱体所得立体的体积.

解　取这平面与圆柱体的底面交线为 x 轴，底面上过圆中心，且垂直于 x 轴的直线为 y

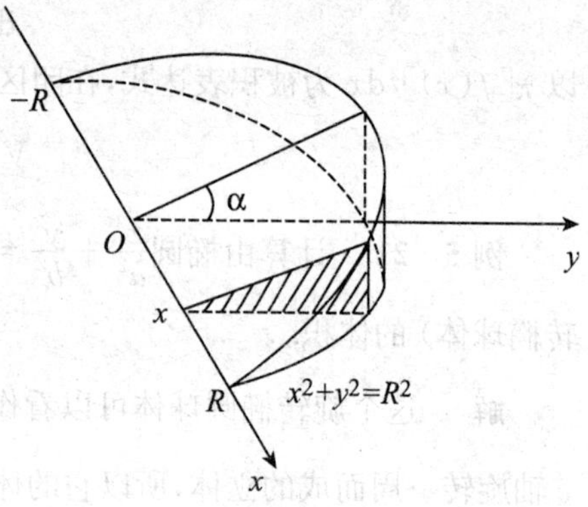

图 5-7

轴，那么，底圆的方程为 $x^2+y^2=R^2$. 立体中过点 x 且垂直于 x 轴的截面是一个直角三角形，它的两条直角边的长度分别为 y 及 $y\tan\alpha$，即 $\sqrt{R^2-x^2}$ 及 $\sqrt{R^2-x^2}\tan\alpha$，因而截面面积为

$$S(x)=\frac{1}{2}(R^2-x^2)\tan\alpha$$

于是所求立体的体积为

$$V=\int_{-R}^{R}\frac{1}{2}(R^2-x^2)\tan\alpha\mathrm{d}x$$

$$=\frac{1}{2}\tan\alpha\left(R^2x-\frac{1}{3}x^3\right)\Big|_{-R}^{R}$$

$$=\frac{2}{3}R^3\tan\alpha$$

5.6.3 定积分在经济方面应用

例 5-23 已知生产某种产品 x 单位时的总收入变化率 $r(x)=(100-\frac{x}{10})$ 元/单位，生产 1 000 个这种产品时的总收入及平均单位收入各是多少？

解 因为总收入是其边际收入的原函数，所以生产 x 单位时的总收入为

$$R(x)=\int_0^x\left(100-\frac{t}{10}\right)\mathrm{d}t=100x-\frac{x^2}{20}$$

由于总收入 $R(x)$ 等于平均单位收入 $\bar{R}$ 与产量 x 乘积，故有 $R(x)=\bar{R}x$，即平均单位收入为

$$\bar{R}=\frac{R(x)}{x}=100-\frac{x}{20}$$

所以当生产 1 000 个单位时，总收入为

$$R(1\,000)=100\times1\,000-\frac{1\,000^2}{20}=50\,000(\text{元})$$

平均单位收入为

$$\bar{R}(1\,000)=\frac{50\,000}{1\,000}=50(\text{元})$$

例 5-24 已知某石油公司的边际收益(单位:亿元/年)为 $R'(t)=9-t^{\frac{1}{3}}$(时间 t 以年为单位)，而相应的边际成本为 $C'(t)=1+3t^{\frac{1}{3}}$，试判定该石油公司应连续开发多少年，并问停止开发时该公司获得总利润为多少？

解 当 $C'(t)=R'(t)$ 时的时间为最佳终止时间，即

$$9-t^{\frac{1}{3}}=1+3t^{\frac{1}{3}}$$

$$8=4t^{\frac{1}{3}}$$

求得 $t=8$，也就是说应连续开发 8 年.

在 $t=8$ 时，总利润为

$$L(t)=\int_0^8[R'(t)-C'(t)]\mathrm{d}t=\int_0^8(9-t^{\frac{1}{3}}-1-3t^{\frac{1}{3}})\mathrm{d}t=16(\text{亿元})$$

注：本题在解题过程中略去了 $t=0$ 时成本函数中的固定成本，因此，在最后分析问题时，总利润还应减去固定成本数.

习题 5

1. 不计算定积分，比较下列各对定积分的大小：

(1) $\int_0^1 x^2\mathrm{d}x$ 与 $\int_0^1 x^3\mathrm{d}x$；

(2) $\int_3^4 \ln x\mathrm{d}x$ 与 $\int_3^4 \ln^2 x\mathrm{d}x$；

(3) $\int_0^1 x\mathrm{d}x$ 与 $\int_0^1 \ln(1+x)\mathrm{d}x$；

(4) $\int_0^1 \mathrm{e}^x\mathrm{d}x$ 与 $\int_0^1 (1+x)\mathrm{d}x$.

2. 估计下列各积分的值：

(1) $\int_1^4 (x^2+1)\mathrm{d}x$；　　(2) $\int_0^2 \mathrm{e}^{x^2-x}\mathrm{d}x$.

3. 求下列各函数的导数：

(1) $y=\int_0^x \mathrm{e}^{t^2-t}\mathrm{d}t$；　　(2) $y=\int_0^{\sqrt{x}} \cos(t^2+1)\mathrm{d}t$；

(3) $y=\int_0^x \frac{1}{\sqrt{1+t}}\mathrm{d}t$；　　(4) $y=\int_{2x}^{x^2} \sqrt{1+t^2}\,\mathrm{d}t$.

4. 求下列极限：

(1) $\lim\limits_{x\to 0}\frac{\int_0^x \sin t^2\mathrm{d}t}{x^3}$；　　(2) $\lim\limits_{x\to 1}\frac{\int_1^x \mathrm{e}^{t^2}\mathrm{d}t}{\ln x}$；

(3) $\lim\limits_{x\to 0}\frac{\int_x^0 \ln(1+t)\mathrm{d}t}{x^2}$；　　(4) $\lim\limits_{x\to 0^+}\frac{\int_0^x t^{\frac{3}{2}}\mathrm{d}t}{\int_0^x t(t-\sin t)\mathrm{d}t}$.

5. 计算下列定积分：

(1) $\int_1^{\sqrt{3}} \frac{1}{1+x^2}\mathrm{d}x$；　　(2) $\int_1^2 \left(x+\frac{1}{x}\right)\mathrm{d}x$；

(3) $\int_{-2}^2 |x^2-1|\,\mathrm{d}x$；　　(4) $\int_0^{\pi} \sqrt{1-\sin^2 x}\mathrm{d}x$.

6. 用换元法计算下列定积分：

(1) $\int_0^{\ln 2} \sqrt{\mathrm{e}^x-1}\mathrm{d}x$；　　(2) $\int_0^1 \frac{x^2}{1+x^3}\mathrm{d}x$；

(3) $\int_1^2 \frac{1}{x^2}\mathrm{e}^{\frac{1}{x}}\mathrm{d}x$；　　(4) $\int_0^1 \frac{x}{1+\sqrt{x}}\mathrm{d}x$；

(5) $\int_0^1 \frac{x}{(1+x^2)^{\frac{3}{2}}}\mathrm{d}x$；　　(6) $\int_{\frac{\sqrt{2}}{2}}^1 \frac{\sqrt{1-x^2}}{x^2}\mathrm{d}x$；

(7) $\int_1^e \frac{x^2+\ln^2 x}{x}dx$； (8) $\int_1^{\sqrt{2}} \frac{\sqrt{x^2-1}}{x}dx$.

7. 用分部积分法计算下列定积分：

(1) $\int_0^1 xe^{-x}dx$； (2) $\int_1^e \ln x dx$；

(3) $\int_0^1 x\tan^2 x dx$； (4) $\int_0^{\frac{\pi}{4}} e^x\cos x dx$；

(5) $\int_0^1 e^{\sqrt{1-x}}dx$； (6) $\int_0^{\sqrt{3}} \ln(x+\sqrt{1+x^2})dx$.

8. 求下列广义积分：

(1) $\int_1^{+\infty} \frac{1}{x^2}dx$； (2) $\int_0^{+\infty} e^{-2x}dx$；

(3) $\int_1^{+\infty} xe^{-x}dx$； (4) $\int_1^e \frac{1}{x\sqrt{1-\ln^2 x}}dx$；

(5) $\int_{-1}^1 \frac{1}{\sqrt{1-x^2}}dx$； (6) $\int_0^1 \frac{1}{\sqrt{x}}dx$.

9. 求下列平面图形的面积：

(1) D 由曲线 $y=4-x^2$ 与直线 $x=1, x=-1$ 及 x 轴围成；

(2) D 由曲线 $y=\ln x$ 与直线 $y=0, x=e$ 围成；

(3) D 由曲线 $x=2y^2$ 与直线 $x+y=1$ 围成.

10. 求下列平面区域 D 分别绕 x 轴与 y 轴旋转而成的旋转体的体积.

(1) D 由曲线 $y=\ln x$，直线 $x=e$ 及 x 轴围成；

(2) D 为圆 $x^2+y^2=1$ 与抛物线 $y^2=\frac{3}{2}x$ 所围成的两个图形中较小的一个.

11. 某产品的边际成本 $C'(x)=2x-20$，固定成本为 0，边际收益 $R'(x)=4x-200$.

(1) 求最大利润；

(2) 在最大利润时又生产产品 310 个单位，问利润减少了多少？

第 6 章　多元函数微分学

前面，我们已学习了一元函数的微分和积分，在本章和下一章，我们将要学习多元函数的微分和积分. 首先，我们介绍一些空间解析几何的基本概念.

6.1　空间解析几何简介

1. 空间直角坐标系

在平面解析几何中，我们在平面上用两条互相垂直且交于 O 点的数轴构成平面直角坐标系，以便确定平面上点的坐标. 为了确定空间任一点的坐标，我们也必须先建立空间坐标系. 空间坐标系的建立有很多种方法，任意三条交于 O 点且不共面的数轴均是一个完整的坐标系，在这里，我们学习比较简单的直角坐标系.

空间直角坐标系是由三条交于 O 点且两两垂直的数轴所组成，三条数轴分别称为 Ox，Oy 和 Oz，以右手法则确定其方向，即伸出右手，大拇指朝上为 Oz 的正方向，其余四指所指方向为 Ox 正方向，握紧拳头转 90° 后四指所指方向为 Oy 正方向(如图 6－1 所示).

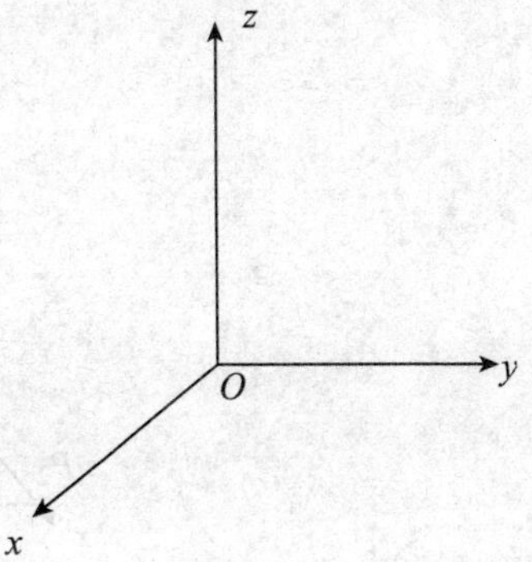

图 6－1

点 O 称为坐标原点，三条数轴 Ox，Oy，Oz 分别称为 x 轴、y 轴和 z 轴，统称坐标轴，x 轴也称横轴，y 轴也称纵轴，而 z 轴称为竖轴. 每两条数轴确定一个平面，称为坐标平面，简称坐标面. 由 x 轴和 y 轴所确定的坐标平面为 xOy 平面，由 y 轴和 z 轴所确定的平面称为 yOz 平面，由 x 轴和 z 轴所确定的平面称为 xOz 平面，一般情况下如图 6－1 放置. 三个坐标面将空间分隔成 8 个部分，分别称为 8 个卦限，具体分配是以 xOy 为界，上方分别是 Ⅰ，Ⅱ，Ⅲ，Ⅳ 卦限，下方是 Ⅴ，Ⅵ，Ⅶ，Ⅷ 卦限，x，y，z 的正负取值如下所示：

	Ⅰ	Ⅱ	Ⅲ	Ⅳ	Ⅴ	Ⅵ	Ⅶ	Ⅷ
x	+	−	−	+	+	−	−	+
y	+	+	−	−	+	+	−	−
z	+	+	+	+	−	−	−	−

2. 空间点的坐标

已知空间点 P，过 P 分别作 x 轴、y 轴和 z 轴的垂直平面分别交 x 轴、y 轴和 z 轴于 A 点、B 点、C 点(如图 6－2 所示). $OA = a$，$OB = b$，$OC = c$，则 P 点就唯一确定一个三元有序数

组(a,b,c). 反之,任意一组数(x,y,z),在x轴上取刻度x的点P,在y轴上取刻度y的点Q,在z轴上取刻度z的点R,过P,Q,R分别作垂直于x轴、y轴、z轴的平面,三个平面交于一点M,则数组(x,y,z)就唯一地确定了空间的一个点M. 如此,空间任一点M与一个三元有序数组(x,y,z)之间就建立了一一对应关系. 我们将该三元有序数组称为点M的坐标,记为$M(x,y,z)$.

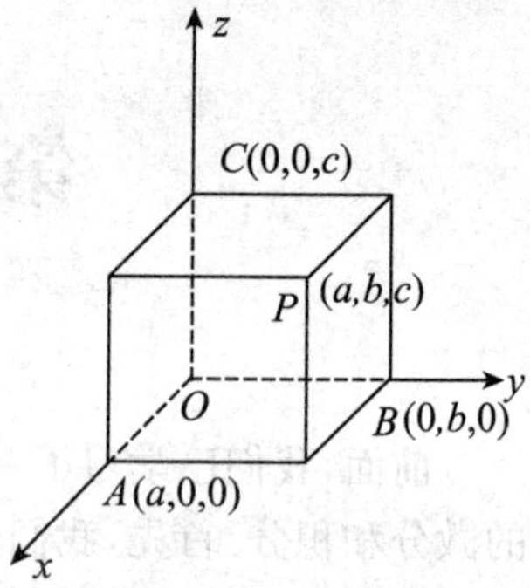

图 6-2

显然,坐标原点O的坐标为$O(0,0,0)$,x轴上点的坐标为$(x,0,0)$,y轴上点的坐标为$(0,y,0)$,z轴上点的坐标为$(0,0,z)$,xOy坐标面上点的坐标为$(x,y,0)$,yOz坐标面上点的坐标为$(0,y,z)$,zOx坐标面上点的坐标为$(x,0,z)$.

3. 空间两点的距离

已知空间任意两点$M_1(x_1,y_1,z_1)$,$M_2(x_2,y_2,z_2)$,过M_1,M_2分别作x轴、y轴、z轴的垂直平面,得一以M_1M_2为对角线的长方体(如图 6-3 所示).

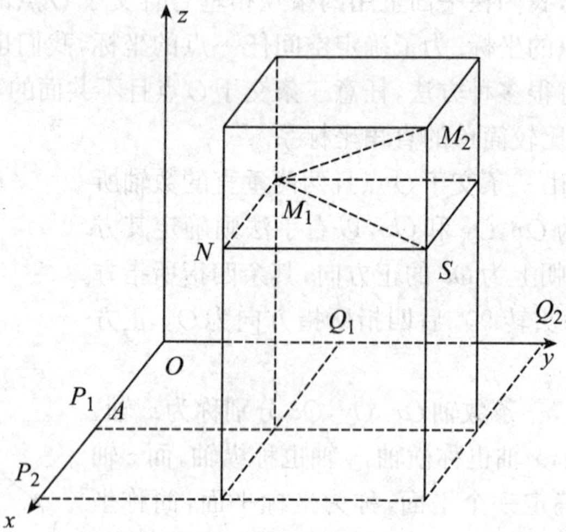

图 6-3

由图 6-3 可见

$$|M_1M_2|^2=|M_1S|^2+|M_2S|^2=|M_1N|^2+|NS|^2+|M_2S|^2$$

而

$$|M_1N|=|P_1P_2|=|x_2-x_1|$$

同理可得

$$|NS|=|Q_1Q_2|=|y_2-y_1|,\quad |M_2S|=|z_2-z_1|$$

所以

$$|M_1M_2|=\sqrt{(x_2-x_1)^2+(y_2-y_1)^2+(z_2-z_1)^2}$$

上式就是求$M_1(x_1,y_1,z_1)$和$M_2(x_2,y_2,z_2)$两点间距离的公式.

例 6-1 求空间点$P(x,y,z)$到原点的距离.

解 因为原点$O(0,0,0)$,所以

$$|OP| = \sqrt{(x-0)^2+(y-0)^2+(z-0)^2} = \sqrt{x^2+y^2+z^2}$$

4. 曲面与方程

平面解析几何解决了曲线与方程的关系，类似地，空间解析几何将解决曲面与方程的关系。

定义 6.1　如果曲面 S 上任一点的坐标都满足方程 $F(x,y,z)=0$，而且以 $F(x,y,z)=0$ 的解为坐标的点均在曲面 S 上，则 $F(x,y,z)=0$ 称为曲面 S 的方程，S 称为方程 $F(x,y,z)=0$ 的曲面(见图 6-4)。

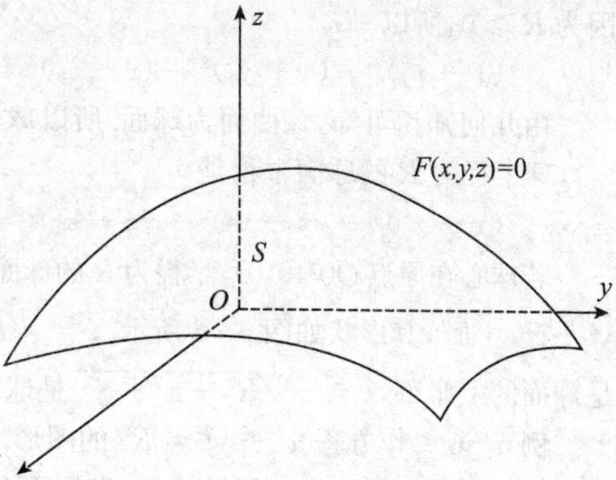

图 6-4

同平面解析几何求曲线方程一样，曲面方程的解决同样是三个步骤，即设动点、立等式、得方程。

例 6-2　求到定点 $A(1,1,-1)$ 和 $B(0,-1,1)$ 距离相等的曲面的方程。

解　设 $P(x,y,z)$，则

$$|AP| = \sqrt{(x-1)^2+(y-1)^2+(z+1)^2}$$
$$|BP| = \sqrt{(x-0)^2+(y+1)^2+(z-1)^2}$$

因为 $|AP|=|BP|$，所以

$$\sqrt{(x-1)^2+(y-1)^2+(z+1)^2} = \sqrt{x^2+(y+1)^2+(z-1)^2}$$

化简得方程

$$2x+4y-4z-1=0$$

由几何知识可知，该曲面为线段 AB 的垂直平分面，上面方程即为该平面方程。

例 6-3　求三个坐标面的方程。

解　因为 xOy 坐标面上点的坐标为 $(x,y,0)$，即 $z=0$，由曲面方程的定义可知，$z=0$ 的点肯定在坐标面 xOy 上，所以 xOy 坐标面的方程为 $z=0$。同理可得 yOz 坐标面的方程为 $x=0$，zOx 坐标面的方程为 $y=0$。

例 6-4　作出并说明 $z=c$ 的图形(c 为常数)。

解　方程中不含 x 和 y，说明该曲面既平行于 x 轴，又平行于 y 轴，故平行于 xOy 坐标面，因此该曲面是一个平面。

又因为平面方程为 $z=c$，故平面过点 $(0,0,c)$，即平面经过 z 轴上刻度 c 处，且与 xOy 平行(见图 6-5)。

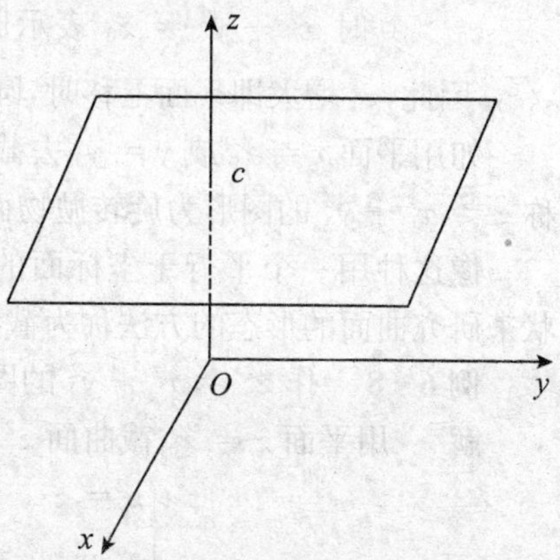

图 6-5

例 6-5　求到定点 $P_0(x_0,y_0,z_0)$ 距离为 R 的曲面方程。

解　设 $P(x,y,z)$，则

$$|P_0P| = R$$

即

$$\sqrt{(x-x_0)^2+(y-y_0)^2+(z-z_0)^2}=R$$

因为$R\geqslant 0$,所以

$$(x-x_0)^2+(y-y_0)^2+(z-z_0)^2=R^2$$

由几何知识可知,该曲面为球面.所以球心为(x_0,y_0,z_0),球半径为R的球面方程是

$$(x-x_0)^2+(y-y_0)^2+(z-z_0)^2=R^2$$

若球心在原点$O(0,0,0)$,半径为R的球面方程为$x^2+y^2+z^2=R^2$,其形状如图 6-6 所示.$z=\sqrt{R^2-x^2-y^2}$是球面的上半部,$z=-\sqrt{R^2-x^2-y^2}$是球面的下半部.

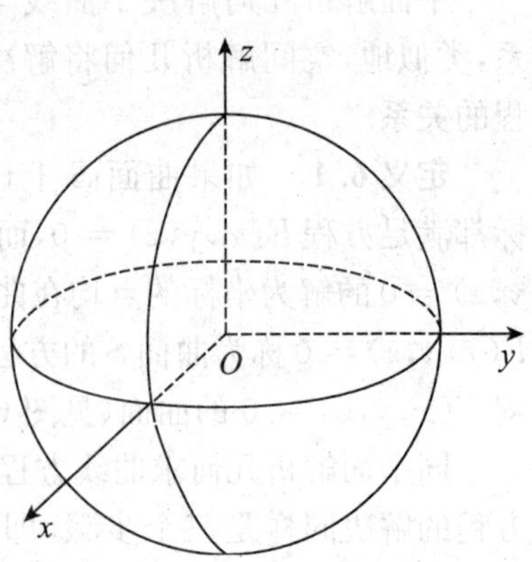

图 6-6

例 6-6 作方程$x^2+y^2=R^2$的图形.

解 方程$x^2+y^2=R^2$在xOy坐标面上表示以原点为圆心,半径为R的圆.由于方程不含z,意味着z可取任意值,即曲面平行于z轴,而x,y只要满足$x^2+y^2=R^2$便可.因此,该方程表示的曲面是由平行于z轴的直线沿xOy坐标面上的圆$x^2+y^2=R^2$移动而成的圆柱面.$x^2+y^2=R^2$叫作该柱面的准线,平行于z轴的直线叫作柱面的母线,形状见图6-7.

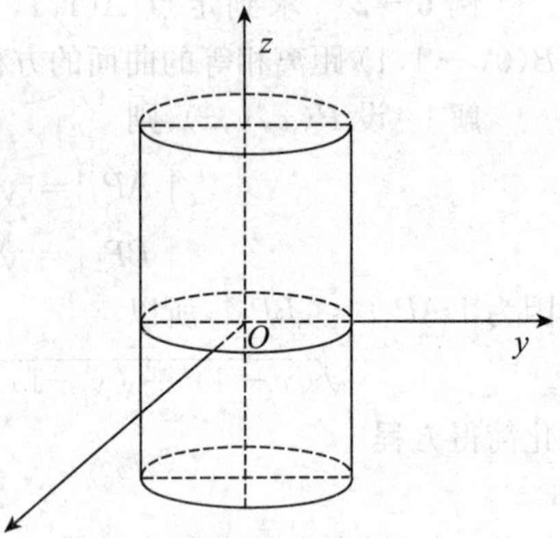

图 6-7

例 6-7 作方程$z=x^2+y^2$的图形.

解 用平面$z=z_0$截曲面$z=x^2+y^2$,得交线方程

$$\begin{cases}z=z_0,\\x^2+y^2=z_0\end{cases}$$

显然$z_0\geqslant 0$,即xOy坐标面上方才有交线,或$z_0<0$时,平面$z=z_0$与曲面$z=x^2+y^2$无交点.

$z_0=0$时$x^2+y^2=0$,即$x=y=0$,所以曲面过原点.

$z_0>0$时$x^2+y^2=z_0$表示圆,圆心是$(0,0,z_0)$,半径为$\sqrt{z_0}$.因此,z_0增大即平面上移时,圆半径变大,即圆增大.

如用平面$x=x_0$或$y=y_0$去截曲面,则交线为抛物线.我们称$z=x^2+y^2$的图形为旋转抛物面(如图 6-8 所示).

像这种用一个平行于坐标面的平面去截曲面,从交线的性状来研究曲面的形态的方法称为截痕法.

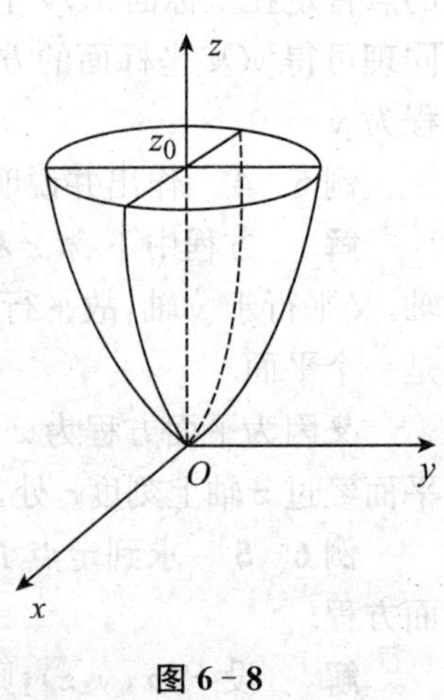

图 6-8

例 6-8 作$z^2=x^2+y^2$的图形.

解 用平面$z=z_0$截曲面$z^2=x^2+y^2$,其交线方程

$$\begin{cases}z=z_0,\\x^2+y^2=z_0^2\end{cases}$$

显然,$z_0=0$时,$x=y=0$,即曲面过原点;当$z_0\neq 0$时,$x^2+y^2=z_0^2$是半径为$|z_0|$,圆心为$(0,0,z_0)$的圆,且随着$|z_0|$的增大,半径也逐渐增大.

而当 $x = x_0$ 去截曲面，得

$$\begin{cases} x = x_0, \\ z^2 - y^2 = x_0^2 \end{cases}$$

$x_0 = 0$ 时，$|z| = |y|$，即为两条相交直线；$x_0 \neq 0$ 时，$z^2 - y^2 = x_0^2$ 为双曲线，该曲面的形状就是圆锥面.

所作图形见图 6-9.

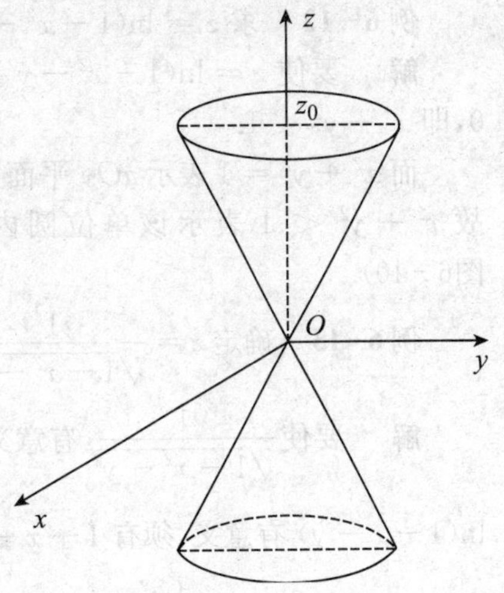

图 6-9

6.2　多元函数的一般概念

1. 多元函数的概念

一元函数是研究两个变量之间的关系，即因变量只依赖于一个自变量，但在实际生活中，研究的问题往往涉及两个以上的变量之间的关系，即因变量依赖于几个自变量. 例如，某种商品的市场需求量不仅与其市场价格有关，而且与消费者的收入及该商品的其他代用品的价格等因素有关，即决定商品的需求量的因素不止一个而是多个，这就是多元函数问题. 先看几个实际例子.

例 6-9　矩形的面积 S 和它的长 x 与宽 y 之间的关系为

$$S = xy \quad (x > 0, y > 0)$$

这里，$x > 0, y > 0$ 是变量 x, y 的变化范围，变量 S 是随着 x, y 的变化而变化，当 x, y 分别取一定值 $x = x_0, y = y_0$ 时，S 就是一确定值 S_0，即 $S_0 = x_0 y_0$.

例 6-10　圆锥体的体积 V 与底圆半径 r 及高 h 的关系式为

$$V = \frac{1}{3}\pi r^2 h \quad (r > 0, h > 0)$$

与例 6-9 类似地，V 随着 r, h 的变化而变化.

例 6-11　设 Z 表示居民人均消费收入，Y 表示国民收入总额，P 表示人口数，则三者的关系式为

$$Z = S_1 S_2 \frac{Y}{P} \quad (Y > 0, P > 0)$$

这里，S_1 表示国民收入总额中用于消费所占的比例，S_2 表示消费总额中用于居民消费所占的比例. 显然 Y, P 取一定值时，Z 也确定了值.

定义 6.2　设 D 为一个非空的 n 元有序数组的集合，f 为对应法则，使对于每一个有序数组 $(x_1, x_2, \cdots, x_n) \in D$，都有唯一确定的实数 y 与之对应，则称 y 为定义在 D 上的 n 元函数，记作

$$y = f(x_1, x_2, \cdots, x_n), \quad (x_1, x_2, \cdots, x_n) \in D$$

其中，$x_1, x_2, \cdots, x_n$ 称为自变量，y 称为应变量，集合 D 称为函数的定义域.

特别地，当 $n = 2$ 时，称为二元函数，一般记作 $z = f(x, y)$，x, y 称为自变量，z 为应变量，定义域 D 就是二维数组的集合，即 xOy 平面上点的集合.

对于具体的数学式子表示的函数，其定义域就是使数学式子有意义的自变量取值的全体；而实际问题中提出的函数，则必须根据具体情况来确定其定义域.

例 6-12 求 $z=\ln(1-x^2-y^2)$ 的定义域.

解 要使 $z=\ln(1-x^2-y^2)$ 有意义,必须 $1-x^2-y^2>0$,即 $x^2+y^2<1$.

而 $x^2+y^2=1$ 表示 xOy 平面上以原点为圆心的单位圆周,故 $x^2+y^2<1$ 表示该单位圆内的部分(不包含圆周)(见图6-10).

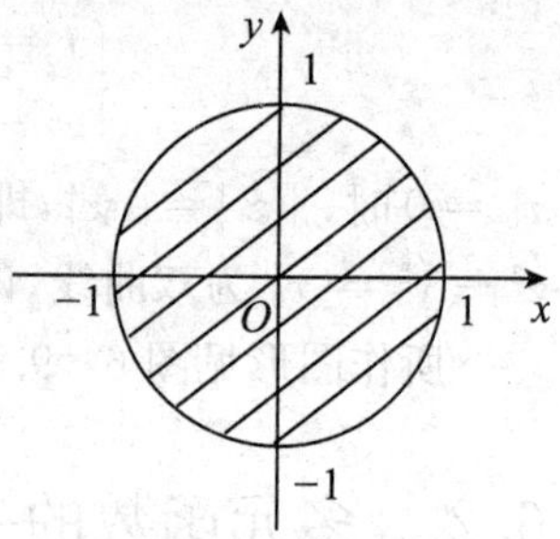

图 6-10

例 6-13 确定 $z=\dfrac{1}{\sqrt{1-x^2-y^2}}+\ln(1-x-y)$ 的定义域.

解 要使 $\dfrac{1}{\sqrt{1-x^2-y^2}}$ 有意义,须有 $1-x^2-y^2>0$;要使 $\ln(1-x-y)$ 有意义,须有 $1-x-y>0$. 所以要使 $z=\dfrac{1}{\sqrt{1-x^2-y^2}}+\ln(1-x-y)$ 成立,有

$$\begin{cases}1-x^2-y^2>0,\\1-x-y>0,\end{cases}\quad 即 \quad \begin{cases}x^2+y^2<1,\\x+y<1\end{cases}$$

即在圆 $x^2+y^2=1$ 内,$x+y=1$ 下方部分(见图 6-11).

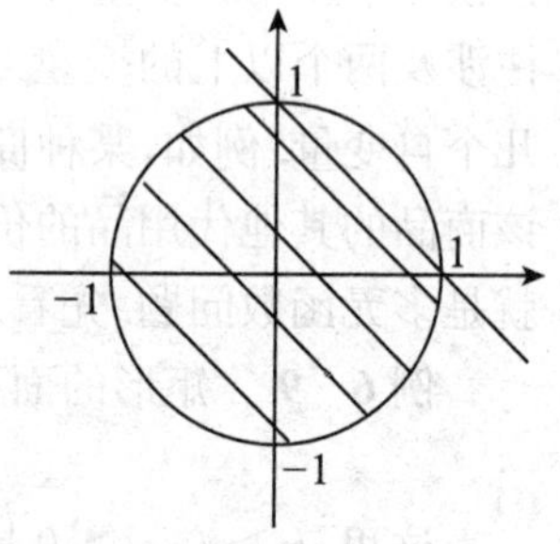

图 6-11

2. 二元函数的几何意义

$y=f(x)$ 在平面解析几何中表示一条曲线,而 $z=f(x,y)$,$(x,y)\in D$ 在空间解析几何中表示曲面.

这是因为,在 D 中任一数组 (x_0,y_0) 唯一确定 z_0,使 $z_0=f(x_0,y_0)$,在空间直角坐标系中,(x_0,y_0,z_0) 表示一个点,而 (x_0,y_0) 在 D 内变化时,$z_0=f(x_0,y_0)$ 也跟着变化,具体表示见图 6-12.

例如,$z=1-x-y$ 表示平面,$z=\sqrt{1-x^2-y^2}$ 表示上半球面等.

3. 二元函数的极限

二元函数极限的概念与一元函数极限的概念相类似. 在一元函数中,我们用数轴上 x 与 x_0 两点之间的距离 $|x-x_0|$ 定义点 x_0 的 δ 邻域,即 $|x-x_0|<\delta$ $(\delta>0)$,从而定义了函数 $f(x)$ 在 $x\to x_0$ 时的极限. 但在二元函数中,我们利用平面上 (x,y) 与 (x_0,y_0) 两点之间的距离 $\rho=\sqrt{(x-x_0)^2+(y-y_0)^2}$ 来定义 (x_0,y_0) 的 δ 邻域,即 $\sqrt{(x-x_0)^2+(y-y_0)^2}<\delta(\delta>0)$,进而定义二元函数 $f(x,y)$ 当 (x,y) 趋于 (x_0,y_0) 时的极限.

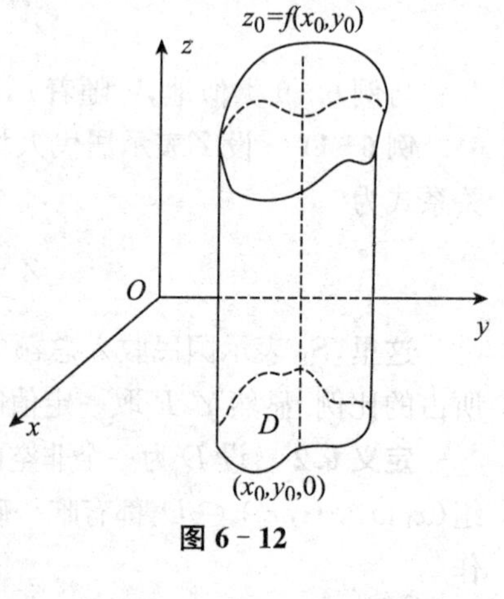

图 6-12

定义 6.3 对于任意给定的无论多么小的正数 ε,总存在一个正数 δ,使当 $0<\rho=\sqrt{(x-x_0)^2+(y-y_0)^2}<\delta$ 时,$|f(x,y)-A|<\varepsilon$ 成立,则称常数 A 为 (x,y) 趋于 (x_0,y_0) 时函数 $f(x,y)$ 的极限,记作

$$\lim_{(x,y)\to(x_0,y_0)} f(x,y)=A \quad 或 \quad \lim_{\substack{x\to x_0\\y\to y_0}} f(x,y)=A$$

注:(1) (x,y) 趋向于 (x_0,y_0) 是指它们间的距离 ρ 趋向于 0;

(2) (x,y) 是 xOy 坐标平面上的点，因此，(x,y) 趋向于 (x_0,y_0) 是指不同的方向、不同的路径趋向于 (x_0,y_0)，且不同方向、不同路径的极限值均为 A；

(3) 如果存在两个不同路径得出两个不同的极限值，说明该函数极限不存在；

(4) 二元函数求极限的方法与一元函数求极限的方向类似，两个重要极限类似应用.

例 6-14　求极限 $\lim\limits_{\substack{x\to 1\\ y\to 2}}\dfrac{y^2-x^2}{x^2+y^2}$.

解　原式 $=\dfrac{2^2-1^2}{1^2+2^2}=\dfrac{3}{5}$.

例 6-15　求标限 $\lim\limits_{\substack{x\to 0\\ y\to 0}}\dfrac{1-\cos(xy)}{x^2y^2}$.

解　原式 $=\lim\limits_{\substack{x\to 0\\ y\to 0}}\dfrac{2\sin^2\dfrac{xy}{2}}{x^2y^2}=\lim\limits_{\substack{x\to 0\\ y\to 0}}\left(\dfrac{\sin\dfrac{xy}{2}}{\dfrac{xy}{2}}\right)^2\cdot\dfrac{1}{2}=1\cdot\dfrac{1}{2}=\dfrac{1}{2}$.

例 6-16　证明：$\lim\limits_{\substack{x\to 0\\ y\to 0}}\dfrac{xy^2}{x^2+y^2}=0$.

证　因为 $|x|\leqslant\sqrt{x^2+y^2}$，$y^2\leqslant x^2+y^2$，所以

$$0\leqslant|xy^2|\leqslant(x^2+y^2)^{\frac{3}{2}}$$

即

$$0\leqslant\frac{|xy^2|}{x^2+y^2}\leqslant\sqrt{x^2+y^2}$$

因为

$$\lim_{\substack{x\to 0\\ y\to 0}}\sqrt{x^2+y^2}=\sqrt{0^2+0^2}=0$$

所以由夹逼定理可知 $\lim\limits_{\substack{x\to 0\\ y\to 0}}\dfrac{xy^2}{x^2+y^2}=0$.

例 6-17　证明：$\lim\limits_{\substack{x\to 0\\ y\to 0}}\dfrac{xy}{x^2+y^2}$ 极限不存在.

证　当 $x\to 0$ 时，$y=kx\to 0$，则

$$\lim_{\substack{x\to 0\\ y=kx\to 0}}\frac{xy}{x^2+y^2}=\lim_{\substack{x\to 0\\ y=kx\to 0}}\frac{x\cdot kx}{x^2+k^2x^2}=\frac{k}{1+k^2}$$

显然 k 取不同值时极限值不同，故原极限不存在.

4. 二元函数的连续性

二元函数 $f(x,y)$ 的连续性同一元函数 $f(x)$ 的连续性类似，有下面的定义.

定义 6.4　若

(1) $f(x,y)$ 在 (x_0,y_0) 的邻域内有定义；

(2) $\lim\limits_{\substack{x\to x_0\\ y\to y_0}}f(x,y)$ 有极限；

(3) $\lim\limits_{\substack{x\to x_0\\ y\to y_0}}f(x,y)=f(x_0,y_0)$，

则称 $f(x,y)$ 在点 (x_0,y_0) 处连续，否则，称 $f(x,y)$ 在 (x_0,y_0) 处间断.

如果 $f(x,y)$ 在某区域 D 内每一点处均连续，则称 $f(x,y)$ 在 D 内连续.

一般的二元函数,如是由 x,y 的基本初等函数经过有限次四则运算或有限次复合而成的二元函数,则在其定义域内连续.

一元函数中相关的定理,二元函数仍有用. 如 $f(x,y)$ 在有界闭区域上连续,则一定有最大值和最小值.

6.3 偏导数

1. 函数的增量

对于函数 $z=f(x,y)$,在 D 内点 (x_0,y_0) 处,增量的形式有三种(记 $\Delta x=x-x_0$,$\Delta y=y-y_0$),即

$$f(x_0+\Delta x,y_0)-f(x_0,y_0)$$
$$f(x_0,y_0+\Delta y)-f(x_0,y_0)$$
$$f(x_0+\Delta x,y_0+\Delta y)-f(x_0,y_0)$$

前两种都是一个变量变化而引起函数值的变化,我们称之为偏增量,分别用 $\Delta_x z$,$\Delta_y z$ 表示;后一种是两个变量变化而引起的,称之为全增量,用 Δz 表示.

例 6-18 求函数 $z=x^2+xy+y^2$ 在点 (x_0,y_0) 处的三个增量.

解

$$\begin{aligned}\Delta_x z&=[(x_0+\Delta x)^2+(x_0+\Delta x)y_0+y_0^2]-(x_0^2+x_0y_0+y_0^2)\\&=2x_0\Delta x+y_0\Delta x+(\Delta x)^2\end{aligned}$$

$$\begin{aligned}\Delta_y z&=[x_0^2+x_0(y_0+\Delta y)+(y_0+\Delta y)^2]-(x_0^2+x_0y_0+y_0^2)\\&=x_0\Delta y+2y_0\Delta y+(\Delta y)^2\end{aligned}$$

$$\begin{aligned}\Delta z&=[(x_0+\Delta x)^2+(x_0+\Delta x)(y_0+\Delta y)+(y_0+\Delta y)^2]-(x_0^2+x_0y_0+y_0^2)\\&=2x_0\Delta x+y_0\Delta x+x_0\Delta y+2y_0\Delta y+(\Delta x)^2+(\Delta y)^2+\Delta x\Delta y\end{aligned}$$

显然,$\Delta_x z$ 是 Δx 的函数,$\Delta_y z$ 是 Δy 的函数.

2. 偏导数

定义 6.5 设函数 $z=f(x,y)$ 在点 (x_0,y_0) 的某邻域内有定义,且 $\lim\limits_{\Delta x\to 0}\dfrac{\Delta_x z}{\Delta x}$ 存在,则称此极限值为 $z=f(x,y)$ 在点 (x_0,y_0) 处对 x 的偏导数,记作

$$f'_x(x_0,y_0)\quad 或\quad \frac{\partial f(x_0,y_0)}{\partial x}\quad 或\quad \left.\frac{\partial z}{\partial x}\right|_{\substack{x=x_0\\y=y_0}}\quad 或\quad \left.z'_x\right|_{\substack{x=x_0\\y=y_0}}$$

同样地,$\lim\limits_{\Delta y\to 0}\dfrac{\Delta_y z}{\Delta y}$ 存在,则此极限值为 $z=f(x,y)$ 在点 (x_0,y_0) 处对 y 的偏导数,记作

$$f'_y(x_0,y_0)\quad 或\quad \frac{\partial f(x_0,y_0)}{\partial y}\quad 或\quad \left.\frac{\partial z}{\partial y}\right|_{\substack{x=x_0\\y=y_0}}\quad 或\quad \left.z'_y\right|_{\substack{x=x_0\\y=y_0}}$$

如果函数 $z=f(x,y)$ 在 xOy 平面上的区域 D 内每一点 (x,y) 处对 x(或 y)的偏导数皆存在,则称函数 $f(x,y)$ 在 D 内对 x(或 y)的偏导函数存在,我们将偏导函数简称偏导数,记作

$$f'_x\quad 或\quad \frac{\partial f}{\partial x}\quad 或\quad \frac{\partial z}{\partial x}\quad 或\quad z'_x\left(f'_y\quad 或\quad \frac{\partial f}{\partial y}\quad 或\quad \frac{\partial z}{\partial y}\quad 或\quad z'_y\right)$$

例 6－19　求例 6－18 中函数在(x_0,y_0)处的偏导数.

解
$$f'_x(x_0,y_0)=\lim_{\Delta x\to 0}\frac{2x_0\Delta x+y_0\Delta x+(\Delta x)^2}{\Delta x}=2x_0+y_0$$
$$f'_y(x_0,y_0)=\lim_{\Delta y\to 0}\frac{x_0\Delta y+2y_0\Delta y+(\Delta y)^2}{\Delta y}=x_0+2y_0$$

由于偏增量是由一个变量变化引起的，即另一个变量是常数(没变化)，故在求偏导数时，另一个变量值可以先代入，成为一元函数后，再用一元函数的求导法则即可. 如例 6－19 中，可以如此解题：因为

$$f(x,y_0)=x^2+xy_0+y_0^2$$

所以

$$f'_x(x,y_0)=2x+y_0$$

所以

$$f'_x(x_0,y_0)=2x_0+y_0$$

因此，多元函数求偏导数时，将其余变量"看成"常数，然后用一元函数的求导法则即可.

例 6－20　求 $z=\arctan\dfrac{y}{x}$ 的偏导数.

解
$$\frac{\partial z}{\partial x}=\frac{1}{1+\left(\dfrac{y}{x}\right)^2}\cdot\left(-\frac{y}{x^2}\right)=-\frac{y}{x^2+y^2}$$
$$\frac{\partial z}{\partial y}=\frac{1}{1+\left(\dfrac{y}{x}\right)^2}\cdot\frac{1}{x}=\frac{x}{x^2+y^2}$$

例 6－21　设 $u=\ln(x^2+y^2+z^2+1)$，求$\dfrac{\partial u}{\partial x},\dfrac{\partial u}{\partial z}$.

解
$$\frac{\partial u}{\partial x}=\frac{2x}{x^2+y^2+z^2+1},\quad \frac{\partial u}{\partial z}=\frac{2z}{x^2+y^2+z^2+1}$$

3. 高阶偏导数

一般情况下，多元函数求一次偏导数后仍是多元函数，如果还可以对自变量求偏导数，那就称为二阶偏导数. 以二元函数为例，表示方法如下：

$$\frac{\partial}{\partial x}\left(\frac{\partial z}{\partial x}\right)=\frac{\partial^2 z}{\partial x^2}=f''_{xx}=z''_{xx}$$
$$\frac{\partial}{\partial y}\left(\frac{\partial z}{\partial x}\right)=\frac{\partial^2 z}{\partial x\partial y}=f''_{xy}=z''_{xy}$$
$$\frac{\partial}{\partial x}\left(\frac{\partial z}{\partial y}\right)=\frac{\partial^2 z}{\partial y\partial x}=f''_{yx}=z''_{yx}$$
$$\frac{\partial}{\partial y}\left(\frac{\partial z}{\partial y}\right)=\frac{\partial^2 z}{\partial y^2}=f''_{yy}=z''_{yy}$$

对二阶偏导数再求偏导数，称为三阶偏导数. 以此类推，可定义任意阶偏导数.

例 6－22　求 $z=x^3+y^3-3xy$ 的二阶偏导数.

解
$$\frac{\partial z}{\partial x}=3x^2-3y,\quad \frac{\partial z}{\partial y}=3y^2-3x$$

$$\frac{\partial^2 z}{\partial x^2}=6x,\quad \frac{\partial^2 z}{\partial x\partial y}=-3,\quad \frac{\partial^2 z}{\partial y\partial x}=-3,\quad \frac{\partial^2 z}{\partial y^2}=6y$$

6.4 全微分

由上一节内容我们知道，函数 $z=f(x,y)$ 在点 (x_0,y_0) 处的全增量 Δz 是 $\Delta x,\Delta y$ 的函数.

定义 6.6 若函数 $z=f(x,y)$ 在点 (x_0,y_0) 的某邻域内有定义，且

$$\Delta z=A\Delta x+B\Delta y+o(\rho)$$

其中，A,B 是与 $\Delta x,\Delta y$ 无关的常数，$o(\rho)$ 是 ρ 的高阶无穷小，$\rho=\sqrt{(\Delta x^2)+(\Delta y^2)}$. 则称函数 $z=f(x,y)$ 在点 (x_0,y_0) 处可微，而 $A\Delta x+B\Delta y$ 称为函数 $z=f(x,y)$ 在点 (x_0,y_0) 处的全微分，记作

$$\mathrm{d}z\Big|_{\substack{x=x_0\\y=y_0}}=A\Delta x+B\Delta y$$

若函数 $z=f(x,y)$ 在区域 D 内每一点均可微，则称函数 $z=f(x,y)$ 在 D 内可微，而 $\mathrm{d}z=A\Delta x+B\Delta y$ 就称为 $z=f(x,y)$ 在 D 内的全微分.

一般情况下，全微分表示中，$\Delta x,\Delta y$ 也用 $\mathrm{d}x,\mathrm{d}y$ 表示，因此，$\mathrm{d}z=A\mathrm{d}x+B\mathrm{d}y$.

定理 6.1 若函数 $z=f(x,y)$ 在点 (x_0,y_0) 处可微，则

$$A=\frac{\partial z}{\partial x}\Big|_{\substack{x=x_0\\y=y_0}},\quad B=\frac{\partial z}{\partial y}\Big|_{\substack{x=x_0\\y=y_0}}$$

证 因为函数 $z=f(x,y)$ 在 (x_0,y_0) 处可微，所以

$$\Delta z=A\Delta x+B\Delta y+o(\rho)$$

令 $\Delta y\equiv 0$，则 $\Delta_x z=A\Delta x+o(\Delta x)$，即

$$\frac{\Delta_x z}{\Delta x}=A+\frac{o(\Delta x)}{\Delta x}$$

所以 $\lim\limits_{\Delta x\to 0}\dfrac{\Delta_x z}{\Delta x}=A$，即

$$A=\frac{\partial z}{\partial x}\Big|_{\substack{x=x_0\\y=y_0}}$$

同理可得 $B=\dfrac{\partial z}{\partial y}\Big|_{\substack{x=x_0\\y=y_0}}$，证毕.

这说明

$$\mathrm{d}z=\frac{\partial z}{\partial x}\Big|_{\substack{x=x_0\\y=y_0}}\mathrm{d}x+\frac{\partial z}{\partial y}\Big|_{\substack{x=x_0\\y=y_0}}\mathrm{d}y$$

由此可见，$z=f(x,y)$ 在 D 内的全微分可记为

$$\mathrm{d}z=\frac{\partial z}{\partial x}\mathrm{d}x+\frac{\partial z}{\partial y}\mathrm{d}y$$

例 6-23 求 $z=x^2y$ 在点 $(3,2)$ 处的全微分.

解 因为

$$\frac{\partial z}{\partial x}=2xy,\quad \left.\frac{\partial z}{\partial x}\right|_{\substack{x=3\\y=2}}=12$$

$$\frac{\partial z}{\partial y}=x^2,\quad \left.\frac{\partial z}{\partial y}\right|_{\substack{x=3\\y=2}}=9$$

所以

$$\left.\mathrm{d}z\right|_{\substack{x=3\\y=2}}=12\mathrm{d}x+9\mathrm{d}y$$

例 6-24　求 $z=\ln(x^2+y^3+1)$ 的全微分 $\mathrm{d}z$.

解　因为

$$\frac{\partial z}{\partial x}=\frac{2x}{x^2+y^3+1},\quad \frac{\partial z}{\partial y}=\frac{3y^2}{x^2+y^3+1}$$

所以

$$\mathrm{d}z=\frac{2x}{x^2+y^3+1}\mathrm{d}x+\frac{3y^2}{x^2+y^3+1}\mathrm{d}y=\frac{2x\mathrm{d}x+3y^2\mathrm{d}y}{x^2+y^3+1}$$

至于二元以上函数的全微分,可相应地得到.

例 6-25　求 $u=\mathrm{e}^{x^2+y^2+z^2}$ 的全微分 $\mathrm{d}u$.

解　因为

$$\frac{\partial u}{\partial x}=2x\mathrm{e}^{x^2+y^2+z^2},\quad \frac{\partial u}{\partial y}=2y\mathrm{e}^{x^2+y^2+z^2},\quad \frac{\partial u}{\partial z}=2z\mathrm{e}^{x^2+y^2+z^2}$$

所以

$$\mathrm{d}u=2x\mathrm{e}^{x^2+y^2+z^2}\mathrm{d}x+2y\mathrm{e}^{x^2+y^2+z^2}\mathrm{d}y+2z\mathrm{e}^{x^2+y^2+z^2}\mathrm{d}z=2\mathrm{e}^{x^2+y^2+z^2}(x\mathrm{d}x+y\mathrm{d}y+z\mathrm{d}z)$$

二元函数的全微分,与一元函数的微分一样,是全增量的近似值,即 $\Delta z\approx \left.\mathrm{d}z\right|_{\substack{x=x_0\\y=y_0}}$.

例 6-26　求函数 $z=x+y+xy$ 在点(1,2)处的全微分,并在 $\Delta x=0.01,\Delta y=0.02$ 时,求全增量 Δz 和 $\mathrm{d}z$.

解　因为

$$\frac{\partial z}{\partial x}=1+y,\quad \left.\frac{\partial z}{\partial x}\right|_{\substack{x=1\\y=2}}=3$$

$$\frac{\partial z}{\partial y}=1+x,\quad \left.\frac{\partial z}{\partial y}\right|_{\substack{x=1\\y=2}}=2$$

所以

$$\mathrm{d}z=3\mathrm{d}x+2\mathrm{d}y$$

$$\begin{aligned}\Delta z&=f(1+0.01,2+0.02)-f(1,2)\\&=[(1+0.01)+(2+0.02)+(1+0.01)\cdot(2+0.02)]-(1+2+1\cdot 2)\\&=5+0.0702-5=0.0702\end{aligned}$$

$$\left.\mathrm{d}z\right|_{\substack{x=1\\y=2\\\Delta x=0.01\\\Delta y=0.02}}=3\cdot 0.01+2\cdot 0.02=0.07$$

可见 $\Delta z-\mathrm{d}z=0.0002$,所以

$$\Delta z\approx \mathrm{d}z$$

那么,函数 $z=f(x,y)$ 在什么情况下可微呢?下面我们不加证明地给出函数可微的充

分条件.

定理 6.2 若函数 $z=f(x,y)$ 的偏导数 $\frac{\partial z}{\partial x},\frac{\partial z}{\partial y}$ 在点 (x,y) 处连续，则 $z=f(x,y)$ 在点 (x,y) 处可微.

6.5 复合函数的微分法

若函数 $z=f(u,v)$ 是 u,v 的函数，而 $u=\varphi(x,y)$ 是 x,y 的函数，$v=\psi(x,y)$ 也是 x,y 的函数，则 $z=f[\varphi(x,y),\psi(x,y)]$ 是 x,y 的复合函数，称 u,v 为中间变量.

用图示表示即为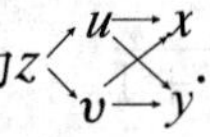

.

定理 6.3 设函数 $u=\varphi(x,y)$，$v=\psi(x,y)$ 在点 (x,y) 存在偏导数，而函数 $z=f(u,v)$ 在对应点 (u,v) 处有连续偏导数，则复合函数 $z=f[\varphi(x,y),\psi(x,y)]$ 在点 (x,y) 处有偏导数 $\frac{\partial z}{\partial x},\frac{\partial z}{\partial y}$ 存在，并且

$$\frac{\partial z}{\partial x}=\frac{\partial z}{\partial u}\frac{\partial u}{\partial x}+\frac{\partial z}{\partial v}\frac{\partial v}{\partial x}$$

$$\frac{\partial z}{\partial y}=\frac{\partial z}{\partial u}\frac{\partial u}{\partial y}+\frac{\partial z}{\partial v}\frac{\partial v}{\partial y}$$

证 设自变量 x 有一个改变量 $\Delta x(\Delta x\neq 0)$，y 不变，则中间变量 u,v 有相应的改变量（即增量）

$$\Delta_x u=\varphi(x+\Delta x,y)-\varphi(x,y)$$
$$\Delta_x v=\psi(x+\Delta x,y)-\psi(x,y)$$

由定理 6.2 可知，$z=f(u,v)$ 在点 (u,v) 处可微，即

$$\Delta_x z=\frac{\partial z}{\partial u}\Delta_x u+\frac{\partial z}{\partial v}\Delta_x v+o(\rho)$$

其中，$\rho=\sqrt{(\Delta_x u)^2+(\Delta_x v)^2}$. 则

$$\Delta_x z=f(u+\Delta_x u,v+\Delta_x v)-f(u,v)=\frac{\partial z}{\partial u}\Delta_x u+\frac{\partial z}{\partial v}\Delta_x v+o(\rho)$$

即

$$\frac{\Delta_x z}{\Delta x}=\frac{\partial z}{\partial u}\frac{\Delta_x u}{\Delta x}+\frac{\partial z}{\partial v}\frac{\Delta_x v}{\Delta x}+\frac{o(\rho)}{\Delta x}$$

因为 $\frac{\partial u}{\partial x},\frac{\partial v}{\partial x}$ 存在，$\Delta x\to 0$ 时，$\Delta_x u(\Delta_x v)\to 0$，$\rho\to 0$，所以

$$\begin{aligned}\lim_{\Delta x\to 0}\frac{\Delta_x z}{\Delta x}&=\lim_{\Delta x\to 0}\left[\frac{\partial z}{\partial u}\frac{\Delta_x u}{\Delta x}+\frac{\partial z}{\partial v}\frac{\Delta_x v}{\Delta x}+\frac{o(\rho)}{\Delta x}\right]\\&=\frac{\partial z}{\partial u}\lim_{\Delta x\to 0}\frac{\Delta_x u}{\Delta x}+\frac{\partial z}{\partial v}\lim_{\Delta x\to 0}\frac{\Delta_x v}{\Delta x}+\lim_{\Delta x\to 0}\frac{o(\rho)}{\Delta x}\\&=\frac{\partial z}{\partial u}\frac{\partial u}{\partial x}+\frac{\partial z}{\partial v}\frac{\partial v}{\partial x}+\lim_{\Delta x\to 0}\frac{o(\rho)}{\Delta x}\end{aligned}$$

因为 $\lim\limits_{\Delta x\to 0}\left|\frac{\rho}{\Delta x}\right|=\lim\limits_{\Delta x\to 0}\sqrt{\left(\frac{\Delta_x u}{\Delta x}\right)^2+\left(\frac{\Delta_x v}{\Delta x}\right)^2}=\sqrt{\left(\frac{\partial u}{\partial x}\right)^2+\left(\frac{\partial v}{\partial x}\right)^2}$ 存在，所以 $\frac{\rho}{\Delta x}$ 在 $\Delta x\to 0$ 时

有界,所以

$$\lim_{\Delta x\to 0}\frac{o(\rho)}{\Delta x}=\lim_{\Delta x\to 0}\left[\frac{o(\rho)}{\rho}\cdot\frac{\rho}{\Delta x}\right]=\lim_{\Delta x\to 0}\frac{o(\rho)}{\rho}\cdot\lim_{\Delta x\to 0}\frac{\rho}{\Delta x}=\lim_{\rho\to 0}\frac{o(\rho)}{\rho}\cdot\lim_{\Delta x\to 0}\frac{\rho}{\Delta x}=0$$

即

$$\frac{\partial z}{\partial x}=\lim_{\Delta x\to 0}\frac{\Delta_x z}{\Delta x}=\frac{\partial z}{\partial u}\frac{\partial u}{\partial x}+\frac{\partial z}{\partial v}\frac{\partial v}{\partial x}$$

同理可证:$\frac{\partial z}{\partial y}=\frac{\partial z}{\partial u}\frac{\partial u}{\partial y}+\frac{\partial z}{\partial v}\frac{\partial v}{\partial y}$.

在上面命题中,若 $u=\varphi(x)$,$v=\psi(x)$,则复合函数 $z=f[\varphi(x),\psi(x)]$ 是 x 的函数,简单表示为 $z<\begin{matrix}u\\v\end{matrix}>x$. 此时,函数 z 对 x 的导数称为全导数,且有公式

$$\frac{\mathrm{d}z}{\mathrm{d}x}=\frac{\partial z}{\partial u}\frac{\mathrm{d}u}{\mathrm{d}x}+\frac{\partial z}{\partial v}\frac{\mathrm{d}v}{\mathrm{d}x}$$

另外,定理中若 $u=x$,$v=\psi(x,y)$,则复合函数 $z=f[x,\psi(x,y)]$ 是 x,y 的函数,简单地表示为 $z<\begin{matrix}u-x\\ \nearrow\\ v-y\end{matrix}$. 此时,有公式

$$\frac{\partial z}{\partial x}=\frac{\partial z}{\partial x}+\frac{\partial z}{\partial v}\frac{\partial v}{\partial x}$$

$$\frac{\partial z}{\partial y}=\frac{\partial z}{\partial v}\frac{\partial v}{\partial y}$$

此种情况可推广到中间变量及自变量在两个以上的情形. 例如,若函数 $z<\begin{matrix}u-x\\ v\times\\ \omega-y\end{matrix}$,有

$$\frac{\partial z}{\partial x}=\frac{\partial z}{\partial u}\frac{\partial u}{\partial x}+\frac{\partial z}{\partial v}\frac{\partial v}{\partial x}+\frac{\partial z}{\partial \omega}\frac{\partial \omega}{\partial x}$$

$$\frac{\partial z}{\partial y}=\frac{\partial z}{\partial u}\frac{\partial u}{\partial y}+\frac{\partial z}{\partial v}\frac{\partial v}{\partial y}+\frac{\partial z}{\partial \omega}\frac{\partial \omega}{\partial y}$$

例 6-27　已知 $z=\mathrm{e}^u\sin v$,$u=xy$,$v=x^2+y^2$,求 $\frac{\partial z}{\partial x}$,$\frac{\partial z}{\partial y}$.

解　函数 z 属于 $z<\begin{matrix}u-x\\ \times\\ v-y\end{matrix}$,所以

$$\begin{aligned}\frac{\partial z}{\partial x}&=\frac{\partial z}{\partial u}\frac{\partial u}{\partial x}+\frac{\partial z}{\partial v}\frac{\partial v}{\partial x}=\mathrm{e}^u\sin v\cdot y+\mathrm{e}^u\cos v\cdot 2x\\&=y\mathrm{e}^{xy}\sin(x^2+y^2)+2x\mathrm{e}^{xy}\cos(x^2+y^2)\\\frac{\partial z}{\partial y}&=\frac{\partial z}{\partial u}\frac{\partial u}{\partial y}+\frac{\partial z}{\partial v}\frac{\partial v}{\partial y}=\mathrm{e}^u\sin v\cdot x+\mathrm{e}^u\cos v\cdot 2y\\&=x\mathrm{e}^{xy}\sin(x^2+y^2)+2y\mathrm{e}^{xy}\cos(x^2+y^2)\end{aligned}$$

例 6-28　已知 $z=(1-x-y)^{x^2y}$,求 $\frac{\partial z}{\partial x}$,$\frac{\partial z}{\partial y}$.

解　设 $u=1-x-y$,$v=x^2y$,则 $z=u^v$,即 $z<\begin{matrix}u-x\\ \times\\ v-y\end{matrix}$,所以

$$\frac{\partial z}{\partial x}=\frac{\partial z}{\partial u}\frac{\partial u}{\partial x}+\frac{\partial z}{\partial v}\frac{\partial v}{\partial x}=vu^{v-1}(-1)+u^v\ln u\cdot 2xy$$

$$=-x^2y(1-x-y)^{x^2y-1}+(1-x-y)^{x^2y}\ln(1-x-y)\cdot 2xy$$

$$\frac{\partial z}{\partial y}=\frac{\partial z}{\partial u}\frac{\partial u}{\partial y}+\frac{\partial z}{\partial v}\frac{\partial v}{\partial y}=vu^{v-1}(-1)+u^v\ln u\cdot x^2$$

$$=-x^2y(1-x-y)^{x^2y-1}+x^2\ln(1-x-y)\cdot(1-x-y)^{x^2y}$$

例 6-29 已知 $z=\arctan(xy)$，$y=\mathrm{e}^x$，求$\frac{\mathrm{d}z}{\mathrm{d}x}$

解 函数 z 属于$z\langle{}^{x}_{y}\rangle x$，所以

$$\frac{\mathrm{d}z}{\mathrm{d}x}=\frac{\partial z}{\partial x}+\frac{\partial z}{\partial y}\frac{\mathrm{d}y}{\mathrm{d}x}=\frac{y}{1+(xy)^2}+\frac{x}{1+(xy)^2}\mathrm{e}^x=\frac{y+x\mathrm{e}^x}{1+(xy)^2}=\frac{(1+x)\mathrm{e}^x}{1+x^2\mathrm{e}^{2x}}$$

6.6 隐函数的求导方法

我们知道，一般地，由方程 $F(x,y)=0$ 可以确定一个一元函数 $y=y(x)$；同样地，由方程 $F(x,y,z)=0$ 也可以确定 z 是 x,y 的函数，即 $z=z(x,y)$. 这种由方程所确定的函数称为隐函数.

设方程 $F(x,y)=0$ 确定了 y 是 x 的函数，则可以用多元复合函数的微分法求出$\frac{\mathrm{d}y}{\mathrm{d}x}$. 即当$\frac{\partial F}{\partial y}\neq 0$ 时，$F(x,y)=0$ 即 $F[x,y(x)]=0$，两边对 x 求导，有

$$\frac{\partial F}{\partial x}+\frac{\partial F}{\partial y}\frac{\mathrm{d}y}{\mathrm{d}x}=0$$

所以

$$\frac{\mathrm{d}y}{\mathrm{d}x}=-\frac{\frac{\partial F}{\partial x}}{\frac{\partial F}{\partial y}}$$

类似地，设 $F(x,y,z)=0$ 确定了 $z=z(x,y)$，且$\frac{\partial F}{\partial z}\neq 0$，则有

$$F[x,y,z(x,y)]=0$$

两边同时对 x 求偏导数，有

$$\frac{\partial F}{\partial x}+\frac{\partial F}{\partial z}\frac{\partial z}{\partial x}=0$$

所以

$$\frac{\partial z}{\partial x}=-\frac{\frac{\partial F}{\partial x}}{\frac{\partial F}{\partial z}}$$

同理可得

$$\frac{\partial z}{\partial y}=-\frac{\frac{\partial F}{\partial y}}{\frac{\partial F}{\partial z}}$$

例 6－30　求由方程 $\arctan\frac{y}{x}=\ln\sqrt{x^2+y^2}$ 所确定的 y 是 x 的函数的导数 $\frac{\mathrm{d}y}{\mathrm{d}x}$.

解　设 $F(x,y)=\arctan\frac{y}{x}-\ln\sqrt{x^2+y^2}=0$，所以

$$\frac{\partial F}{\partial x}=\frac{1}{1+\left(\frac{y}{x}\right)^2}\cdot\left(-\frac{y}{x^2}\right)-\frac{1}{2}\cdot\frac{2x}{x^2+y^2}=-\frac{y+x}{x^2+y^2}$$

$$\frac{\partial F}{\partial y}=\frac{1}{1+\left(\frac{y}{x}\right)^2}\cdot\frac{1}{x}-\frac{1}{2}\cdot\frac{2y}{x^2+y^2}=\frac{x-y}{x^2+y^2}$$

所以

$$\frac{\mathrm{d}y}{\mathrm{d}x}=-\frac{\frac{\partial F}{\partial x}}{\frac{\partial F}{\partial y}}=-\frac{-\frac{x+y}{x^2+y^2}}{\frac{x-y}{x^2+y^2}}=\frac{x+y}{x-y}$$

例 6－31　求由方程 $x^2+2y^2+3z^2=6$ 的确定的 z 是 x,y 的函数的偏导数 $\frac{\partial z}{\partial x}$ 及 $\left.\frac{\partial z}{\partial y}\right|_{(1,1,1)}$.

解　设 $F(x,y,z)=x^2+2y^2+3z^2-6=0$，有

$$\frac{\partial F}{\partial x}=2x,\quad \frac{\partial F}{\partial y}=4y,\quad \frac{\partial F}{\partial z}=6z$$

$$\left.\frac{\partial F}{\partial y}\right|_{(1,1,1)}=4,\quad \left.\frac{\partial F}{\partial z}\right|_{(1,1,1)}=6$$

所以

$$\frac{\partial z}{\partial x}=-\frac{\frac{\partial F}{\partial x}}{\frac{\partial F}{\partial z}}=-\frac{2x}{6z}=-\frac{x}{3z}$$

$$\left.\frac{\partial z}{\partial y}\right|_{(1,1,1)}=-\frac{\left.\frac{\partial F}{\partial y}\right|_{(1,1,1)}}{\left.\frac{\partial F}{\partial z}\right|_{(1,1,1)}}=-\frac{4}{6}=-\frac{2}{3}$$

6.7　多元函数的极值

1. 二元函数的极值

定义 6.7　设二元函数 $z=f(x,y)$ 在点 (x_0,y_0) 的邻域内有定义，对于 (x,y) 为 (x_0,y_0) 邻域内的任一点，如有 $f(x,y)\leqslant f(x_0,y_0)$，则称 $f(x_0,y_0)$ 为 $z=f(x,y)$ 的一个极大值；如有 $f(x,y)\geqslant f(x_0,y_0)$，则称 $f(x_0,y_0)$ 为 $z=f(x,y)$ 的一个极小值.

极大值、极小值统称极值.

在点 (x_0,y_0) 处取得极值，称点 (x_0,y_0) 为极值点. 例如，$z=x^2+y^2\geqslant 0$，所以 $(0,0)$ 为 $z=x^2+y^2$ 的极小值点，0 为 $z=x^2+y^2$ 的极小值.

定理 6.4（极值存在的必要条件）　如果函数 $z=f(x,y)$ 在点 (x_0,y_0) 处取得极值，并

且 $z=f(x,y)$ 在点 (x_0,y_0) 处有一阶偏导数，则 $f'_x(x_0,y_0)=0, f'_y(x_0,y_0)=0$.

证 若取 $y=y_0$，则二元函数 $z=f(x,y)$ 成了 x 的一元函数，即 $z=f(x,y_0)$. 因为 (x_0,y_0) 是 $z=f(x,y)$ 的极值点，所以 $x=x_0$ 是 $z=f(x,y_0)$ 的极值点，所以

$$f'_x(x_0,y_0)=0$$

同理可得 $f'_y(x_0,y_0)=0$. 证毕.

今后，我们称一阶偏导数都为 0 的点为驻点，必要条件说明，驻点不一定是极值点. 例如，二元函数 $z=f(x,y)=xy$，有

$$f'_x(x,y)=y, \quad f'_y(x,y)=x$$

所以 $(0,0)$ 为驻点，但 $f(0,0)=0$ 并非极值. 这是因为在 $(0,0)$ 的邻域内，x,y 同号时 $f(x,y)>0$，x,y 异号时 $f(x,y)<0$，故 $f(0,0)=0$ 不是极值.

定理 6.5（极值存在的充分条件） 若二元函数 $f(x,y)$ 在驻点 (x_0,y_0) 的某一邻域内有二阶连续的偏导数，且 $A=f''_{xx}(x_0,y_0)$，$B=f''_{xy}(x_0,y_0)$，$C=f''_{yy}(x_0,y_0)$，则

(1) 当 $B^2-AC>0$ 时，(x_0,y_0) 不是极值点；

(2) 当 $B^2-AC<0$ 时，(x_0,y_0) 是极值点，且 A（或 C）>0 时，$f(x_0,y_0)$ 为极小值，A（或 C）<0 时，$f(x_0,y_0)$ 为极大值；

(3) 当 $B^2-AC=0$ 时，无法确定.

证明从略.

由此充分条件及必要条件，可以得到求二元函数的极值时的步骤如下：

(1) 求出二元函数的两个偏导数；

(2) 解出驻点；

(3) 在每个驻点处，分别计算出 A,B,C；

(4) 讨论驻点是否为极值点，并确定极大或极小；

(5) 得出极值.

例 6-32 求二元函数 $f(x,y)=x^3+y^3-3xy+1$ 的极值.

解
$$f'_x=3x^2-3y, \quad f'_y=3y^2-3x$$

所以由 $3x^2-3y=0, 3y^2-3x=0$，得 $(0,0)$ 和 $(1,1)$.

$$f''_{xx}=6x, \quad f''_{xy}=-3, \quad f''_{yy}=6y$$

在 $(0,0)$ 处，$A=0, B=-3, C=0$，因为

$$B^2-AC=(-3)^2-0=9>0$$

所以 $(0,0)$ 不是极值点.

在 $(1,1)$ 处，$A=6, B=-3, C=6$，因为

$$B^2-AC=(-3)^2-6\cdot 6=-27<0$$

又因为 $A=6>0$，所以 $(1,1)$ 为极小值点，且极小值为

$$f(1,1)=1^3+1^3-3\cdot 1\cdot 1+1=0$$

二元函数的极值应用在实际生活中就是最值问题，即仅一个极值时，实际应用中就是最值.

例 6-33 要修建一个容积一定的长方形箱子，怎样选择长、宽、高，才能使所用材料最少？

解　设容积为 V，长为 x，宽为 y，则高为 $\frac{V}{xy}$. 箱子所用材料就是表面积，即

$$S=2(xy+\frac{V}{x}+\frac{V}{y})$$

所以有

$$\frac{\partial S}{\partial x}=2y-\frac{2V}{x^2},\quad \frac{\partial S}{\partial y}=2x-\frac{2V}{y^2}$$

解得唯一驻点为 $(\sqrt[3]{V},\sqrt[3]{V})$，即长、宽、高均为 $\sqrt[3]{V}$ 时，所用材料最少.

例 6-34　某药厂生产两种药品，出售单位分别为 10 元和 9 元，生产 10 元价产品 x 单位及 9 元价产品 y 单位的总费用是 $[400+2x+3y+0.01(3x^2+xy+3y^2)]$ 元，求为取得最大利润，应怎样安排产品生产？

解　设 $L(x,y)$ 表示总利润，等于总收入减去总费用，即

$$\begin{aligned}L(x,y)&=10x+9y-[400+2x+3y+0.01(3x^2+xy+3y^2)]\\&=8x+6y-0.01(3x^2+xy+3y^2)-400\end{aligned}$$

所以

$$\frac{\partial L}{\partial x}=8-0.06x-0.01y,\quad \frac{\partial L}{\partial y}=6-0.01x-0.06y$$

得驻点 $(120,80)$，所以 $L(120,80)=320$ 是极大值.

即 10 元价生产 120 件，9 元价生产 80 件时取得最大利润，为 320 元.

2. 条件极值和拉格朗日乘数法

在实际生活中，自变量往往受到自然环境的限制，即自变量必须先满足一定的条件. 所谓条件极值其实就是满足一定条件下的极值问题. 设条件为 $\varphi(x,y)=0$，要求函数 $z=f(x,y)$ 的极值，而解决此问题，须用拉格朗日乘数法.

该方法的第一步是建立一个拉格朗日乘数函数，即

$$F(x,y)=f(x,y)+\lambda\cdot\varphi(x,y)$$

其中，λ 就是乘数；

第二步是求以上函数的一阶偏导数 F'_x, F'_y；

第三步是令偏导数为 0，加上条件 $\varphi(x,y)=0$，即由 $\begin{cases}F'_x=0,\\F'_y=0,\\\varphi(x,y)=0\end{cases}$ 求出驻点；

第四步是讨论驻点处的函数值，确定极值，一般情况下，驻点即为所求极值点，不须讨论.

该做法可以推广到二元以上的函数或两个及两个以上的限制条件，注意每个条件须有一个乘数.

例 6-35　求表面积为 S 的体积最大长方体的长、宽、高.

解　设长为 x，宽为 y，高为 z，则体积 $V=f(x,y,z)=xyz$，而 $S=2xy+2xz+2yz$，所以拉格朗日乘数函数

$$L(x,y,z)=xyz+\lambda(S-2xy-2xz-2yz)$$

有

$$\frac{\partial L}{\partial x}=yz-2\lambda y-2\lambda z=0$$

$$\frac{\partial L}{\partial y}=xz-2\lambda x-2\lambda z=0$$

$$\frac{\partial L}{\partial z}=xy-2\lambda x-2\lambda y=0$$

$$\frac{\partial L}{\partial \lambda}=S-2xy-2xz-2yz=0$$

从而解得 $x=y=z=\sqrt{\frac{S}{6}}$.

即长方体的长、宽、高相同时体积最大，此时体积为$\frac{S}{36}\sqrt{6S}$.

3. 最小二乘法

在自然科学和经济分析中，经常要用实验或调查得到的数据，建立各个量之间的变化关系式. 这种关系一般用数学方程给出，叫做经验公式. 建立经验公式的一个常用方法就是最小二乘法. 下面，我们用两个变量有线性关系的情形来说明.

通过实验或调查，得到两个变量的一组 n 个数据：$(x_1,y_1),(x_2,y_2),\cdots,(x_n,y_n)$. 将这些数据在直角坐标 xOy 平面上画出来，见图 6－13. 假如这些数据表示的点几乎分布于某一直线周围，我们就可以认为这两个变量 x 与 y 有线性关系，设其关系式为 $y=a+bx$，其中，a,b 是待定常数.

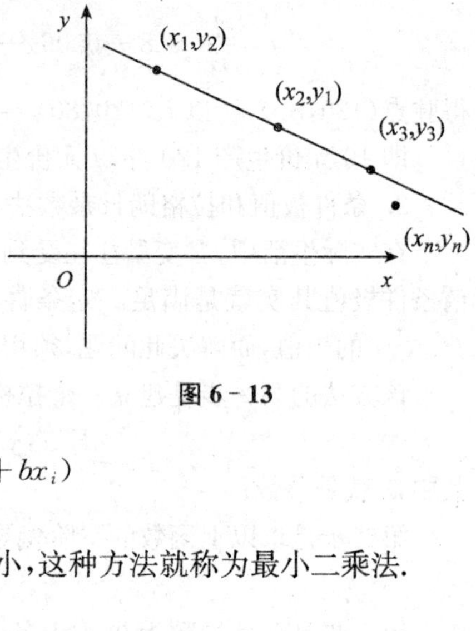

图 6－13

在直线上，横坐标为 x_i 的点的纵坐标为

$$\hat{y}_i=a+bx_i$$

误差为

$$\varepsilon_i=y_i-\hat{y}_i=y_i-(a+bx_i)$$

该误差叫做实际值与理论值之间的误差.

现求一组合适的 a 与 b，使该误差的平方和达到最小，这种方法就称为最小二乘法.

即已知

$$E=\sum_{i=1}^{n}\varepsilon_i^2=\sum_{i=1}^{n}[y_i-(a+bx_i)]^2$$

要求 E 的极小值，有

$$\frac{\partial E}{\partial a}=2\sum_{i=1}^{n}[y_i-(a+bx_i)](-1)=-2\sum_{i=1}^{n}(y_i-a-bx_i)$$

$$\frac{\partial E}{\partial b}=2\sum_{i=1}^{n}[y_i-(a+bx_i)](-x_i)$$

令$\frac{\partial E}{\partial a}=0,\frac{\partial E}{\partial b}=0$，化简得方程组

$$\begin{cases} na+b\sum_{i=1}^{n}x_i=\sum_{i=1}^{n}y_i \\ a\sum_{i=1}^{n}x_i+b\sum_{i=1}^{n}x_i^2=\sum_{i=1}^{n}x_iy_i \end{cases}$$

从而求得驻点是

$$b=\frac{\sum_{i=1}^{n}x_iy_i-\frac{1}{n}\sum_{i=1}^{n}x_i\sum_{i=1}^{n}y_i}{\sum_{i=1}^{n}x_i^2-\frac{1}{n}(\sum_{i=1}^{n}x_i)^2},\quad a=\frac{1}{n}\sum_{i=1}^{n}y_i-b\cdot\frac{1}{n}\sum_{i=1}^{n}x_i$$

以上求得的 a 和 b，就是使误差达到最小的 a,b，此时，$y=a+bx$ 就是所求的经验公式.

例 6-36　实验狗服用一定剂量的阿司匹林片以后，最高血药浓度记为 y，阿司匹林片释放能力的一个指标记为 x，现有 6 批阿司匹林片，从每一批分别取样作体内外观察，得到数据如下所示：

x	0.5	0.94	1	1.24	1.3	1.45
y	213	179.6	179.6	150.4	134.4	132.2

试用最小二乘法，求出 x 与 y 的经验公式.

解　根据题意，相关数据的计算结果列表如下：

批号	y	x	xy	x^2
1	213	0.5	106.5	0.25
2	179.6	0.94	168.824	0.883 6
3	179.6	1.0	179.6	1
4	150.4	1.24	186.496	1.537 6
5	134.4	1.3	174.72	1.69
6	132.2	1.45	191.69	2.102 5
$\sum$	989.2	6.43	1 007.83	7.463 7

所以

$$b=\frac{1\,007.83-\frac{1}{6}\times 989.2\times 6.43}{7.463\,7-\frac{1}{6}\times 6.43^2}=-91.68$$

$$a=\frac{1}{6}\times 989.2-(-91.68)\times\frac{1}{6}\times 6.43=263.12$$

所以经验公式为

$$y=263.12-91.68x$$

习题 6

1. 求以点(1,2,3)为球心，球面过原点的球面方程.

2. 确定下列函数的定义域：

(1) $z=\sqrt{x}+\frac{1}{y}$；

(2) $z=\sqrt{4-x^2}+\frac{1}{\sqrt{y^2-1}}$；

(3) $z=\arcsin\frac{x^2+y^2}{9}+\arccos\frac{1}{x^2+y^2}$；

(4) $z=\sqrt{y-x^2}+\sqrt{4-x-y}$；

(5) $z=\sqrt{R^2-x^2-y^2-z^2}+\sqrt{x^2+y^2+z^2-r^2}$，其中 $R>r>0$.

3. 求下列函数的偏导数：

(1) $z=x^2y^2$；　　(2) $z=\mathrm{e}^x\sin y$；

(3) $z=\ln\frac{y}{x}$；　　(4) $z=\arcsin\frac{1}{xy}$；

(5) $u=\sqrt{x^2+y^2+z^2}$；　　(6) $u=x^{y^z}$.

4. 求下列函数的偏导数：

(1) 已知 $z=\arctan\frac{y}{x}$，求$\frac{\partial^2 z}{\partial x^2}$，$\frac{\partial^2 z}{\partial x\partial y}$，$\frac{\partial^2 z}{\partial y^2}$；

(2) 已知 $u=\mathrm{e}^{xyz}$，求$\frac{\partial^3 u}{\partial x\partial y\partial z}$.

5. 求下列函数的全微分式全微分值：

(1) 已知 $z=\ln(2x-3y)$，求 $\mathrm{d}z$；

(2) 已知 $z=\frac{y}{x}$，$x=2$，$y=3$，$\Delta x=0.1$，$\Delta y=-0.2$，求 $\mathrm{d}z$；

(3) 已知 $z=\mathrm{e}^{xy}$，求 $\mathrm{d}z\Big|_{\substack{x=1\\y=2}}$.

6. 求下列复合函数的导数：

(1) 已知 $z=\arctan\frac{y}{x}$，$y=\mathrm{e}^x$，求$\frac{\mathrm{d}z}{\mathrm{d}x}$；

(2) 已知 $z=u^2\ln v$，$u=\frac{y}{x}$，$v=3y-2x$，求$\frac{\partial z}{\partial x}$，$\frac{\partial z}{\partial y}$；

(3) 已知 $z=f(x,xy)$，且 $f(x,y)$ 有一阶连续偏导数，求$\frac{\partial z}{\partial x}$，$\frac{\partial z}{\partial y}$；

(4) 已知 $z=x^y$，$x=u\sin v$，$y=u\cos v$，求$\frac{\partial z}{\partial u}$，$\frac{\partial z}{\partial v}$.

7. 求下列隐函数的导数：

(1) 已知 $xy+x+y=1$，求$\frac{\mathrm{d}y}{\mathrm{d}x}$；

(2) 已知 $xy + \ln y - \ln x = 0$,求$\frac{\mathrm{d}y}{\mathrm{d}x}$;

(3) 已知 $\sin y + \mathrm{e}^x - xy^2 = 0$,求$\frac{\mathrm{d}y}{\mathrm{d}x}$;

(4) 已知 $z = \mathrm{e}^{xyz}$,求$\frac{\partial z}{\partial x}$,$\frac{\partial z}{\partial y}$.

8. 求下列函数的极值:

(1) $z = x^2 - xy + y^2 + 9x - 6y + 20$;

(2) $z = 4(x - y) - x^2 - y^2$;

(3) $z = \mathrm{e}^{2x}(x + y^2 + 2x)$.

9. 在半径为 R 的半球内内接一个长方体,问长、宽、高各取多少时,其体积最大?

10. 求函数 $z = x^2 + y^2$ 在约束条件$\frac{x}{a} + \frac{y}{b} = 1$下的条件极值.

11. 求抛物线 $y^2 = 4x$ 上的一点,使它与直线 $x - y + 4 = 0$ 相距最近.

12. 用最小二乘法与下面所给定的数据,求出最适合的函数 $y = a + bx$.

x	3	6	9	12	15	18	21	24
y	57	42	31	23	16	12	9	6

第 7 章　二重积分

多元函数的积分有很多种，有重积分、曲线积分和曲面积分，本章仅介绍重积分中最简单的二重积分.

7.1　二重积分的概念与性质

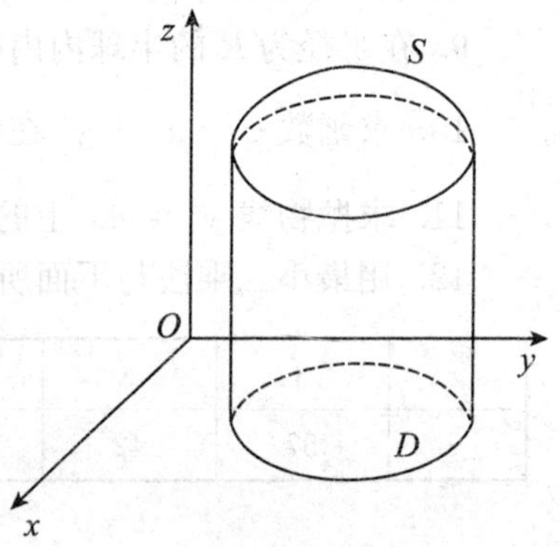

图 7－1

引例：设 $z=f(x,y)$ 是定义在闭区域 D 上的连续函数，且 $f(x,y)\geqslant 0$，则在空间直角坐标系中，它表示在 xOy 坐标面上的一个曲面 S（如图 7－1 所示）. 试求以曲面 S 为顶，以 xOy 面上闭域 D 为底，以平行于 z 轴的直线为母线的立体的体积. 该立体一般称为曲顶柱体，为求该体积，我们采用分割、求和、取极限的三步来计算.

(1) 分割：将闭区域 D 任意分成若干个小区域，分别记为 $\Delta\sigma_1,\Delta\sigma_2,\cdots,\Delta\sigma_n$ 并且以 $\Delta\sigma_i$ 表示其面积. 相应地，曲顶柱体也就被分割成 n 个小曲顶柱体，以 ΔV_i 表示第 i 个小区域 $\Delta\sigma_i$ 的小曲顶柱体的体积，用 V 表示整个曲顶柱体积的体积，则有 $V=\sum\limits_{i=1}^{n}\Delta V_i$.

(2) 求和：当 $\Delta\sigma_i$ 非常小时，由于 $z=f(x,y)$ 是连续函数，故 $\Delta\sigma_i$ 上的小曲顶柱体几乎是柱体，设 (ξ_i,η_i) 是 $\Delta\sigma_i$ 内的任一点，则有

$$\Delta V_i\approx f(\xi_i,\eta_i)\Delta\sigma_i$$

所以

$$V\approx\sum_{i=1}^{n}f(\xi_i,\eta_i)\Delta\sigma_i$$

(3) 求极限：当分割越来越细，$\Delta\sigma_i$ 也越来越小，而逐渐收缩接近于一点. 用 d_i 表示覆盖 $\Delta\sigma_i$ 的最小圆的直径，并取 $d=\max\{d_i\}$，则当 $d\to 0$ 时，上面近似式即为恒等式，即

$$V=\lim_{d\to 0}\sum_{i=1}^{n}f(\xi_i,\eta_i)\Delta\sigma_i$$

从以上引例中，不考虑 $z=f(x,y)$ 的具体含义，我们可给出二重积分的定义.

定义　设 $f(x,y)$ 是定义在有界闭区域 D 上的二元有界函数，将 D 任意分割成 n 个小区域 $\Delta\sigma_1,\Delta\sigma_2,\cdots,\Delta\sigma_n$，在每个小区域 $\Delta\sigma_i$ 中任取一点 (ξ_i,η_i) 作积分和 $\sum\limits_{i=1}^{n}f(\xi_i,\eta_i)\Delta\sigma_i$，当 n 无限增大，各小区域的最大直径 $d=\max\{d_i\}$ 趋近于 0 时，如果积分和式的极限 $\lim\limits_{d\to 0}\sum\limits_{i=1}^{n}f(\xi_i,\eta_i)\Delta\sigma_i$ 存在，并且其极限值与小区域的分割方法及点 (ξ_i,η_i) 的选取无关，则称此极限值为二

元函数 $f(x,y)$ 在区域 D 上的二重积分，记作 $\iint\limits_D f(x,y)\mathrm{d}\sigma$，即

$$\iint\limits_D f(x,y)\mathrm{d}\sigma=\lim_{d\to 0}\sum_{i=1}^{n}f(\xi_i,\eta_i)\Delta\sigma_i$$

其中，D 称为积分区域；$f(x,y)$ 称为被积函数；$\mathrm{d}\sigma$ 称为面积积分元.

若函数 $f(x,y)$ 在区域 D 上二重积分存在，则称 $f(x,y)$ 在区域 D 上可积. 可以证明，若 $f(x,y)$ 在 D 上连续，则 $f(x,y)$ 在 D 上必可积.

由于二重积分定义中，对于任意分割均成立，故对 D 的分割可使用平行 x 轴和 y 轴的两组直线来进行. 从而，将 D 分割成小矩形，它的边长是 Δx_i 和 Δy_i，故 $\Delta\sigma_i=\Delta x_i\Delta y_i$. 因此，在直角坐标中面积积分元 $\mathrm{d}\sigma$ 可写成 $\mathrm{d}x\mathrm{d}y$，即二重积分可记为

$$\iint\limits_D f(x,y)\mathrm{d}\sigma=\iint\limits_D f(x,y)\mathrm{d}x\mathrm{d}y$$

由二重积分的定义可知，曲顶柱体的体积 V 就是曲面方程 $z=f(x,y)\geqslant 0$ 在区域 D 上的二重积分，即

$$V=\iint\limits_D f(x,y)\mathrm{d}x\mathrm{d}y$$

与定积分相类似的，二重积分也有以下7条性质.

性质1　若 $f(x,y)$，$g(x,y)$ 在 D 上可积，则 $f(x,y)\pm g(x,y)$ 在 D 上也可积，且

$$\iint\limits_D [f(x,y)\pm g(x,y)]\mathrm{d}\sigma=\iint\limits_D f(x,y)\mathrm{d}\sigma\pm\iint\limits_D g(x,y)\mathrm{d}\sigma$$

性质2　若 $f(x,y)$ 在 D 上可积，k 为任意常数，则

$$\iint\limits_D k\cdot f(x,y)\mathrm{d}\sigma=k\cdot\iint\limits_D f(x,y)\mathrm{d}\sigma$$

性质3　若 $f(x,y)$ 在 D 上可积，且 D 可分成 D_1 和 D_2 二部分，D_1 与 D_2 无公共面积，则

$$\iint\limits_D f(x,y)\mathrm{d}\sigma=\iint\limits_{D_1} f(x,y)\mathrm{d}\sigma+\iint\limits_{D_2} f(x,y)\mathrm{d}\sigma$$

性质4　若 $f(x,y)$ 在 D 上恒等于1，即 $f(x,y)=1$，则

$$\iint\limits_D f(x,y)\mathrm{d}\sigma=\iint\limits_D \mathrm{d}\sigma=\sigma(D)$$

其中，$\sigma(D)$ 表示区域 D 的面积.

性质5　如果 $f(x,y)$，$g(x,y)$ 在 D 上可积，且 $f(x,y)\leqslant g(x,y)$，则有

$$\iint\limits_D f(x,y)\mathrm{d}\sigma\leqslant\iint\limits_D g(x,y)\mathrm{d}\sigma$$

特殊地　由于

$$-|f(x,y)|\leqslant f(x,y)\leqslant|f(x,y)|$$

所以

$$-\iint\limits_D |f(x,y)|\mathrm{d}\sigma\leqslant\iint\limits_D f(x,y)\mathrm{d}\sigma\leqslant\iint\limits_D |f(x,y)|\mathrm{d}\sigma$$

故有

$$\iint\limits_D |f(x,y)|\mathrm{d}\sigma\geqslant\left|\iint\limits_D f(x,y)\mathrm{d}\sigma\right|$$

性质6 设M和m分别是函数$f(x,y)$在D上的最大值和最小值,$\sigma(D)$是区域D的面积,则

$$m\cdot\sigma(D)\leqslant\iint_D f(x,y)\mathrm{d}\sigma\leqslant M\cdot\sigma(D)$$

性质7(二重积分中值定理) 设$f(x,y)$在有界闭区域D上连续,$\sigma(D)$为D的面积,则在D内至少存在一点(ξ,η),使得

$$\iint_D f(x,y)\mathrm{d}\sigma=f(\xi,\eta)\cdot\sigma(D)$$

该中值定理的几何意义是指在区域D上以曲面$f(x,y)$为顶的曲顶柱体的体积,等于区域D上以某一点(ξ,η)处的函数值$f(\xi,\eta)$为高的平顶柱体的体积.

7.2 直角坐标系下二重积分的计算

1. D的分类

在直角坐标系下,二重积分$\iint_D f(x,y)\mathrm{d}\sigma$的计算取决于$D$.我们一般将$D$分成三种类型,即$x$型区域、$y$型区域和杂合型区域.

(1) x型区域

形如图7-2所示的D称为x型区域,可表示为

$$D:\begin{cases}a\leqslant x\leqslant b,\\ \varphi_1(x)\leqslant y\leqslant\varphi_2(x)\end{cases}$$

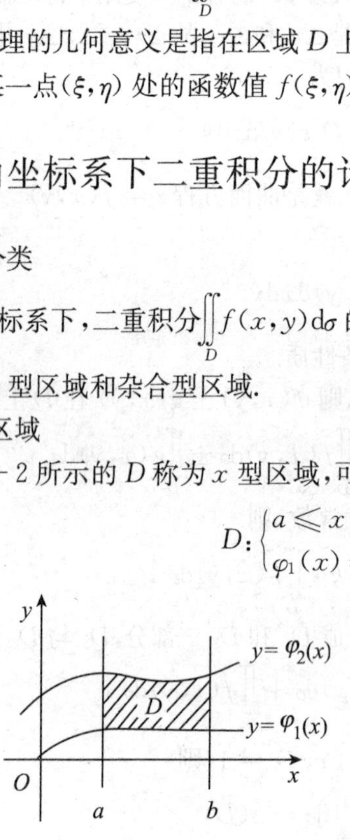

图7-2

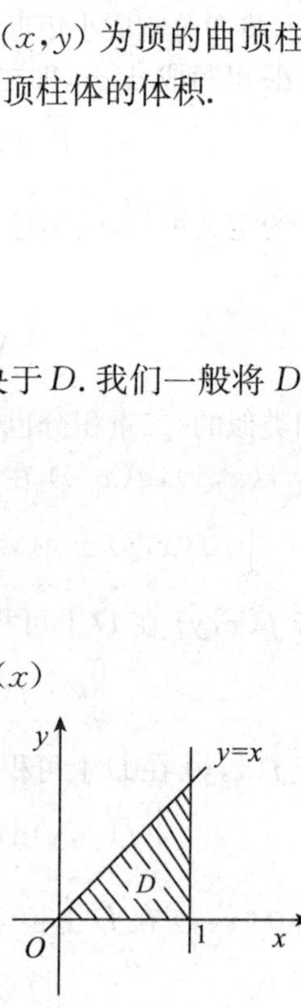

图7-3

例7-1 画出直线$y=x,x=1$及x轴所围成的区域,并写出它的表示式.

解 如图7-3所示,它是x型区域,可表示为

$$D:\begin{cases}0\leqslant x\leqslant 1,\\ 0\leqslant y\leqslant x\end{cases}$$

(2) y型区域

形如图7-4所示的D称为y型区域,可表示为

$$D:\begin{cases}c\leqslant y\leqslant d,\\ \psi_1(y)\leqslant x\leqslant\psi_2(y)\end{cases}$$

例7-2 画出抛物线$y=x^2$,直线$y=2-x$及x轴所围成的区域,并写出它的表达式.

解 如图7-5所示,它是y型区域,可表示为

$$D:\begin{cases}0\leqslant y\leqslant 1,\\ \sqrt{y}\leqslant x\leqslant 2-y\end{cases}$$

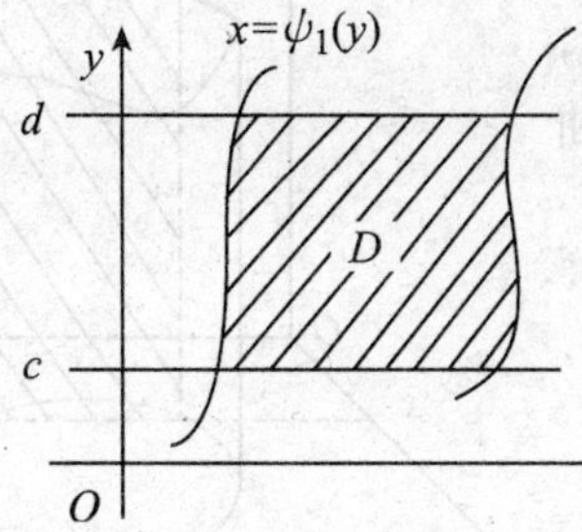

图 7－4

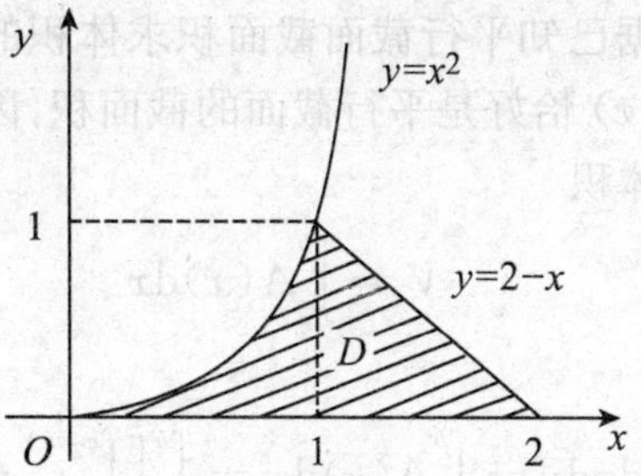

图 7－5

(3) 杂合型区体

所谓杂合型，就是通过分割，将 D 分成若干个 x 型区域或 y 型区域，而不能直接表示成 x 型区域或 y 型区域.

例 7－3　画出曲线 $y=\sin x$，$y=\cos x$，直线 $x=\dfrac{\pi}{2}$，y 轴所围成的区域，并写出它的表达式.

解　如图 7－6 所示，它是杂合型区域，可表示为

$$D_1:\begin{cases}0\leqslant x\leqslant \dfrac{\pi}{4},\\ \sin x\leqslant y\leqslant \cos x\end{cases}\quad 及\quad D_2:\begin{cases}\dfrac{\pi}{4}\leqslant x\leqslant \dfrac{\pi}{2},\\ \cos x\leqslant y\leqslant \sin x\end{cases}$$

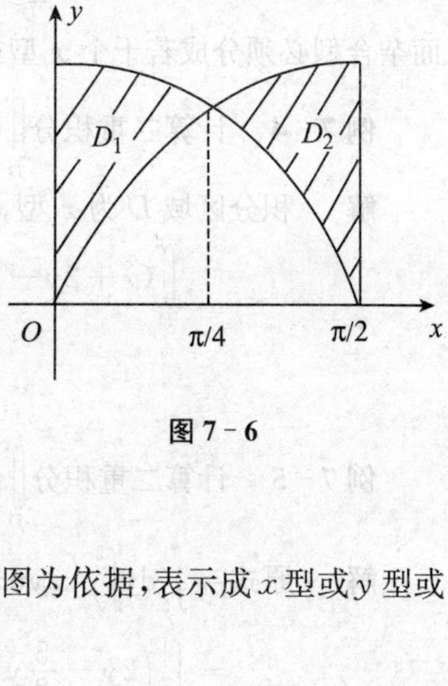

图 7－6

以上就是 D 的三种类型，而各种类型是可以相互转化的. 例如在例 7－1 中，D 也可以表示为 y 型，即

$$D:\begin{cases}0\leqslant y\leqslant 1,\\ y\leqslant x\leqslant 1\end{cases}$$

在例 7－2 中，D 也可以表示成杂合型区域，即

$$D_1:\begin{cases}0\leqslant x\leqslant 1,\\ 0\leqslant y\leqslant x^2\end{cases}\quad 及\quad D_2:\begin{cases}1\leqslant x\leqslant 2,\\ 0\leqslant y\leqslant 2-x\end{cases}$$

而 $D=D_1\cup D_2$.

一般而言，各类型的转化，首先必须画出 D 的形状，以此图为依据，表示成 x 型或 y 型或杂合型.

2. 化二重积分为二次积分

二重积分的几何意义是求曲顶柱体的体积，依此我们利用定积分来计算二重积分.

设 D 为 x 型区域，即

$$D:\begin{cases}a\leqslant x\leqslant b,\\ \varphi_1(x)\leqslant y\leqslant \varphi_2(x)\end{cases}$$

在 x 轴上取一点 $x(a\leqslant x\leqslant b)$，过 x 点作一垂直于 x 轴的平面截曲顶柱体得一曲边梯形，见图 7-7 中阴影部分. 显然，该曲边梯形的两条平行直线分别是 $y=\varphi_1(x)$ 和 $y=\varphi_2(x)$，曲边就是 $z=f(x,y)$.

因此,该曲边梯形的面积 $A(x)=\int_{\varphi_1(x)}^{\varphi_2(x)}f(x,y)\mathrm{d}y$ 是 x 的函数,而 $x\in[a,b]$.

再根据已知平行截面截面积求体积的定积分应用,而这里 $A(x)$ 恰好是平行截面的截面积,因此,可得该曲顶柱体的体积

$$V=\int_a^b A(x)\mathrm{d}x$$

所以

$$\iint_D f(x,y)\mathrm{d}x\mathrm{d}y=\int_a^b A(x)\mathrm{d}x=\int_a^b\Big[\int_{\varphi_1(x)}^{\varphi_2(x)}f(x,y)\mathrm{d}y\Big]\mathrm{d}x$$

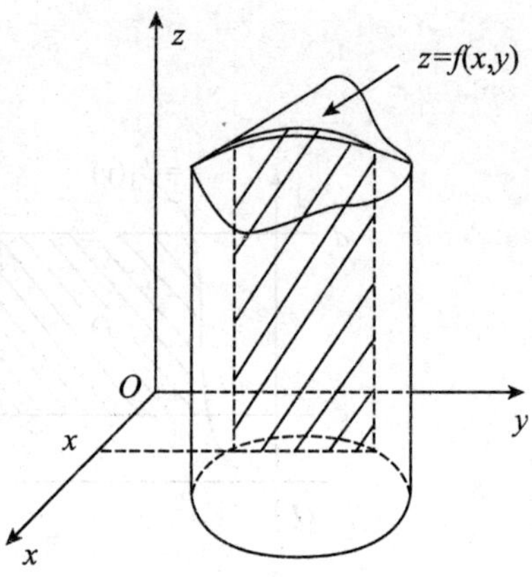

图 7 - 7

显然,这里进行了二次定积分,我们称此为二次积分. 以上的二次积分,我们称为先 y 后 x 二次积分,即二次积分是有次序的. 为了书写方便,先 y 后 x 积分也可表示为

$$\iint_D f(x,y)\mathrm{d}x\mathrm{d}y=\int_a^b\Big[\int_{\varphi_1(x)}^{\varphi_2(x)}f(x,y)\mathrm{d}y\Big]\mathrm{d}x=\int_a^b\mathrm{d}x\int_{\varphi_1(x)}^{\varphi_2(x)}f(x,y)\mathrm{d}y$$

同样的道理,y 型区域可化为先 x 后 y 二次积分,即

$$\iint_D f(x,y)\mathrm{d}\sigma=\int_c^d\mathrm{d}y\int_{\psi_1(y)}^{\psi_2(y)}f(x,y)\mathrm{d}x$$

而杂合型必须分成若干个 x 型或 y 型来计算.

例 7-4 计算二重积分 $\iint_D(x+2y-1)\mathrm{d}x\mathrm{d}y$,其中,$D:\begin{cases}0\leqslant x\leqslant 1,\\0\leqslant y\leqslant x.\end{cases}$

解 积分区域 D 为 x 型,故可写成

$$\iint_D(x+2y-1)\mathrm{d}x\mathrm{d}y=\int_0^1\mathrm{d}x\int_0^x(x+2y-1)\mathrm{d}y=\int_0^1(2x^2-x)\mathrm{d}x$$

$$=\left(\frac{2}{3}x^3-\frac{1}{2}x^2\right)\Big|_0^1=\frac{1}{6}$$

例 7-5 计算二重积分 $\iint_D xy\mathrm{d}x\mathrm{d}y$,其中,$D:\begin{cases}0\leqslant y\leqslant 1,\\\sqrt{y}\leqslant x\leqslant 2-y.\end{cases}$

解 原式 $=\int_0^1\mathrm{d}y\int_{\sqrt{y}}^{2-y}xy\mathrm{d}x=\int_0^1\frac{y}{2}[(2-y)^2-y]\mathrm{d}y$

$$=\int_0^1\left(2y-\frac{5}{2}y^2+\frac{1}{2}y^3\right)\mathrm{d}y=\left(y^2-\frac{5}{6}y^3+\frac{1}{8}y^4\right)\Big|_0^1=\frac{7}{24}.$$

例 7-6 将 $\iint_D f(x,y)\mathrm{d}\sigma$ 化为二次积分,其中,$D:\begin{cases}1\leqslant x^2+y^2\leqslant 2,\\y\geqslant 0.\end{cases}$

解 如图 7-8 所示,将 D 分成三个区域,即

$$D_1:\begin{cases}-\sqrt{2}\leqslant x\leqslant -1,\\0\leqslant y\leqslant\sqrt{2-x^2};\end{cases}\quad D_2:\begin{cases}-1\leqslant x\leqslant 1,\\\sqrt{1-x^2}\leqslant y\leqslant\sqrt{2-x^2};\end{cases}$$

$$D_3:\begin{cases}1\leqslant x\leqslant\sqrt{2},\\0\leqslant y\leqslant\sqrt{2-x^2}\end{cases}$$

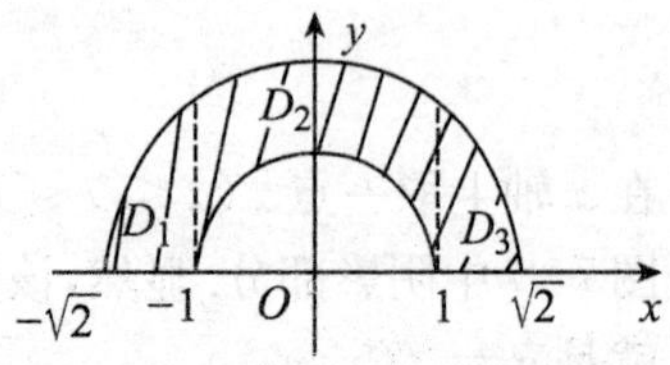

图 7 - 8

所以

$$原式=\int_{-\sqrt{2}}^{-1}dx\int_{0}^{\sqrt{2-x^2}}f(x,y)dy+\int_{-1}^{1}dx\int_{\sqrt{1-x^2}}^{\sqrt{2-x^2}}f(x,y)dy+\int_{1}^{\sqrt{2}}dx\int_{0}^{\sqrt{2-x^2}}f(x,y)dy$$

3. 改变积分次序

改变积分次序就是指将二次积分的次序改变过来. 积分次序是由积分区域的类型决定的，故要改变积分次序，首先就要改变积分区域的类型. 一般的步骤是画图 → 改变积分区域的类型 → 改变积分次序.

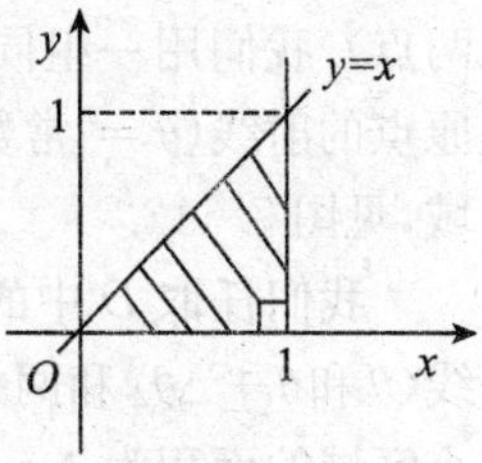

图 7-9

例 7-7　改变积分次序$\int_0^1 dx\int_0^x f(x,y)dy$.

解　画图，如图 7-9 所示，即 $y=x, y=0, x=1, x=0$，D 也可表达为 $0\leqslant y\leqslant 1, y\leqslant x\leqslant 1$，所以

$$原式=\int_0^1 dy\int_y^1 f(x,y)dx$$

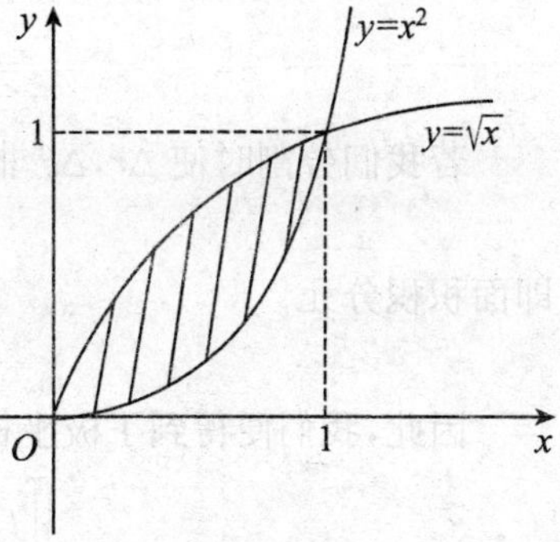

图 7-10

例 7-8　改变积分次序$\int_0^1 dx\int_{x^2}^{\sqrt{x}} f(x,y)dy$.

解　画图如图 7-10 所示，即 $y=\sqrt{x}, y=x^2, x=1, x=0$，$D$ 也可表达为 $0\leqslant y\leqslant 1, y^2\leqslant x\leqslant\sqrt{y}$，所以

$$原式=\int_0^1 dy\int_{y^2}^{\sqrt{y}} f(x,y)dx$$

例 7-9　改变积分次序$\int_0^1 dx\int_x^{5x} f(x,y)dy$.

解　画图如图 7-11 所示，即 $y=x, y=5x, x=0, x=1$. 该区域不能改变为 y 型，可以先将 D 分割成 $D_1\cup D_2$，即

$$D_1:\begin{cases}0\leqslant y\leqslant 1,\\ \dfrac{y}{5}\leqslant x\leqslant y;\end{cases}\quad D_2:\begin{cases}1\leqslant y\leqslant 5,\\ \dfrac{y}{5}\leqslant x\leqslant 1\end{cases}$$

所以

$$原式=\int_0^1 dy\int_{\frac{y}{5}}^{y} f(x,y)dx+\int_1^5 dy\int_{\frac{y}{5}}^{1} f(x,y)dx$$

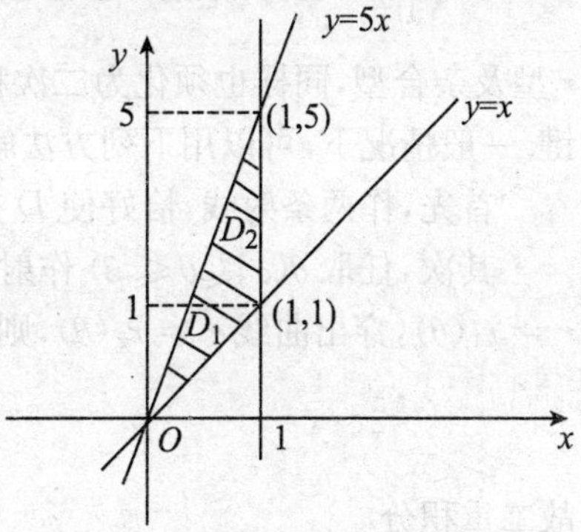

图 7-11

7.3　极坐标下二重积分的计算

如果积分区域 D 所在的"底"不是直角坐标而是极坐标，那么二重积分的计算就是在极坐标下的计算. 从二重积分的定义可知，极坐标下的计算方法必须解决两个问题，即被积函数及面积积分元.

我们知道，直角坐标与极坐标的转化式为

$$\begin{cases}x=r\cos\theta,\\ y=r\sin\theta\end{cases}$$

故

$$f(x,y)=f(r\cos\theta,r\sin\theta)$$

即被积函数已解决，下面我们来讨论极坐标下的面积积分元 $d\sigma$.

设通过原点的射线与区域 D 的边界线的交点不多于两点(即使多于两点，可以将 D 分割成若干小区域，使每个小区域的边界线与射线交点不多于两点). 我们用一组同心圆($r=$ 常数) 和一组通过原点的射线($\theta=$ 常数) 将区域分割成若干个小区域，见图 7－12.

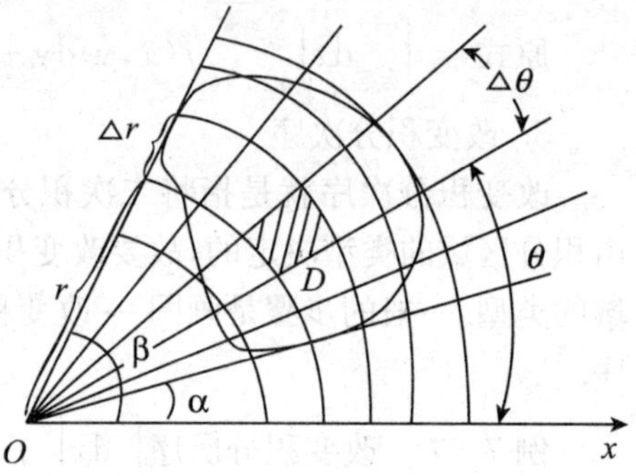

图 7－12

我们任取 D 中的一个小区域，该区域在两条射线(θ 和 $\theta+\Delta\theta$) 和两条半径(r 和 $r+\Delta r$) 之间，记该小区域的面积为 $\Delta\sigma$，则由扇形面积公式可知

$$\Delta\sigma=\frac{1}{2}(r+\Delta r)^2\cdot\Delta\theta-\frac{1}{2}r^2\cdot\Delta\theta$$

$$=r\cdot\Delta r\cdot\Delta\theta+\frac{1}{2}(\Delta r)^2\cdot\Delta\theta$$

若我们分割时使 $\Delta r,\Delta\theta$ 非常小，即趋向于 0，则

$$\Delta\sigma\approx r\cdot\Delta r\cdot\Delta\theta$$

即面积积分元

$$d\sigma=r\mathrm{d}r\mathrm{d}\theta$$

因此，我们便得到了极坐标下的计算公式，即

$$\iint_D f(x,y)\mathrm{d}\sigma=\iint_D f(r\cos\theta,r\sin\theta)r\mathrm{d}r\mathrm{d}\theta$$

上式也可以看作是直角坐标与极坐标之间的转化.

式子 $\iint_D f(r\cos\theta,r\sin\theta)r\mathrm{d}r\mathrm{d}\theta$ 的计算也取决 D 的表示，与上节相类似，D 也可以分为 θ 型、r 型及杂合型，同样也须化为二次积分. 因此，怎样将 D 化为 θ 型或 r 型是最终解决问题的关键. 一般情况下，可以用下列方法解决.

首先，作两条射线，恰好使 D 夹在两射线之间($\theta=\alpha,\theta=\beta,\alpha<\beta$)；

其次，任取 $\theta(\alpha\leqslant\theta\leqslant\beta)$ 作射线使该射线"穿入"D 区域"穿出"D 区域，分别记穿入曲线 $r=r_1(\theta)$，穿出曲线 $r=r_2(\theta)$，则

$$D:\begin{cases}\alpha\leqslant\theta\leqslant\beta,\\ r_1(\theta)\leqslant r\leqslant r_2(\theta)\end{cases}$$

故二重积分

$$\iint_D f(r\cos\theta,r\sin\theta)r\mathrm{d}r\mathrm{d}\theta=\int_\alpha^\beta \mathrm{d}\theta\int_{r_1(\theta)}^{r_2(\theta)}f(r\cos\theta,r\sin\theta)r\mathrm{d}r$$

例 7－10　计算 $\iint_D(x^2+y^2)\mathrm{d}x\mathrm{d}y$，其中 D 为半径为 a，圆心在原点的圆域(见图 7－13).

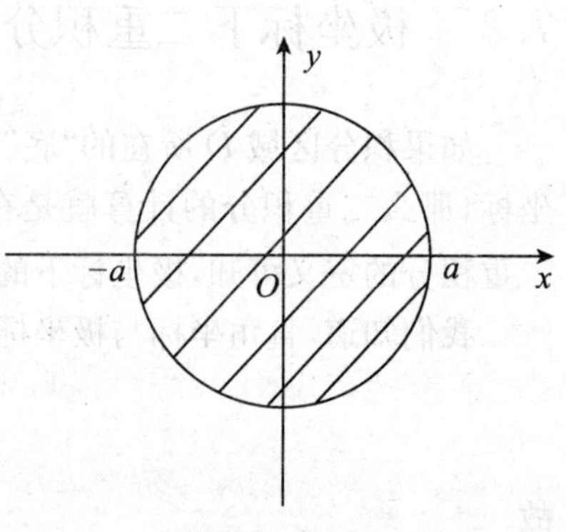

图 7－13

解　首先将 D 表示出来，该 D 可以用 x 型表示，即

$$D:\begin{cases}-a\leqslant x\leqslant a,\\ -\sqrt{a^2-x^2}\leqslant y\leqslant\sqrt{a^2-x^2}\end{cases}$$

也可以用极坐标表示，即

$$D:\begin{cases}0\leqslant\theta\leqslant 2\pi,\\ 0\leqslant r\leqslant a\end{cases}$$

显然，用极坐标简单，有

$$\text{原式}=\iint_D[(r\cos\theta)^2+(r\sin\theta)^2]r\mathrm{d}r\mathrm{d}\theta=\iint_D r^3\mathrm{d}r\mathrm{d}\theta$$

$$=\int_0^{2\pi}\mathrm{d}\theta\cdot\int_0^a r^3\mathrm{d}r=2\pi\frac{1}{4}a^4=\frac{1}{2}\pi a^4$$

例 7-11　计算$\iint\limits_D\sqrt{x^2+y^2}\mathrm{d}x\mathrm{d}y$，其中$D$：$1\leqslant x^2+y^2\leqslant 4$（见图 7-14）.

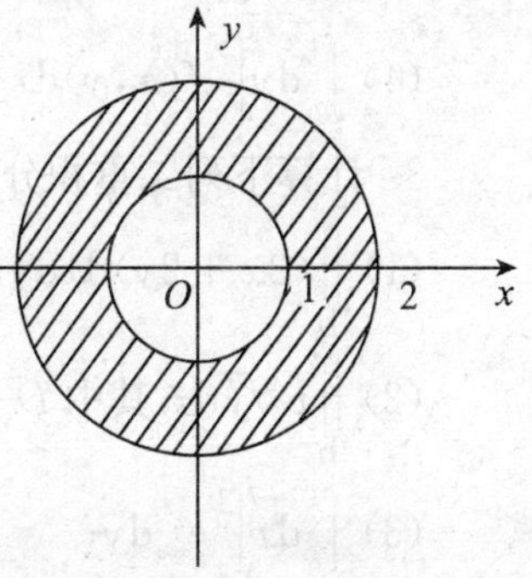

图 7-14

解　D用极坐标表示为$\begin{cases}0\leqslant\theta\leqslant 2\pi,\\ 1\leqslant r\leqslant 2,\end{cases}$所以

$$\text{原式}=\iint_D\sqrt{r^2}r\mathrm{d}r\mathrm{d}\theta=\int_0^{2\pi}\mathrm{d}\theta\int_1^2 r^2\mathrm{d}r$$

$$=2\pi\cdot\frac{1}{3}(2^3-1^3)=\frac{14}{3}\pi$$

例 7-12　计算$\iint\limits_D\arctan\frac{y}{x}\mathrm{d}x\mathrm{d}y$，其中$D$如图 7-15 所示.

解　D可表示为$\begin{cases}0\leqslant\theta\leqslant\frac{\pi}{4},\\ 0\leqslant r\leqslant 1,\end{cases}$所以

$$\text{原式}=\iint_D\arctan\frac{r\sin\theta}{r\cos\theta}r\mathrm{d}r\mathrm{d}\theta=\int_0^{\frac{\pi}{4}}\mathrm{d}\theta\int_0^1\theta r\mathrm{d}r$$

$$=\int_0^{\frac{\pi}{4}}\frac{1}{2}\theta\mathrm{d}\theta=\frac{1}{4}\left[\left(\frac{\pi}{4}\right)^2-0^2\right]=\frac{\pi^2}{64}$$

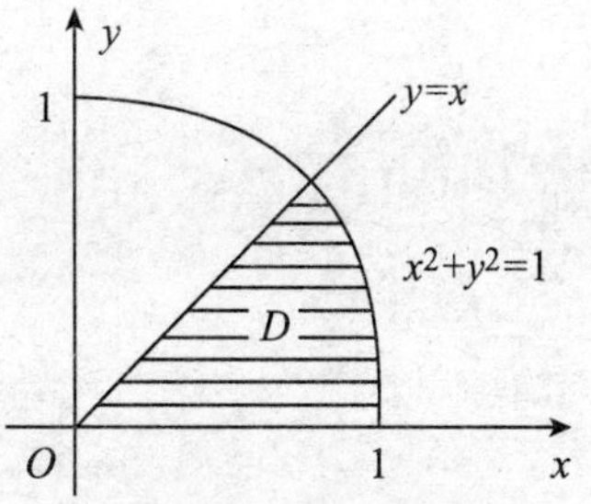

图 7-15

从以上例子可看出，一般来说积分区域为圆、环、扇时，用极坐标来表示要方便一点，而被积函数中含x^2+y^2，$\frac{y}{x}$等因子时，计算时使用极坐标也要方便些.

习题 7

1. 化二重积分$\iint\limits_D f(x,y)\mathrm{d}x\mathrm{d}y$为二次积分，其中

(1) $D=\{(x,y)\mid |x|\leqslant 1,\ |y|\leqslant 1\}$；

(2) D是由抛物线$y=x^2$及直线$y=x+1$所围成的区域；

(3) D是以$(0,0)$，$(\pi,0)$和(π,π)为顶点的三角形区域；

(4) D是由$|x|+|y|\leqslant 1$所围成的封闭区域.

2. 改变下列二次积分的积分次序：

(1) $\int_0^1 dx\int_0^x f(x,y)dy$；

(2) $\int_0^1 dy\int_{-\sqrt{1-y^2}}^{\sqrt{1-y^2}} f(x,y)dx$；

(3) $\int_1^2 dx\int_x^{x^2} f(x,y)dy+\int_2^8 dx\int_x^8 f(x,y)dy$；

(4) $\int_0^1 dy\int_0^y f(x,y)dx+\int_1^2 dy\int_0^{2-y} f(x,y)dx$.

3. 计算下列二重积分：

(1) $\iint\limits_D (3x+2y)dxdy$,其中 $D:0\leqslant x\leqslant 1,0\leqslant y\leqslant x$；

(2) $\iint\limits_D x\sqrt{y}d\sigma$,其中 D 是由两条抛物线 $y=\sqrt{x}$, $y=x^2$ 所围成的闭区域；

(3) $\int_0^1 dx\int_x^1 e^{x^2}dy$；

(4) $\iint\limits_{x^2+y^2\leqslant 1} e^{x^2+y^2}d\sigma$；

(5) $\iint\limits_D (4-x-y)d\sigma$,其中 $D:x^2+y^2\leqslant 2y$；

(6) $\iint\limits_D \ln(x^2+y^2+1)d\sigma$,其中 D 为 $x^2+y^2\leqslant a^2$ 在第一象限部分.

第 8 章　无穷级数

8.1　无穷级数的概念

设已知数列 $u_1, u_2, \cdots, u_n, \cdots$，则式子 $u_1 + u_2 + \cdots + u_n + \cdots$ 就称为无穷级数，简称级数，记作 $\sum_{n=1}^{\infty} u_n$. 其中，u_1 称为首项，第 n 项 u_n 称为一般项.

由此可见，无穷级数实际上是无穷数列的和.

记 $s_n = \sum_{k=1}^{n} u_k = u_1 + u_2 + \cdots + u_n$，称为级数的前 n 项部分和，显然，$s_1, s_2, \cdots, s_n, \cdots$ 是一数列，称为部分和数列，记为 $\{s_n\}$.

定义 8.1　若 $\lim\limits_{n\to\infty} s_n = s$，即 $\{s_n\}$ 极限存在，则称级数 $\sum_{n=1}^{\infty} u_n$ 收敛，记作 $\sum_{n=1}^{\infty} u_n = s$；反之，若 $\{s_n\}$ 极限不存在，则称级数 $\sum_{n=1}^{\infty} u_n$ 发散.

级数收敛或发散，简称为级数的敛散性.

如果级数收敛，则其和与部分和之差称为级数的余项，记作 R_n，即 $R_n = s - s_n$. R_n 实质上是用 s_n 来估计 s 所产生的误差.

例 8-1　判别 $\sum_{n=1}^{\infty} n = 1 + 2 + \cdots + n + \cdots$ 的敛散性.

解　因为

$$s_n = \sum_{k=1}^{n} k = 1 + 2 + \cdots + n = \frac{n(n+1)}{2}$$

有

$$\lim_{n\to\infty} s_n = \lim_{n\to\infty} \frac{n(n+1)}{2} = \infty$$

所以 $\{s_n\}$ 极限不存在，即 $\sum_{n=1}^{\infty} n$ 发散.

例 8-2　判别 $\sum_{n=1}^{\infty} \frac{1}{n(n+1)}$ 的敛散性.

解　因为

$$\begin{aligned} s_n &= \sum_{k=1}^{n} \frac{1}{k(k+1)} = \frac{1}{1 \cdot 2} + \frac{1}{2 \cdot 3} + \cdots + \frac{1}{n(n+1)} \\ &= \left(\frac{1}{1} - \frac{1}{2}\right) + \left(\frac{1}{2} - \frac{1}{3}\right) + \cdots + \frac{1}{n} - \frac{1}{n+1} = 1 - \frac{1}{n+1} \end{aligned}$$

有

$$\lim_{n\to\infty} s_n = \lim_{n\to\infty}\left(1-\frac{1}{n+1}\right)=1$$

所以级数$\sum_{n=1}^{\infty}\frac{1}{n(n+1)}$收敛，并且和为 1，即$\sum_{n=1}^{\infty}\frac{1}{n(n+1)}=1$

例 8 - 3　讨论级数$\sum_{n=1}^{\infty}q^n$的敛散性(q 为常数).

解

$$s_n=\sum_{k=1}^{n}q^k=q+q^2+\cdots+q^n$$

这是个公比为 q 的等比数列.

(1) 若 $q=1$，则 $s_n=n$，而$\lim\limits_{n\to\infty}s_n=\lim\limits_{n\to\infty}n=\infty$，所以级数发散.

(2) 若 $|q|\neq 1$，则 $s_n=\frac{q(1-q^n)}{1-q}$，故

$$\lim_{n\to\infty}s_n=\frac{q}{1-q}(1-\lim_{n\to\infty}q^n)$$

由数列极限可知：$|q|>1$ 时，$\lim\limits_{n\to\infty}q^n$ 不存在；$|q|<1$ 时，$\lim\limits_{n\to\infty}q^n=0$. 因此，$|q|>1$ 时，级数发散；$|q|<1$ 时，级数收敛于$\frac{q}{1-q}$.

(3) $q=-1$ 时，$s_n=-1+1-1+1+\cdots+(-1)^n$，故

$$s_n=\begin{cases}-1, & n\text{ 为奇数}\\ 0, & n\text{ 为偶数}\end{cases}$$

因此，$\lim\limits_{n\to\infty}s_n$ 也不存在，即 $q=-1$ 时，级数发散.

综上所述，$\sum_{n=1}^{\infty}q^n$ 的敛散性是：当 $|q|\geqslant 1$ 时，级数发散；当 $|q|<1$ 时，级数收敛，其和为$\frac{q}{1-q}$.

该例子的结论在今后的学习中可以直接引用，例如

$$\sum_{n=1}^{\infty}\left(\frac{2}{3}\right)^n=\frac{\frac{2}{3}}{1-\frac{2}{3}}=2\quad\left(\text{因为}\left|\frac{2}{3}\right|<1\right)$$

但同时须注意 q 必须为常数，如$\sum_{n=1}^{\infty}\left(\frac{n}{n+1}\right)^n$，虽然$\left|\frac{n}{n+1}\right|<1$，但该级数发散(理由后面会讲).

8.2　无穷级数的基本性质

性质 1　两个收敛级数的对应项相加(减)，所得新级数仍收敛，结果就是这两个级数的和相加(减).

证　设

$$\sum_{n=1}^{\infty}u_n=u_1+u_2+\cdots+u_n+\cdots=s$$

$$\sum_{n=1}^{\infty} v_n = v_1 + v_2 + \cdots + v_n + \cdots = \sigma$$

为两个收敛级数，s 和 σ 分别是它们的和.

再设

$$s_n = \sum_{k=1}^{n} u_k,\quad \sigma_n = \sum_{k=1}^{n} v_k$$

因此

$$\lim_{n\to\infty} s_n = s,\quad \lim_{n\to\infty} \sigma_n = \sigma$$

对于级数 $\sum_{n=1}^{\infty}(u_n \pm v_n)$，令

$$w_n = \sum_{k=1}^{n}(u_k \pm v_k) = \sum_{k=1}^{n} u_k \pm \sum_{k=1}^{n} v_n = s_n \pm \sigma_n$$

所以

$$\lim_{n\to\infty} w_n = \lim_{n\to\infty} s_n \pm \lim_{n\to\infty} \sigma_n = s \pm \sigma$$

性质 2　收敛级数的每一项乘以任意常数后，级数仍收敛，且和就是原级数和乘以该任意常数.

该性质由读者自己证明.

性质 3　在一个级数中添加（或删除）有限项，则级数的敛散性不变.

由于有限项的和也是有限的，因此，原级数的敛散性不受有限数值的影响，但同时也说明，原级数收敛的和可能会改变，改变值就是这有限项的和.

性质 4　收敛级数加括号后形成的新级数也收敛，并且其和就是原级数的和.

证　设 $\sum_{n=1}^{\infty} u_n$ 收敛，和为 s，即

$$u_1 + u_2 + \cdots + u_n + \cdots = s$$

所谓加括号，就是将某几项相邻的合成一项. 如

$$s = (u_1 + u_2) + (u_3 + u_4 + u_5 + u_6) + (u_7 + \cdots + u_{7+k}) + \cdots$$

设

$$v_1 = u_1 + u_2,\quad v_2 = u_3 + u_4 + u_5 + u_6,\quad v_3 = u_7 + \cdots + u_{7+k},\quad \cdots$$

有

$$w_m = v_1 + v_2 + \cdots + v_m,\quad s_n = u_1 + u_2 + \cdots + u_n$$

显然，对于某 n，有 $w_m = s_n$，且 $m < n$，但 $m \to \infty$ 时，$n \to \infty$，所以

$$\lim_{m\to\infty} w_m = \lim_{n\to\infty} s_n = s$$

注意：加括号后收敛的级数，原级数不一定收敛，见例 8-3 中 $q=-1$ 的情况；但若加括号后的级数发散，则原级数必发散.

性质 5（级数收敛的必要条件）　若级数 $\sum_{n=1}^{\infty} u_n = u_1 + u_2 + \cdots + u_n + \cdots$ 收敛，则 $\lim_{n\to\infty} u_n = 0$.

证　设

$$s_n = \sum_{k=1}^{n} u_k = u_1 + u_2 + \cdots + u_n$$

因为$\sum\limits_{n=1}^{\infty}u_n$收敛,所以$\lim\limits_{n\to\infty}s_n$存在,设为$s$,即$\lim\limits_{n\to\infty}s_n=s$,而$u_n=s_n-s_{n-1}$,所以

$$\lim_{n\to\infty}u_n=\lim_{n\to\infty}(s_n-s_{n-1})=\lim_{n\to\infty}s_n-\lim_{n\to\infty}s_{n-1}=s-s=0$$

该性质说明,收敛的级数必有$\lim\limits_{n\to\infty}u_n=0$. 因此,若$\lim\limits_{n\to\infty}u_n$不为0或不存在,则级数一定发散. 但须注意的是,$\lim\limits_{n\to\infty}u_n=0$的级数未必收敛.

例如$\sum\limits_{n=1}^{\infty}\left(\frac{n}{1+n}\right)^n$,因为

$$u_n=\left(\frac{n}{n+1}\right)^n=\frac{1}{\left(1+\frac{1}{n}\right)^n}$$

而$\lim\limits_{n\to\infty}u_n=\frac{1}{\mathrm{e}}\neq0$,所以该级数发散.

又如$\sum\limits_{n=1}^{\infty}\ln\frac{n+1}{n}$,有

$$\lim_{n\to\infty}u_n=\lim_{n\to\infty}\ln\frac{n+1}{n}=\lim_{n\to\infty}\ln\left(1+\frac{1}{n}\right)=\ln1=0$$

但

$$\begin{aligned}s_n&=\sum_{k=1}^{n}\ln\frac{k+1}{k}=\ln2+\ln\frac{3}{2}+\ln\frac{4}{3}+\cdots+\ln\frac{n+1}{n}\\&=\ln2+(\ln3-\ln2)+(\ln4-\ln3)+\cdots+[\ln(n+1)-\ln n]=\ln(n+1)\end{aligned}$$

因为$\lim\limits_{n\to\infty}s_n=\lim\limits_{n\to\infty}\ln(n+1)=\infty$,所以该级数发散.

8.3　正项级数

如果级数$\sum\limits_{n=1}^{\infty}u_n=u_1+u_2+\cdots+u_n+\cdots$,若$u_n\geqslant0$,则称为正项级数. 由于$u_n\geqslant0$,则

$s_n=\sum\limits_{k=1}^{n}u_k=s_{n-1}+u_n\geqslant s_{n-1}$,因此,$\{s_n\}$为单调递增数列,即$s_1\leqslant s_2\leqslant\cdots\leqslant s_{n-1}\leqslant s_n\cdots$.

由数列极限的存在准则可知:只要$\{s_n\}$有界,$\lim\limits_{n\to\infty}s_n$一定存在,也即级数$\sum\limits_{n=1}^{\infty}u_n$收敛,否则级数发散.

定理8.1(比较判别法)　若两个正项级数$\sum\limits_{n=1}^{\infty}u_n$和$\sum\limits_{n=1}^{\infty}v_n$,满足$u_n\leqslant v_n(n=1,2,\cdots)$,则

(1) 若$\sum\limits_{n=1}^{\infty}v_n$收敛,则$\sum\limits_{n=1}^{\infty}u_n$也收敛;

(2) 若$\sum\limits_{n=1}^{\infty}u_n$发散,则$\sum\limits_{n=1}^{\infty}v_n$也发散.

证　(1) 因为$\sum\limits_{n=1}^{\infty}v_n$收敛,则其部分和$\sigma_n$有极限,即$\lim\limits_{n\to\infty}\sigma_n=\sigma$存在,故$\{\sigma_n\}$有界. $\sum\limits_{n=1}^{\infty}u_n$的部分和为$s_n$.

因为 $u_n \leqslant v_n$，所以 $s_n \leqslant \sigma_n$，又因为 $0 \leqslant s_n \leqslant \sigma_n$，所以 $\{s_n\}$ 有界，故 $\sum\limits_{n=1}^{\infty} u_n$ 收敛.

(2) 假设 $\sum\limits_{n=1}^{\infty} v_n$ 收敛. 因为 $u_n \leqslant v_n$，则由(1)可知 $\sum\limits_{n=1}^{\infty} u_n$ 也收敛，而这与已知矛盾，所以假设错误，即 $\sum\limits_{n=1}^{\infty} v_n$ 发散.

例 8-4　判定调和级数 $\sum\limits_{n=1}^{\infty} \dfrac{1}{n}$ 的敛散性.

解

$$\begin{aligned}\sum_{n=1}^{\infty} \frac{1}{n} &= 1 + \frac{1}{2} + \frac{1}{3} + \cdots + \frac{1}{n} + \cdots \\ &= 1 + \frac{1}{2} + \left(\frac{1}{3} + \frac{1}{4}\right) + \left(\frac{1}{5} + \cdots + \frac{1}{8}\right) + \cdots + \frac{1}{n}\end{aligned}$$

因为

$$1 > \frac{1}{2}$$

$$\frac{1}{2} \geqslant \frac{1}{2}$$

$$\frac{1}{3} + \frac{1}{4} > \frac{1}{4} + \frac{1}{4} = \frac{1}{2}$$

$$\frac{1}{5} + \cdots + \frac{1}{8} > \frac{1}{8} + \frac{1}{8} + \frac{1}{8} + \frac{1}{8} = \frac{4}{8} = \frac{1}{2}$$

$$\vdots$$

即调和级数加括号后每一项均大于等于$\dfrac{1}{2}$，所以一般项的极限不可能为 0，故级数发散. 由比较判别法可知，加括号的级数是发散的，因此，调和级数是发散的.

例 8-5　形如$\sum\limits_{n=1}^{\infty} \dfrac{1}{n^p}$ 的级数称为 p-级数，试讨论 p-级数的敛散性.

解　当 $p \leqslant 1$ 时，因为$\dfrac{1}{n^p} \geqslant \dfrac{1}{n}$，而$\sum\limits_{n=1}^{\infty} \dfrac{1}{n}$ 发散，所以$\sum\limits_{n=1}^{\infty} \dfrac{1}{n^p}$ 也发散.

当 $p > 1$ 时

$$\begin{aligned}\sum_{n=1}^{\infty} \frac{1}{n^p} &= 1 + \frac{1}{2^p} + \frac{1}{3^p} + \cdots + \frac{1}{n^p} + \cdots \\ &= 1 + \left(\frac{1}{2^p} + \frac{1}{3^p}\right) + \left(\frac{1}{4^p} + \frac{1}{5^p} + \frac{1}{6^p} + \frac{1}{7^p}\right) + \cdots\end{aligned}$$

因为

$$\frac{1}{2^p} + \frac{1}{3^p} < \frac{1}{2^p} + \frac{1}{2^p} = \frac{1}{2^{p-1}}$$

$$\frac{1}{4^p} + \frac{1}{5^p} + \frac{1}{6^p} + \frac{1}{7^p} < \frac{1}{4^p} + \frac{1}{4^p} + \frac{1}{4^p} + \frac{1}{4^p} = \frac{4}{4^p} = \left(\frac{1}{2^{p-1}}\right)^2$$

$$\frac{1}{8^p} + \cdots + \frac{1}{15^p} < \frac{1}{8^p} + \cdots + \frac{1}{8^p} = \frac{8}{8^p} = \frac{1}{8^{p-1}} = \left(\frac{1}{2^{p-1}}\right)^3$$

$$\vdots$$

显然，$1+\frac{1}{2^{p-1}}+\left(\frac{1}{2^{p-1}}\right)^2+\left(\frac{1}{2^{p-1}}\right)^3+\cdots$ 是一个公比为$\frac{1}{2^{p-1}}$ 的等比数列和式.

因为 $p>1$，所以$\frac{1}{2^{p-1}}<1$，由例 8-3 可知该级数收敛，又由比较判别法可知，该级数加括号后是收敛的. 又因为该级数为正项级数，则加括号后的部分和等于对应不加括号的部分和，因此，加括号收敛则不加括号也收敛. 故当 $p>1$ 时，p-级数收敛.

注：(1) 该级数是比较判别法中常用来作比较的级数，请大家务必牢记其结果；

(2) 从证明过程说明，正项级数加不加括号敛散性是不变的，即加括号或去除括号不会改变其敛散性.

定理 8.2（比较判别法的极限形式） 若$\sum_{n=1}^{\infty}u_n$，$\sum_{n=1}^{\infty}v_n$ 均为正项级数，且

$$\lim_{n\to\infty}\frac{u_n}{v_n}=\rho,\quad 0<\rho<+\infty$$

则$\sum_{n=1}^{\infty}u_n$ 与$\sum_{n=1}^{\infty}v_n$ 同敛散.

该定理不作证明，它是比较判别法的推广，但使用起来更方便.

例 8-6 判别$\sum_{n=1}^{\infty}\sin\frac{n}{n^2+1}$ 的敛散性.

解 因为

$$\lim_{n\to\infty}\frac{\sin\frac{n}{n^2+1}}{\frac{1}{n}}=\lim_{n\to\infty}\left(\frac{\sin\frac{n}{n^2+1}}{\frac{n}{n^2+1}}\cdot\frac{n^2}{n^2+1}\right)$$

$$=\lim_{n\to\infty}\frac{\sin\frac{n}{n^2+1}}{\frac{n}{n^2+1}}\cdot\lim_{n\to\infty}\frac{1}{1+\frac{1}{n^2}}=1\cdot1=1$$

而$\sum_{n=1}^{\infty}\frac{1}{n}$ 发散，故原级数也发散.

定理 8.3［比值判别法，也称达朗贝尔(D′Alembert) 判别法］ 若$\sum_{n=1}^{\infty}u_n$ 为正项级数，而$\lim_{n\to\infty}\frac{u_{n+1}}{u_n}=\rho$，则

(1) 当 $0\leqslant\rho<1$ 时，$\sum_{n=1}^{\infty}u_n$ 收敛；

(2) 当 $\rho>1$（或 $\rho=\infty$）时，$\sum_{n=1}^{\infty}u_n$ 发散；

(3) 当 $\rho=1$ 时，$\sum_{n=1}^{\infty}u_n$ 的敛散性无法确定.

证 因为$\lim_{n\to\infty}\frac{u_{n+1}}{u_n}=\rho$，所以对任意给定的 $\varepsilon>0$，存在一正整数 N，当 $n>N$ 时，有$\left|\frac{u_{n+1}}{u_n}-\rho\right|<\varepsilon$，即

$$\rho-\varepsilon<\frac{u_{n+1}}{u_n}<\rho+\varepsilon$$

又因为 $u_n\geqslant 0$，所以

$$(\rho-\varepsilon)u_n<u_{n+1}<(\rho+\varepsilon)u_n$$

(1) 当 $\rho<1$ 时，有 $u_{n+1}<(\rho+\varepsilon)u_n, n>N$，即

$$u_{N+1}<(\rho+\varepsilon)u_N$$

$$u_{N+2}<(\rho+\varepsilon)u_{N+1}<(\rho+\varepsilon)^2u_N$$

$$\vdots$$

$$u_{N+k}<(\rho+\varepsilon)^k u_N$$

因为

$$\sum_{n=1}^{\infty}u_n=u_1+u_2+\cdots+u_N+u_{N+1}+\cdots+u_{N+k}+\cdots$$

显然，从 N 项起，$u_{N+k}<(\rho+\varepsilon)^k u_N$.

因为 $\rho<1$，我们取 ε，使 $\rho+\varepsilon<1$，则 $\sum\limits_{k=1}^{\infty}(\rho+\varepsilon)^k u_N$ 是收敛的，据比较判别法可知 $\sum\limits_{k=1}^{\infty}u_{N+k}$ 也收敛. 又由级数收敛的性质 3 可知 $\sum\limits_{n=1}^{\infty}u_n$ 收敛.

(2) 当 $\rho>1$ 且不为 ∞ 时，取 ε 使 $\rho-\varepsilon>1$.

因为

$$u_{n+1}>u_n(\rho-\varepsilon),\quad n>N$$

所以

$$u_{N+1}>(\rho-\varepsilon)u_N$$

$$u_{N+2}>(\rho-\varepsilon)u_{N+1}>(\rho-\varepsilon)^2u_N$$

$$\vdots$$

$$u_{N+k}>(\rho-\varepsilon)^k u_N$$

因为 $\rho-\varepsilon>1$，所以 $\sum\limits_{k=1}^{\infty}(\rho-\varepsilon)^k u_N$ 发散，据比较判别法可知 $\sum\limits_{k=1}^{\infty}u_{N+k}$ 也发散. 又由级数收敛的性质 3 可得 $\sum\limits_{n=1}^{\infty}u_n$ 也发散.

当 $\rho=\infty$ 时，即 $\lim\limits_{n\to\infty}\frac{u_{n+1}}{u_n}=\infty$，对于任意给定的正数 $k>0$，总存在一个 $N>0$，当 $n>N$ 时，使得 $\left|\frac{u_{n+1}}{u_n}\right|>k$ 成立，即 $u_{n+1}>ku_n$. 令 $k>1$，即与上相同.

(3) 当 $\rho=1$ 时，我们只要用 p-级数就可说明.

由例 8-5 可知 $p>1$ 时，p-级数收敛；$p\leqslant 1$ 时，p-级数发散. 但

$$\lim_{n\to\infty}\frac{\frac{1}{(n+1)^p}}{\frac{1}{n^p}}=\lim_{n\to\infty}\frac{1}{\left(1+\frac{1}{n}\right)^p}=1$$

例 8-7 判别级数 $\sum\limits_{n=1}^{\infty}\frac{n^3}{3^n}$.

解 因为

$$\lim_{n\to\infty}\frac{\dfrac{(n+1)^3}{3^{n+1}}}{\dfrac{n^3}{3^n}}=\frac{1}{3}\lim_{n\to\infty}\left(1+\frac{1}{n}\right)^3=\frac{1}{3}<1$$

所以原级数收敛.

例 8-8 讨论正数 a,分析级数 $\sum\limits_{n=1}^{\infty}\dfrac{a^n}{n}$ 的敛散性.

解 显然

$$\lim_{n\to\infty}\frac{\dfrac{a^{n+1}}{n+1}}{\dfrac{a^n}{n}}=a\lim_{n\to\infty}\frac{n}{n+1}=a$$

所以当 $a>1$ 时,级数发散;当 $0<a<1$ 时,级数收敛;当 $a=1$ 时,原级数为 $\sum\limits_{n=1}^{\infty}\dfrac{1}{n}$,是调和级数,故发散.

8.4 交错级数、绝对收敛和条件收敛

1. 交错级数

我们将

$u_1-u_2+u_3-u_4+\cdots\quad(u_n>0)$ 或 $-u_1+u_2-u_3+u_4+\cdots\quad(u_n>0)$

的级数称为交错级数.

定理 8.4(莱布尼兹(Leibniz) 判别法) 若级数为交错级数,且满足

(1) $u_{n+1}\leqslant u_n$,其中 $n=1,2,\cdots$;

(2) $\lim\limits_{n\to\infty}u_n=0$,

则该交错级数收敛,且和不超过 u_1.

证 设级数为 $u_1-u_2+\cdots+(-1)^{n-1}u_n+\cdots$,其中 $u_n>0$,且

$$s_n=u_1-u_2+\cdots+(-1)^{n-1}u_n$$

(1) 若 $n=2k$,则 $s_n=u_1-u_2+u_3-u_4+\cdots+u_{n-1}-u_n$,即

$$s_n=(u_1-u_2)+(u_3-u_4)+\cdots+(u_{n-1}-u_n)$$

也可以写成

$$s_n=u_1-(u_2-u_3)-(u_4-u_5)-\cdots-(u_{n-2}-u_{n-1})-u_n$$

由条件(1) 可知,以上两种加括号后,括号内的值恒为非负值. 由第一种加括号可知 $\{s_n\}$ 是递增的,由第二种加括号可知 $s_n<u_1$,即 $\{s_n\}$ 是有界的.

因此,$\{s_n\}$ 有极限,即 $\lim\limits_{n\to\infty}s_n$ 存在,设为 s.

(2) 若 $n=2k+1$,则

$$s_n=s_{n-1}+u_n$$

因为 $\lim\limits_{n\to\infty}u_n=0$,所以

$$\lim_{n\to\infty}s_n=\lim_{n\to\infty}s_{n-1}+\lim_{n\to\infty}u_n=\lim_{n\to\infty}s_{n-1}$$

又因为 $n=2k+1$，所以 $s_{n-1}=s_{2k}$，由(1)可知极限存在，所以

$$\lim_{n\to\infty}s_n=\lim_{n\to\infty}s_{n-1}=s$$

由于级数的前偶数项的和与奇数项的和趋于同一极限 s，因此，$\sum\limits_{n=1}^{\infty}(-1)^{n-1}u_n$ 的部分和数列 $\{s_n\}$ 极限存在且为 s，即 $\lim\limits_{n\to\infty}s_n=s$，所以 $\sum\limits_{n=1}^{\infty}(-1)^{n-1}u_n=s$，即收敛.

因为 $s_n<u_1$，所以 $s\leqslant u_1$.

例 8-9　判断 $\sum\limits_{n=1}^{\infty}\dfrac{(-1)^{n-1}}{\ln(n+1)}$ 的收敛性.

解　因为 $\ln(n+2)>\ln(n+1)$，所以 $\dfrac{1}{\ln(n+2)}<\dfrac{1}{\ln(n+1)}$，即 $u_{n+1}<u_n$.

又因为 $\lim\limits_{n\to\infty}u_n=\lim\limits_{n\to\infty}\dfrac{1}{\ln(n+1)}=0$，所以由莱布尼兹判别法可知，级数是收敛的.

2. 绝对收敛、条件收敛

对于任意常数项级数 $\sum\limits_{n=1}^{\infty}u_n$，对应的 $\sum\limits_{n=1}^{\infty}|u_n|$ 是正项级数，由上一节的内容可知其敛散性，即 $\sum\limits_{n=1}^{\infty}|u_n|$ 的敛散性是可知的.

定理 8.5　若 $\sum\limits_{n=1}^{\infty}|u_n|$ 收敛，则 $\sum\limits_{n=1}^{\infty}u_n$ 也收敛.

证　设

$$w_n=\frac{|u_n|+u_n}{2},\quad v_n=\frac{|u_n|-u_n}{2}$$

因为 $|u_n|\geqslant u_n$，$|u_n|\geqslant -u_n$，所以 $w_n\geqslant 0$，$v_n\geqslant 0$，所以 $\sum\limits_{n=1}^{\infty}w_n$ 及 $\sum\limits_{n=1}^{\infty}v_n$ 均为正项级数.

又因为

$$w_n=\frac{|u_n|+u_n}{2}\leqslant\frac{|u_n|+|u_n|}{2}=|u_n|$$

$$v_n=\frac{|u_n|-u_n}{2}\leqslant\frac{|u_n|+|u_n|}{2}=|u_n|$$

由比较判别法可知，$\sum\limits_{n=1}^{\infty}w_n$ 及 $\sum\limits_{n=1}^{\infty}v_n$ 均收敛，又由性质 1 可知 $\sum\limits_{n=1}^{\infty}(w_n-v_n)$ 也收敛. 而

$$w_n-v_n=\frac{|u_n|+u_n}{2}-\frac{|u_n|-u_n}{2}=u_n$$

故 $\sum\limits_{n=1}^{\infty}u_n$ 收敛.

定义 8.2　若 $\sum\limits_{n=1}^{\infty}|u_n|$ 收敛，我们称 $\sum\limits_{n=1}^{\infty}u_n$ 绝对收敛；若 $\sum\limits_{n=1}^{\infty}|u_n|$ 发散，但 $\sum\limits_{n=1}^{\infty}u_n$ 收敛，我们称 $\sum\limits_{n=1}^{\infty}u_n$ 条件收敛.

由此定义可知，收敛的正项级数均为绝对收敛，而对于条件收敛，我们仅能讨论交错级数了.

例 8-10 讨论$\sum\limits_{n=1}^{\infty}\sin\frac{x}{n^2}$的敛散性.

解 设$u_n=\sin\frac{x}{n^2}$，$|u_n|=|\sin\frac{x}{n^2}|$，有

$$\lim_{n\to\infty}\frac{|u_n|}{\frac{1}{n^2}}=\lim_{n\to\infty}\frac{\left|\sin\frac{x}{n^2}\right|}{\frac{1}{n^2}}=|x|$$

显然$x=0$时，原级数为$\sum\limits_{n=1}^{\infty}0=0$，收敛；$x\neq 0$时，$\sum\limits_{n=1}^{\infty}|u_n|$与$\sum\limits_{n=1}^{\infty}\frac{1}{n^2}$同敛散，而$\sum\limits_{n=1}^{\infty}\frac{1}{n^2}$为$p=2$的$p$-级数，收敛，所以$\sum\limits_{n=1}^{\infty}\left|\sin\frac{x}{n^2}\right|$亦收敛.

总之，对于任意x，原级数绝对收敛.

例 8-11 讨论$\sum\limits_{n=1}^{\infty}\frac{x^n}{n}$的敛散性.

解 因为

$$\lim_{n\to\infty}\left|\frac{u_{n+1}}{u_n}\right|=\lim_{n\to\infty}\left|\frac{\frac{x^{n+1}}{n+1}}{\frac{x^n}{n}}\right|=\lim_{n\to\infty}\frac{n}{n+1}|x|=|x|$$

所以当$|x|<1$时，原级数绝对收敛.

又当$|x|>1$时，因为

$$\lim_{t\to\infty}\frac{|x|^t}{t}=\lim_{t\to\infty}|x|^t\cdot\ln|x|=\infty\neq 0$$

所以

$$\lim_{n\to\infty}|u_n|=\lim_{n\to\infty}\frac{|x|^n}{n}=\infty\neq 0$$

故原级数发散.

而当$x=1$时，原级数为$\sum\limits_{n=1}^{\infty}\frac{1}{n}$，是调和级数，发散；当$x=-1$时，原级数为$\sum\limits_{n=1}^{\infty}\frac{(-1)^n}{n}$，是交错级数，设$v_n=\frac{1}{n}$，$v_{n+1}=\frac{1}{n+1}$，因为$v_n>v_{n+1}$，并且$\lim\limits_{n\to\infty}v_n=\lim\limits_{n\to\infty}\frac{1}{n}=0$，所以收敛.

由上所讨论可得：$x\in[-1,1)$时，级数收敛；$x\in(-\infty,-1)$和$[1,+\infty)$时，级数发散.且$x\in(-1,1)$时，级数绝对收敛，$x=-1$时，级数条件收敛.

8.5 幂级数

1. 函数项级数的概念

前面我们学习的级数是不含变量的，我们统称这种级数为常数项级数.

如果给出一个区间I上的函数列$u_1(x),u_2(x),\cdots,u_n(x),\cdots$，则由这一函数列构成的级数$u_1(x)+u_2(x)+\cdots+u_n(x)+\cdots$称为定义在区间$I$上的函数项级数，简称级数. 设$x_0\in I$，则$u_1(x_0)+u_2(x_0)+\cdots+u_n(x_0)+\cdots$是一个常数项级数，由前面知识可知其敛散性.

定义 8.3　若 $\sum_{n=1}^{\infty} u_n(x_0)$ 是收敛的，称 x_0 为 $\sum_{n=1}^{\infty} u_n(x)$ 的收敛点；若 $\sum_{n=1}^{\infty} u_n(x_0)$ 是发散的，称 x_0 为 $\sum_{n=1}^{\infty} u_n(x)$ 的发散点. 级数 $\sum_{n=1}^{\infty} u_n(x)$ 的收敛点的全体，称为 $\sum_{n=1}^{\infty} u_n(x)$ 的收敛域.

定义 8.4　如果 $\sum_{n=1}^{\infty} u_n(x)$ 收敛，其和 s 与 x 有关，即 x 在收敛域内变化时，其和 s 也在变化. 因此，s 实际上是 x 的一个定义在收敛域内的函数. 我们称之为和函数，记作 $s(x)$，即 $s(x) = \sum_{n=1}^{\infty} u_n(x)$.

显然，$s(x)$ 的定义域是 $\sum_{n=1}^{\infty} u_n(x)$ 的收敛域.

例 8-12　讨论 $\sum_{n=0}^{\infty} x^n = 1 + x + x^2 + \cdots + x^n + \cdots$ 的收敛域，并确定其和函数.

解　因为

$$\lim_{n\to\infty}\left|\frac{x^{n+1}}{x^n}\right| = \lim_{n\to\infty} |x| = |x|$$

所以 $|x| < 1$ 时收敛，$|x| > 1$ 时发散.

又因为 $x = 1$ 时，$\sum_{n=0}^{\infty} 1^n = \sum_{n=0}^{\infty} 1$ 发散，$x = -1$ 时，$\sum_{n=0}^{\infty} (-1)^n$ 发散，故 $\sum_{n=0}^{\infty} x^n$ 的收敛域为 $-1 < x < 1$.

又因为 $s_n = \sum_{k=0}^{n} x^k = \dfrac{1-x^n}{1-x}$，所以

$$\lim_{n\to\infty} s_n = \lim_{n\to\infty}\frac{1-x^n}{1-x} = \frac{1}{1-x}(1 - \lim_{n\to\infty} x^n)$$

因为 $|x| < 1$，所以 $\lim_{n\to\infty} x^n = 0$，故

$$s(x) = \lim_{n\to\infty} s_n = \frac{1}{1-x}$$

当 $u_n(x)$ 为 x 的幂函数时，函数项级数就称为幂级数，例如，$\sum_{n=0}^{\infty} a_n x^n$，$\sum_{n=0}^{\infty} a_n (x-x_0)^n$ 等等. 在这里，a_n 称为幂级数的系数，是一个仅与 n 有关，与 x 无关的实数.

我们将 $\sum_{n=0}^{\infty} a_n x^n$ 称之为标准幂级数，那么其他幂级数就是非标准幂级数. 在下面的内容中，我们仅对标准幂级数进行讨论，这是因为非标准幂级数可以化为标准幂级数. 例如，对于 $\sum_{n=0}^{\infty} a_n (x-x_0)^n$，我们令 $t = x - x_0$，则 $\sum_{n=0}^{\infty} a_n t^n$ 就是标准幂级数.

2. 幂级数的收敛半径和收敛区间

定理 8.6(阿贝尔(Abel) 定理)　若 $\sum_{n=0}^{\infty} a_n x^n$ 在 $x = x_0$ 处收敛，则对于满足 $|x| < |x_0|$ 的任一个 x 值，幂级数都绝对收敛；若在 $x = x_0$ 处发散，则对于满足 $|x| > |x_0|$ 的任一个 x 值，幂级数都发散.

证　先证前一部分.

设 $x=x_0(x_0\neq 0)$ 处 $\sum\limits_{n=0}^{\infty}a_nx^n$ 收敛，即 $\sum\limits_{n=0}^{\infty}a_nx_0^n$ 收敛，由收敛级数的必要条件可得 $\lim\limits_{n\to\infty}a_nx_0^n=0$. 又由收敛数列的有界性可得：存在 $M>0$，使

$$|a_nx_0^n|\leqslant M,\quad n=1,2,\cdots$$

所以

$$|a_nx^n|=\left|a_nx_0^n\cdot\left(\frac{x}{x_0}\right)^n\right|=|a_nx_0^n|\cdot\left|\frac{x}{x_0}\right|^n\leqslant M\cdot\left|\frac{x}{x_0}\right|^n$$

因为 $|x|<|x_0|$，所以 $\left|\dfrac{x}{x_0}\right|<1$，所以 $\sum\limits_{n=0}^{\infty}M\cdot\left|\dfrac{x}{x_0}\right|^n$ 收敛.

由比较判别法可知，$\sum\limits_{n=0}^{\infty}|a_nx^n|$ 也收敛，所以 $\sum\limits_{n=0}^{\infty}a_nx^n$ 绝对收敛.

证明第二部分可利用第一部分来证，由读者自行完成.

以上定理说明，幂级数的收敛域是一个以原点为中心的对称区间，我们将此区间称为幂级数的收敛区间，而区间长度的一半称为收敛半径，一般记作 R. 下面，介绍一个计算收敛半径的定理.

定理 8.7 对于 $\sum\limits_{n=0}^{\infty}a_nx^n$，若 $\lim\limits_{n\to\infty}\left|\dfrac{a_{n+1}}{a_n}\right|=\rho$，则

(1) $0<\rho<\infty$ 时，$R=\dfrac{1}{\rho}$；

(2) $\rho=0$ 时，$R=+\infty$；

(3) $\rho=\infty$ 时，$R=0$.

证 将幂级数各项取绝对值，有 $\sum\limits_{n=0}^{\infty}|a_nx^n|$，用比值判别法，得

$$\lim_{n\to\infty}\left|\frac{a_{n+1}x^{n+1}}{a_nx^n}\right|=|x|\cdot\lim_{n\to\infty}\left|\frac{a_{n+1}}{a_n}\right|=|x|\rho$$

因为 $\rho|x|<1$ 收敛，$\rho|x|>1$ 发散，所以

(1) $0<\rho<\infty$ 时，$|x|<\dfrac{1}{\rho}$ 收敛，$|x|>\dfrac{1}{\rho}$ 发散，所以 $R=\dfrac{1}{\rho}$；

(2) $\rho=0$ 时，$\rho|x|=0<1$，表示对于一切 x，级数都绝对收敛，所以 $R=+\infty$；

(3) $\rho=+\infty$ 时，只有 $x=0$ 时级数才收敛，所以 $R=0$.

例 8-13 求 $\sum\limits_{n=1}^{\infty}\dfrac{x^n}{n}$ 的收敛半径.

解 因为 $\lim\limits_{n\to\infty}\left|\dfrac{\frac{1}{n+1}}{\frac{1}{n}}\right|=1$，所以 $R=\dfrac{1}{1}=1$.

例 8-14 求 $\sum\limits_{n=1}^{\infty}\dfrac{n^3\cdot x^n}{n!}$ 的收敛区间.

解 因为

$$\lim_{n\to\infty}\left|\frac{\frac{(n+1)^3}{(n+1)!}}{\frac{n^3}{n!}}\right|=\lim_{n\to\infty}\frac{(n+1)^2}{n^3}=0$$

所以 $R=+\infty$，即收敛区间为 $(-\infty,+\infty)$.

例 8-15　求 $\sum_{n=0}^{\infty}\frac{n^2}{2^n}x^n$ 的收敛域.

解　因为

$$\lim_{n\to\infty}\left|\frac{\frac{(n+1)^2}{2^{n+1}}}{\frac{n^2}{2^n}}\right|=\lim_{n\to\infty}\frac{(n+1)^2}{2n^2}=\frac{1}{2}$$

所以 $R=2$.

当 $x=-2$ 时，原级数为 $\sum_{n=0}^{\infty}\frac{n^2\cdot(-2)^n}{2^n}=\sum_{n=0}^{\infty}(-1)^n\cdot n^2$，显然发散；当 $x=2$ 时，原级数为 $\sum_{n=0}^{\infty}\frac{n^2\cdot 2^n}{2^n}=\sum_{n=0}^{\infty}n^2$，亦发散. 所以该级数的收敛域为 $(-2,2)$.

例 8-16　求 $\sum_{n=0}^{\infty}\frac{(x-1)^n}{(n+1)^2}$ 的收敛域.

解　因为

$$\lim_{n\to\infty}\left|\frac{u_{n+1}(x)}{u_n(x)}\right|=\lim_{n\to\infty}\frac{\left|\frac{(x-1)^{n+1}}{(n+2)^2}\right|}{\left|\frac{(x-1)^n}{(n+1)^2}\right|}=\lim_{n\to\infty}\frac{(n+1)^2}{(n+2)^2}\cdot|x-1|=|x-1|$$

所以收敛区间为 $|x-1|<1$，即 $-1<x-1<1$，也即 $0<x<2$.

当 $x=0$ 时，原级数为 $\sum_{n=0}^{\infty}\frac{(-1)^n}{(n+1)^2}$，收敛；当 $x=2$ 时，原级数为 $\sum_{n=0}^{\infty}\frac{1}{(n+1)^2}$，也收敛. 因此，该级数的收敛域是 $[0,2]$

例 8-17　确定 $\sum_{n=1}^{\infty}\frac{x^{2n-1}}{n\cdot 2^n}$ 的收敛域.

解　因为

$$\lim_{n\to\infty}\left|\frac{u_{n+1}(x)}{u_n(x)}\right|=\lim_{n\to\infty}\left|\frac{\frac{x^{2n+1}}{(n+1)2^{n+1}}}{\frac{x^{2n-1}}{n\cdot 2^n}}\right|=\lim_{n\to\infty}\frac{n}{2(n+1)}\cdot x^2=\frac{x^2}{2}$$

所以 $\frac{x^2}{2}<1$，即 $-\sqrt{2}<x<\sqrt{2}$.

当 $x=-\sqrt{2}$ 时，原级数为 $\sum_{n=1}^{\infty}\frac{(-\sqrt{2})^{2n-1}}{n\cdot 2^n}=\sum_{n=1}^{\infty}\left(-\frac{1}{\sqrt{2}\cdot n}\right)$，发散；当 $x=\sqrt{2}$ 时，原级数为 $\sum_{n=1}^{\infty}\frac{(\sqrt{2})^{2n-1}}{n\cdot 2^n}=\sum_{n=1}^{\infty}\frac{1}{\sqrt{2}\cdot n}$，亦发散. 所以原级数收敛域为 $(-\sqrt{2},\sqrt{2})$.

从以上例子可看出，标准级数可直接用定理求出收敛半径后，再讨论端点而确定收敛区间；非标准级数则可以直接利用比值判别法得到一个开区间，后再讨论端点便可以了.

3. 幂级数的和函数及性质

由例 8-12 可知

$$\sum_{n=0}^{\infty} x^n = \frac{1}{1-x}, \quad -1 < x < 1$$

我们称$\frac{1}{1-x}$为级数$\sum_{n=0}^{\infty} x^n$的和函数，它的定义域就是级数的收敛域. 下面，我们介绍几个和函数的性质，设

$$s(x) = \sum_{n=0}^{\infty} a_n x^n, \quad x \in I(I\text{ 为收敛域})$$

性质 1 $s(x)$ 在 I 上连续，且

$$s(x_0) = \sum_{n=0}^{\infty} a_n x_0^n, \quad x_0 \in I$$

性质 2 $s(x)$ 在 I 内可导，且

$$s'(x) = \sum_{n=0}^{\infty} a_n (x^n)' = \sum_{n=0}^{\infty} a_n n x^{n-1}$$

该性质称为逐项求导.

性质 3 $s(x)$ 在 I 内可积，且

$$\int_0^x s(x)\mathrm{d}x = \sum_{n=0}^{\infty} a_n \int_0^x x^n \mathrm{d}x = \sum_{n=0}^{\infty} \frac{a_n}{n+1} x^{n+1}$$

该性质称为逐项积分.

以上三条性质我们不作证明，但须读者牢记，并能熟练应用. 对于非标准级数，在收敛域内，同样有这三条性质.

性质 2 和性质 3 表明，和函数的导数和积分就是对应级数一般项的导数和积分，同时，我们也应注意，逐项求导(或逐项积分) 后，新级数的收敛半径不改变，但收敛域可能会改变. 例如，对$\sum_{n=1}^{\infty} \frac{x^n}{n}$，收敛半径为 $R=1$，收敛域为$[-1,1)$. 逐项求导，得$\sum_{n=1}^{\infty} x^{n-1}$，收敛半径为 $R=1$，收敛域为$(-1,1)$；逐项积分，得$\sum_{n=1}^{\infty} \frac{x^{n+1}}{n(n+1)}$，收敛半径为 $R=1$，收敛域为$[-1,1]$.

例 8-18 求$\sum_{n=1}^{\infty} \frac{x^n}{n}$的和函数.

解 由例 8-12 可得$\sum_{n=0}^{\infty} x^n = \frac{1}{1-x}$，所以设 $s(x) = \sum_{n=1}^{\infty} \frac{x^n}{n}$，显然收敛域为$[-1,1)$，有

$$s'(x) = \sum_{n=1}^{\infty} \frac{1}{n} \cdot n x^{n-1} = \sum_{n=1}^{\infty} x^{n-1} = \sum_{n=0}^{\infty} x^n = \frac{1}{1-x}$$

所以

$$s(x) = \int_0^x s'(x)\mathrm{d}x = \int_0^x \frac{1}{1-x}\mathrm{d}x = -\ln|1-x| = -\ln(1-x), \quad -1 \leqslant x < 1$$

例 8-19 求$\sum_{n=1}^{\infty} n x^n$的和函数.

解 显然，该级数的收敛域为$(-1,1)$，有

$$\sum_{n=1}^{\infty} nx^n = x\sum_{n=1}^{\infty} nx^{n-1}$$

设 $s(x) = \sum_{n=1}^{\infty} nx^{n-1}$，逐项积分后，有

$$\int_0^x s(x)\mathrm{d}x = \sum_{n=1}^{\infty} n\int_0^x x^{n-1}\mathrm{d}x = \sum_{n=1}^{\infty} n\frac{x^n}{n} = \sum_{n=1}^{\infty} x^n = x\sum_{n=1}^{\infty} x^{n-1} = \frac{x}{1-x}$$

所以

$$s(x) = \frac{\mathrm{d}}{\mathrm{d}x}\int_0^x s(x)\mathrm{d}x = \frac{\mathrm{d}}{\mathrm{d}x}\left(\frac{x}{1-x}\right) = \frac{1}{(1-x)^2}$$

故原函数的和函数为

$$\sum_{n=1}^{\infty} nx^n = x\cdot s(x) = \frac{x}{(1-x)^2}, \quad -1<x<1$$

以上两例子说明，利用逐项求导、逐项积分，并记住 $\sum_{n=0}^{\infty} x^n = \frac{1}{1-x}$，我们就可以求简单级数的和函数. 一般而言，“$n$” 在分子上，用逐项积分；“$n$” 在分母上，用逐项求导.

例 8－20　求 $\sum_{n=1}^{\infty} \frac{x^{2n}}{2n-1}$ 的和函数，并求级数 $\sum_{n=1}^{\infty} \frac{1}{(2n-1)\cdot 2^n}$ 的和.

解　$\sum_{n=1}^{\infty} \frac{x^{2n}}{2n-1} = x\sum_{n=1}^{\infty} \frac{x^{2n-1}}{2n-1}$，收敛域为 $(-1,1)$.

令 $s(x) = \sum_{n=1}^{\infty} \frac{x^{2n-1}}{2n-1}$，有

$$s'(x) = \sum_{n=1}^{\infty} \frac{2n-1}{2n-1}x^{2n-2} = \sum_{n=1}^{\infty} x^{2n-2} = \sum_{n=0}^{\infty} x^{2n} = \sum_{n=0}^{\infty} (x^2)^n = \frac{1}{1-x^2}$$

所以

$$s(x) = \int_0^x s'(x)\mathrm{d}x = \int_0^x \frac{1}{1-x^2}\mathrm{d}x = \frac{1}{2}\ln\frac{1+x}{1-x}$$

故原级数的和函数为 $\frac{x}{2}\ln\frac{1+x}{1-x}$，$x\in(-1,1)$. 且

$$\sum_{n=1}^{\infty} \frac{1}{(2n-1)\cdot 2^n} = \sum_{n=1}^{\infty} \frac{1}{2n-1}\cdot\left(\frac{1}{\sqrt{2}}\right)^{2n} = \sum_{n=1}^{\infty} \frac{\left(\frac{1}{\sqrt{2}}\right)^{2n}}{2n-1} \xlongequal{\frac{1}{\sqrt{2}}\in(-1,1)} \frac{\frac{1}{\sqrt{2}}}{2}\cdot\ln\frac{1+\frac{1}{\sqrt{2}}}{1-\frac{1}{\sqrt{2}}}$$

$$= \frac{\sqrt{2}}{4}\ln\frac{\sqrt{2}+1}{\sqrt{2}-1} = \frac{\sqrt{2}}{2}\ln(\sqrt{2}+1)$$

此例说明，常数项级数的和可以用幂级数的和函数来解决.

8.6　函数展开成幂级数

上一节，我们学习了幂级数在收敛域内可以表示成一个连续可导的函数. 那么，一个可导的函数能否用幂级数来表示呢？下面就此问题作简单介绍.

1. 泰勒(Taylor) 公式

定理 8.8(泰勒中值定理)　设 $f(x)$ 在 x_0 的某邻域内具有 $n+1$ 阶导数,则对于该邻域内的任一点 x,有

$$f(x)=f(x_0)+f'(x_0)(x-x_0)+\frac{f''(x_0)}{2!}(x-x_0)^2+\cdots+\frac{f^{(n)}(x_0)}{n!}(x-x_0)^n+\frac{f^{(n+1)}(\xi)}{(n+1)!}(x-x_0)^{n+1}$$

其中,$\frac{f^{n+1}(\xi)}{(n+1)!}(x-x_0)^{n+1}$ 称为余项,ξ 是介于 x_0 与 x 之间的某个值.

证　设

$$P_n(x)=f(x_0)+f'(x_0)(x-x_0)+\frac{f''(x_0)}{2!}(x-x_0)^2+\cdots+\frac{f^{(n)}(x_0)}{n!}(x-x_0)^n$$

令

$$R_n(x)=f(x)-P_n(x)$$

显然

$$R_n(x_0)=R'_n(x_0)=R''_n(x_0)=\cdots=R_n^{(n)}(x_0)=0$$

而 $(x-x_0)^{n+1}$ 也同样有以上连等式,因此,$R_n(x)$ 与 $(x-x_0)^{n+1}$ 在以 x_0 与 x 为端点的区间上满足柯西中值定理的条件. n 次运用柯西中值定理,有

$$\frac{R_n(x)}{(x-x_0)^{n+1}}=\frac{R_n(x)-R_n(x_0)}{(x-x_0)^{n+1}-0}=\frac{R'_n(\xi_1)}{(n+1)(\xi_1-x_0)^n}=\frac{R'_n(\xi_1)-R'_n(x_0)}{(n+1)(\xi_1-x_0)^n-0}$$
$$=\frac{R''_n(\xi_2)}{(n+1)n(\xi_2-x_0)^{n-1}}=\cdots=\frac{R_n^{(n+1)}(\xi)}{(n+1)!}$$

其中,ξ_1 介于 x_0 与 x 之间,ξ_2 介于 x_0 与 ξ_1 之间,以此类推,ξ 介于 x_0 与 ξ_n 之间,总之,ξ 介于 x_0 与 x 之间.

因此

$$R_n(x)=\frac{R_n^{(n+1)}(\xi)}{(n+1)!}(x-x_0)^{n+1}$$

又因为 $R_n(x)=f(x)-P_n(x)$,而 $P_n(x)$ 为 n 次多项式,故 $P_n^{(n+1)}(x)\equiv 0$,所以

$$R_n^{(n+1)}(x)=f^{(n+1)}(x)-P_n^{(n+1)}(x)=f^{(n+1)}(x)$$

故

$$R_n(x)=\frac{f^{(n+1)}(\xi)}{(n+1)!}(x-x_0)^{n+1}$$

所以

$$\begin{aligned}f(x)&=P_n(x)+R_n(x)\\&=f(x_0)+f'(x_0)(x-x_0)+\cdots+\frac{f^{(n)}(x_0)}{n!}(x-x_0)^n\\&\quad+\frac{f^{(n+1)}(\xi)}{(n+1)!}(x-x_0)^{n+1}\end{aligned}$$

今后,我们为了书写简单,就直接用 $R_n(x)$ 表示余项,该式子表示用 $P_n(x)$ 这个 n 次多项式来近似代替 $f(x)$ 时的误差. 由此可见,n 越大,误差越小.

在泰勒公式中,若取 $x_0=0$,则原泰勒公式称为麦克劳林(Maclaurin) 公式,有

$$f(x)=f(0)+f'(0)x+\frac{f''(0)}{2!}x^2+\cdots+\frac{f^{(n)}(0)}{n!}x^n+R_n(x)$$

2. 泰勒级数和麦克劳林级数

在上面泰勒中值定理中，若 $f(x)$ 在 x_0 的邻域内有任意阶导数，且 $\lim\limits_{n\to\infty}R_n(x)=0$，则 $f(x)$ 可表达成级数形式，即

$$f(x)=\sum_{n=0}^{\infty}\frac{f^{(n)}(x_0)}{n!}(x-x_0)^n$$

该式就称为泰勒级数.

泰勒级数中令 $x_0=0$，就成了麦克劳林级数，即

$$f(x)=\sum_{n=0}^{\infty}\frac{f^{(n)}(0)}{n!}x^n$$

对于一个具有任意阶导数的函数 $f(x)$，若要展开成幂级数形式，一般就利用麦克劳林级数来完成，而幂级数的系数就是 $a_n=\dfrac{f^{(n)}(0)}{n!}$，$n=0,1,2,\cdots$. 由此可见，问题的关键是在于 $f^{(n)}(x)$.

例 8-21　将 $f(x)=e^x$ 展开成 x 的幂级数.

解　因为 $f^{(n)}(x)=e^x$，所以 $f^{(n)}(0)=1$，有

$$a_n=\frac{1}{n!},\quad n=0,1,2,\cdots;\quad R_n(x)=\frac{e^{\xi}\cdot x^{n+1}}{(n+1)!}$$

可写成级数 $\sum\limits_{n=0}^{\infty}\dfrac{1}{n!}x^n$.

因为

$$\lim_{n\to\infty}|R_n(x)|=\lim_{n\to\infty}\left|\frac{e^{\xi}\cdot x^{n+1}}{(n+1)!}\right|\leqslant\lim_{n\to\infty}\frac{e^{|x|}\cdot|x|^{n+1}}{(n+1)!}$$

又因为 $e^{|x|}$ 有限，而 $\sum\limits_{n=0}^{\infty}\dfrac{|x|^{n+1}}{(n+1)!}$ 是收敛的，所以 $\lim\limits_{n\to\infty}\dfrac{|x|^{n+1}}{(n+1)!}=0$，故 $\lim\limits_{n\to\infty}R_n(x)=0$.

由于该级数的收敛半径为 $+\infty$，所以

$$e^x=\sum_{n=0}^{\infty}\frac{1}{n!}x^n,\quad x\in\mathbf{R}$$

例 8-22　将 $f(x)=\sin x$ 展开成 x 的幂级数.

解　因为

$$f^{(n)}(x)=\sin\left(x+\frac{n}{2}\pi\right),\quad n=0,1,2,\cdots$$

$$f^{(n)}(0)=\sin\frac{n\pi}{2}=\begin{cases}0, & n=2k;\\(-1)^k, & n=2k+1,\end{cases}\quad k=0,1,2,\cdots$$

$$a_n=\begin{cases}0, & n=2k;\\\dfrac{(-1)^k}{n!}, & n=2k+1,\end{cases}\quad k=0,1,2,\cdots$$

即

$$a_k=\frac{(-1)^k}{(2k+1)!},\quad k=0,1,2,\cdots$$

所以

$$f(x)=\sum_{k=0}^{\infty}\frac{(-1)^k}{(2k+1)!}x^{2k+1}$$

而 $R_n(x)=\dfrac{\sin(\xi+\frac{n+1}{2}\pi)}{(n+1)!}x^{n+1}$，所以有

$$|R_n(x)|\leqslant\frac{|x|^{n+1}}{(n+1)!}$$

由例 8-21 的分析可知 $\lim\limits_{n\to\infty}\dfrac{|x|^{n+1}}{(n+1)!}=0$，故 $\lim\limits_{n\to\infty}|R_n(x)|=0$.

由于该函数的收敛半径为 $+\infty$，所以

$$\sin x=\sum_{n=0}^{\infty}\frac{(-1)^n}{(2n+1)!}x^{2n+1},\quad x\in\mathbf{R}$$

3. 函数展开成幂级数的间接方法

泰勒级数和麦克劳林级数是通过 n 阶导数来确定 n 次幂的系数，我们将这种展开法称为直接展开法. 如果利用幂级数在收敛区间内的性质（主要是逐项求导和逐项积分）以及已知函数的幂级数形式（主要是 $\dfrac{1}{1-x}$，e^x 和 $\sin x$）来展开函数，该种方法就称为间接展开法.

例 8-23 将 $f(x)=\ln(1+x)$ 展开成 x 的幂级数.

解 因为

$$f(x)=\ln(1+x),\quad f'(x)=\frac{1}{1+x}$$

而 $\dfrac{1}{1-x}=\sum\limits_{n=0}^{\infty}x^n$，所以

$$\frac{1}{1+x}=\frac{1}{1-(-x)}=\sum_{n=0}^{\infty}(-x)^n=\sum_{n=0}^{\infty}(-1)^nx^n.$$

$$\begin{aligned}f(x)&=\int_0^x f'(x)\mathrm{d}x+f(0)=\int_0^x\sum_{n=0}^{\infty}(-1)^nx^n\mathrm{d}x+\ln(1+0)=\sum_{n=0}^{\infty}\int_0^x(-1)^nx^n\mathrm{d}x\\&=\sum_{n=0}^{\infty}\frac{(-1)^n}{n+1}x^{n+1}\end{aligned}$$

由级数收敛性可得收敛区间为 $(-1,1]$，即

$$\ln(1+x)=\sum_{n=0}^{\infty}\frac{(-1)^n}{n+1}x^{n+1},\quad x\in(-1,1]$$

例 8-24 将 $f(x)=\cos x$ 展开成 x 的幂级数.

解 因为 $f(x)=\cos x=(\sin x)'$，而

$$\sin x=\sum_{n=0}^{\infty}\frac{(-1)^n}{(2n+1)!}x^{2n+1}$$

所以

$$f(x)=\left[\sum_{n=0}^{\infty}\frac{(-1)^n}{(2n+1)!}x^{2n+1}\right]'=\sum_{n=0}^{\infty}\left[\frac{(-1)^n}{(2n+1)!}x^{2n+1}\right]'=\sum_{n=0}^{\infty}\frac{(-1)^n}{(2n)!}x^{2n}$$

显然收敛区间仍为 $(-\infty,+\infty)$，所以

$$\cos x=\sum_{n=0}^{\infty}\frac{(-1)^n}{(2n)!}x^{2n},\quad x\in\mathbf{R}$$

例 8 - 25　将 $f(x)=\dfrac{1}{x^2-5x+6}$ 展开成 $x-1$ 的幂级数.

解　$f(x)=\dfrac{1}{x^2-5x+6}=\dfrac{1}{x-3}-\dfrac{1}{x-2}=\dfrac{1}{x-1-2}-\dfrac{1}{x-1-1}$

$$=\frac{1}{1-(x-1)}-\frac{1}{2}\cdot\frac{1}{1-\dfrac{x-1}{2}}=\sum_{n=0}^{\infty}(x-1)^n-\frac{1}{2}\sum_{n=0}^{\infty}\left(\frac{x-1}{2}\right)^n$$

$$=\sum_{n=0}^{\infty}(x-1)^n-\sum_{n=0}^{\infty}\frac{1}{2^{n+1}}(x-1)^n=\sum_{n=0}^{\infty}\left(1-\frac{1}{2^{n+1}}\right)(x-1)^n$$

由级数收敛性可得收敛区间为(0,2),所以

$$\frac{1}{x^2-5x+6}=\sum_{n=0}^{\infty}\left(1-\frac{1}{2^{n+1}}\right)(x-1)^n,\quad x\in(0,2)$$

例 8 - 26　将 $f(x)=2^x$ 在 $x=2$ 处展开成幂级数.

解

$$f(x)=2^x=4\cdot 2^{x-2}=4\cdot e^{(x-2)\ln 2}$$

因为 $e^x=\sum\limits_{n=0}^{\infty}\dfrac{1}{n!}x^n$,所以

$$e^{(x-2)\ln 2}=\sum_{n=0}^{\infty}\frac{1}{n!}[(x-2)\ln 2]^n=\sum_{n=0}^{\infty}\frac{(\ln 2)^n}{n!}(x-2)^n$$

$$2^x=4\sum_{n=0}^{\infty}\frac{(\ln 2)^n}{n!}(x-2)^n=\sum_{n=0}^{\infty}\frac{4(\ln 2)^n}{n!}(x-2)^n,\quad x\in\mathbf{R}$$

4. 函数的幂级数展开式的应用

幂级数展开式的应用主要在于近似计算,一般使用方法是先由已知误差来确定 n,即由 $|R_n(x)|\leqslant\alpha$(α 为误差上限) 解出 n,然后再计算 $\sum\limits_{k=0}^{n}a_kx^k$ 作为估计值.

例 8 - 27　计算 ln2 的近似值,要求误差不超过 10^{-4}.

解　因为

$$\ln(1+x)=\sum_{n=0}^{\infty}\frac{(-1)^n}{n+1}x^{n+1},\quad x\in(-1,1]$$

令 $x=1$,得

$$\ln 2=\sum_{n=0}^{\infty}\frac{(-1)^n}{n+1}\cdot 1^{n+1}=1-\frac{1}{2}+\frac{1}{3}-\frac{1}{4}+\cdots$$

其误差为

$$|R_n(x)|\leqslant\frac{1}{n+1}$$

所以 $n=10^4$. 但这样的计算量太大了,我们须用收敛速度较快的级数来代替它.

因为

$$\ln(1+x)=\sum_{n=0}^{\infty}\frac{(-1)^n}{n+1}x^{n+1}$$

所以

$$\ln(1-x)=\sum_{n=0}^{\infty}\frac{(-1)^n}{n+1}(-x)^{n+1}=-\sum_{n=0}^{\infty}\frac{1}{n+1}x^{n+1}$$

上面两式相减,有

$$\ln(1+x)-\ln(1-x)=\sum_{n=0}^{\infty}\frac{(-1)^n}{n+1}x^{n+1}+\sum_{n=0}^{\infty}\frac{1}{n+1}x^{n+1}=\sum_{n=0}^{\infty}\frac{1+(-1)^n}{n+1}x^{n+1}$$
$$=\sum_{n=0}^{\infty}\frac{2}{2n+1}x^{2n+1}$$

所以

$$|R_n(x)|=\sum_{n=0}^{\infty}\frac{2}{2n+1}x^{2n+1}$$

令$\frac{1+x}{1-x}=2$,解得 $x=\frac{1}{3}$. 令 $n=4$,则

$$|R_4(x)|=\sum_{n=4}^{\infty}\frac{2}{2n+1}\left(\frac{1}{3}\right)^{2n+1}$$
$$=2\left[\frac{1}{9}\cdot\left(\frac{1}{3}\right)^9+\frac{1}{11}\cdot\left(\frac{1}{3}\right)^{11}+\frac{1}{13}\cdot\left(\frac{1}{3}\right)^{13}+\cdots\right]$$
$$<\frac{2}{3^{11}}\left[1+\frac{1}{9}+\left(\frac{1}{9}\right)^2+\cdots\right]=\frac{2}{3^{11}}\cdot\frac{1}{1-\frac{1}{9}}=\frac{1}{4\cdot 3^9}<\frac{1}{70\,000}$$

于是,得

$$\ln 2\approx\frac{2}{3}+\frac{2}{3}\cdot\frac{1}{3^3}+\frac{2}{5}\cdot\frac{1}{3^5}+\frac{2}{7}\cdot\frac{1}{3^7}\approx 0.693\,1$$

例 8-28 计算$\int_0^1\frac{\sin x}{x}dx$ 的近似值,要求误差不超过 10^{-4}.

解 因为$\int\frac{\sin x}{x}dx$ 无初等原函数,故直接计算不行.

因为

$$\sin x=\sum_{n=0}^{\infty}\frac{(-1)^n}{(2n+1)!}x^{2n+1},\quad x\in\mathbf{R}$$

所以

$$\frac{\sin x}{x}=\sum_{n=0}^{\infty}\frac{(-1)^n}{(2n+1)!}x^{2n}$$

逐项积分得

$$\int_0^1\frac{\sin x}{x}dx=\sum_{n=0}^{\infty}\frac{(-1)^n}{(2n+1)!}\frac{1}{2n+1}=1-\frac{1}{3\cdot 3!}+\frac{1}{5\cdot 5!}-\frac{1}{7\cdot 7!}+\cdots$$

因为$\frac{1}{7\cdot 7!}<\frac{1}{30\,000}$,所以只要取前三项便可,即

$$\int_0^1\frac{\sin x}{x}dx\approx 1-\frac{1}{3\cdot 3!}+\frac{1}{5\cdot 5!}=0.946\,1$$

习题 8

1. 判断下列级数的敛散性：

(1) $\frac{1}{3}-\frac{1}{9}+\frac{1}{27}+\cdots+(-1)^{n-1}\frac{1}{3^n}+\cdots$；

(2) $1+\frac{1}{2}+\frac{1}{4}+\cdots+\frac{1}{2^{n-1}}+\cdots$；

(3) $\frac{1}{2}+\frac{2}{3}+\frac{3}{4}+\cdots$；

(4) $\left(\frac{1}{2}+\frac{2}{3}\right)+\left(\frac{1}{4}+\frac{4}{9}\right)+\left(\frac{1}{8}+\frac{8}{27}\right)+\cdots$.

2. 用比较判别法确定下列级数的敛散性：

(1) $\frac{1}{2}+\frac{1}{4}+\frac{1}{6}+\frac{1}{8}+\cdots$；

(2) $\frac{1}{1\cdot 3}+\frac{1}{3\cdot 5}+\frac{1}{5\cdot 7}+\frac{1}{7\cdot 9}+\cdots$；

(3) $\sum_{n=1}^{\infty}\frac{1}{\ln(1+n)}$；

(4) $\sum_{n=1}^{\infty}\frac{1}{n\sqrt{n+1}}$.

3. 用比值判别法确定下列级数的敛散性：

(1) $\frac{1}{3}+\frac{2}{9}+\cdots+\frac{n}{3^n}+\cdots$；　　(2) $\sum_{n=1}^{\infty}\frac{2^n}{n!}$；

(3) $\sum_{n=1}^{\infty}\frac{2^n\cdot n!}{n^n}$；　　(4) $\sum_{n=1}^{\infty}\frac{(n!)^2}{(2n)!}$.

4. 判定下列级数的敛散性.若收敛，请说明是绝对收敛还是条件收敛.

(1) $1-\frac{1}{\sqrt{2}}+\frac{1}{\sqrt{3}}-\frac{1}{\sqrt{4}}+\cdots$；　　(2) $\sum_{n=1}^{\infty}\frac{(-1)^{n-1}}{\ln(n+1)}$；

(3) $\sum_{n=1}^{\infty}\sin\frac{1}{n^2}$；　　(4) $\sum_{n=1}^{\infty}\frac{(-1)^{n-1}n}{2n-1}$.

5. 确定下列幂级数的收敛区间：

(1) $\sum_{n=1}^{\infty}nx^n$；　　(2) $\sum_{n=1}^{\infty}\frac{x^n}{2^n n}$；

(3) $\sum_{n=1}^{\infty}\frac{3^n x^n}{n!}$；　　(4) $\sum_{n=1}^{\infty}\frac{(x-1)^n}{\sqrt{n}}$；

(5) $\sum_{n=1}^{\infty}\frac{x^{2n-1}}{3^n}$；　　(6) $\sum_{n=1}^{\infty}\frac{x^{2n}}{2n^2}$.

6. 求下列级数的和函数并确定其定义域：

(1) $\sum_{n=1}^{\infty}\frac{(-1)^{n-1}}{2n-1}x^{2n-1}$；　　(2) $\sum_{n=1}^{\infty}nx^{2n-1}$.

7. 将下列函数展开成 x 的幂级数，并确定其收敛区间：

(1) $f(x)=xe^x$；　　(2) $f(x)=\cos^2 x$；

(3) $f(x)=\arctan x$；　　(4) $f(x)=\dfrac{1}{(1-x)^2}$.

第 9 章　微分方程与差分方程

9.1　微分方程的一般概念

在科学研究和经济管理中，某些现象的变化过程往往表现为相关度量之间的函数关系. 但这种关系并不容易确定，需要建立待求函数的导数或微分的关系式. 我们将这种含未知函数及未知函数的导数或微分的等式称为微分方程.

例 9-1　求过点(1,2)且切线斜率为 $2x$ 的曲线方程.

解　设所求曲线方程是 $y = f(x)$. 由题意可得

$$\begin{cases} \dfrac{dy}{dx} = 2x, \\ f(1) = 2 \end{cases} \Rightarrow \begin{cases} y = \displaystyle\int \dfrac{dy}{dx}dx = \int 2x dx = x^2 + c, \\ f(1) = 2 \end{cases}$$

所以 $c = 1$，即 $f(x) = x^2 + 1$.

像以上这种满足方程的函数，我们称为微分方程的解. 微分方程中出现的最高阶导数的阶数，我们称为微分方程的阶. 在微分方程的解中，所含的任意常数的个数等于微分方程的阶数，这样的解称之为微分方程的通解，而不含任意常数的解称为特解. 比如上例的中 $y = x^2 + c$ 是通解，$y = x^2 + 1$ 是特解.

在微分方程中，若未知函数为一元函数，我们称为常微分方程，如上例；若未知函数是多元函数，也就是出现多元函数的偏导数的方程，称为偏微分方程，例如$\dfrac{\partial f}{\partial x} + \dfrac{\partial f}{\partial y} = 0$，$x\dfrac{\partial f}{\partial x} - y\dfrac{\partial f}{\partial y} = 0$ 等. 本章我们学习的均为常微分方程.

9.2　一阶微分方程

一阶微分方程的标准形为

$$F(x, y, y') = 0 \quad 或 \quad y' = f(x, y) \tag{9.1}$$

1. 可分离变量微分方程

一阶微分方程中，若 $y' = f(x,y) = h(x) \cdot g(y)$，则我们称之为可分离变量微分方程，它的求解方法是积分法，即

$$\frac{dy}{dx} = h(x) \cdot g(y)$$

$$\int \frac{dy}{g(y)} = \int h(x) dx$$

从而有

$$G(y) = H(x) + c$$

这就是其通解了. 其中,$G(y)$ 为$\frac{1}{g(y)}$ 的一个原函数,$H(x)$ 为 $h(x)$ 的一个原函数.

例 9-2 解微分方程 $y' = -\frac{y}{x}$.

解 因为 $y' = -\frac{y}{x}$,所以$\frac{\mathrm{d}y}{y} = -\frac{\mathrm{d}x}{x}$,即

$$\ln|y| = -\ln|x| + c_1, \quad c_1 \text{ 为任意常数}$$

所以

$$y = \frac{c}{x}, \quad \text{即} \quad xy = c, \quad c = \pm e^{c_1}$$

例 9-3 求微分方程

$$\frac{\mathrm{d}P}{\mathrm{d}t} = k \cdot P(N-P) \quad (N,k > 0 \text{ 为常数}, 0 < P < N)$$

的通解.

解 由$\frac{\mathrm{d}P}{P(N-P)} = k\mathrm{d}t$,积分得

$$\frac{1}{N}\ln\left|\frac{P}{N-P}\right| = kt + c_1$$

即

$$\frac{P}{N-P} = \pm e^{N(kt+c_1)} = \pm e^{Nc_1} e^{kNt} = ce^{kNt}$$

解得

$$P = \frac{cNe^{kNt}}{1+ce^{kNt}} = \frac{cN}{c+e^{-kNt}}, \quad c \text{ 为任意常数}$$

该微分方程称为逻辑斯蒂曲线方程,它表示变量增长率$\frac{\mathrm{d}P}{\mathrm{d}t}$ 与其现时值 P、饱和值 N 与现时值之差 $N-P$ 都成正比,在生物学、经济学等学科中可见到这种模型.

2. 齐次微分方程

若 $f(x,y) = \varphi\left(\frac{y}{x}\right)$,则 $y' = f(x,y)$ 称为齐次微分方程. 齐次方程求通解的方法如下.

令 $u = \frac{y}{x}$,则 $y = ux$,所以

$$\frac{\mathrm{d}y}{\mathrm{d}x} = \frac{\mathrm{d}u}{\mathrm{d}x}x + u$$

即

$$u + x\frac{\mathrm{d}u}{\mathrm{d}x} = \varphi(u)$$

则

$$x\frac{\mathrm{d}u}{\mathrm{d}x} = \varphi(u) - u$$

$\frac{du}{\varphi(u)-u}=\frac{dx}{x}$ 属可分离变量的情形，从而可解出 $\Phi(u)=x$，再将 $u=\frac{y}{x}$ 代入即为通解了.

例 9-4　求微分方程 $y^2dx+(x^2-xy)dy=0$ 的通解.

解　先化为标准形，得

$$\frac{dy}{dx}=\frac{y^2}{xy-x^2}=\frac{\left(\frac{y}{x}\right)^2}{\frac{y}{x}-1}$$

所以是齐次方程. 令 $u=\frac{y}{x}$，则

$$\frac{dy}{dx}=x\frac{du}{dx}+u$$

即

$$x\frac{du}{dx}+u=\frac{u^2}{u-1}$$

整理得

$$\frac{u-1}{u}du=\frac{dx}{x}$$

$$u-\ln|u|=\ln|x|+c_1,\quad c_1 \text{ 为任意常数}$$

所以

$$u=\ln|xu|+c_1,\quad \text{即}\quad xu=ce^u,\quad c=\pm e^{-c_1}$$

将 $u=\frac{y}{x}$ 代入得

$$y=ce^{\frac{y}{x}},\quad c \text{ 为任意常数}$$

3. 一阶线性微分方程

若 $f(x,y)=Q(x)-P(x)\cdot y$，则 $y'=f(x,y)$ 称为一阶线性微分方程，即

$$y'=Q(x)-P(x)\cdot y \tag{9.2}$$

其中 $Q(x)=0$ 时，称为线性齐次微分方程；$Q(x)\neq 0$ 时，称为线性非齐次微分方程.

对于一阶线性齐次微分方程，因为 $y'=-P(x)\cdot y$，显然是可分离变量的微分方程. 有

$$\frac{dy}{y}=-P(x)dx$$

所以

$$\ln|y|=-\int P(x)dx+c_1,\quad c_1 \text{ 为任意常数}$$

即

$$y=ce^{-\int P(x)dx}$$

这里 $\int P(x)dx$ 表示不含任意常数的 $P(x)$ 的一个原函数.

对于一阶线性非齐次微分方程，我们采用一个常数变易法来解决.

假设一阶线性齐次方程的通解 $y=ce^{-\int P(x)dx}$ 中任意常数 c 为 x 的函数，从而 $y=C(x)\cdot e^{-\int P(x)dx}$ 是一阶线性非齐次的通解，而有

$$[C(x)e^{-\int P(x)dx}]' = Q(x) - P(x)\cdot[C(x)e^{-\int P(x)dx}]$$

整理得

$$C'(x) = Q(x)e^{\int P(x)dx}$$

所以

$$C(x) = \int Q(x)e^{\int P(x)dx}dx + c$$

也就是说，当 $C(x) = \int Q(x)\cdot e^{\int P(x)dx}dx + c$ 时，$y = C(x)e^{-\int P(x)dx}$ 就是一阶线性非齐次微分方程的通解了.

所以 $y' = Q(x) - P(x)\cdot y$ 的通解是

$$y = e^{-\int P(x)dx}\left(\int Q(x)e^{\int P(x)dx}dx + c\right)$$

以上解决一阶线性非齐次微分方程的方法就称为常数变易法.

例 9-5 求解 $y' = x^{\frac{1}{2}} - \frac{1}{x}y$.

解 因为 $Q(x) = x^{\frac{1}{2}}, P(x) = -\frac{1}{x}$，所以

$$\int P(x)dx = -\int\frac{1}{x}dx = -\ln x$$

$$e^{-\int P(x)dx} = e^{\ln x} = x,\quad e^{\int P(x)dx} = \frac{1}{x}$$

所以通解为

$$y = x\cdot\left(\int x^{\frac{1}{2}}\frac{1}{x}dx + c\right) = x(2\sqrt{x} + c)$$

例 9-6 求方程 $(x - y^3)dy + ydx = 0$ 的通解.

解 分析该方程发现，它不是可分离变量，也不是齐次的，化为标准型后为

$$\frac{dy}{dx} = \frac{y}{y^3 - x}$$

但将 y 看作自变量，则有

$$\frac{dx}{dy} = \frac{y^3 - x}{y} = y^2 - \frac{1}{y}\cdot x$$

这是 $x' = Q(y) - P(y)\cdot x$ 型一阶线性非奇次微分方程，其中 $Q(y) = y^2, P(y) = \frac{1}{y}$，有

$$\int P(y)dy = \ln y,\quad e^{-\int P(y)dy} = \frac{1}{y},\quad e^{\int P(y)dy} = y$$

所以通解为

$$x = \frac{1}{y}\left(\int y^2 y dy + c_1\right) = \frac{1}{y}\left(\frac{1}{4}y^4 + c_1\right)$$

即

$$4xy = y^4 + c$$

9.3　可降价的高阶微分方程

对于 n 阶微分方程，一般形式为

$$F(x,y,y',\cdots,y^{(n)})=0,\quad n>1 \tag{9.3}$$

本节仅介绍几个特殊类型的高阶微分方程.

1. $y^{(n)}=f(x)$

这种形式的微分方程，只要做 n 次积分就可以了.

例 9-7　求 $y'''=\sin x$ 的通解.

解

$$y''=\int\sin x\mathrm{d}x+c_1=-\cos x+c_1$$

$$y'=\int(-\cos x+c_1)\mathrm{d}x+c_2=-\sin x+c_1x+c_2$$

$$\begin{aligned}y&=\int(-\sin x+c_1x+c_2)\mathrm{d}x+c_3\\&=\cos x+\frac{c_1}{2}x^2+c_2x+c_3\quad\left(令\frac{c_1}{2}=c_1{}'\right)\\&=\cos x+c_1{}'x^2+c_2x+c_3\end{aligned}$$

其中，$c_1{}'$，c_2，c_3 均为任意常数.

2. $y''=f(x,y')$

令 $p=y'$，则

$$\frac{\mathrm{d}p}{\mathrm{d}x}=\frac{\mathrm{d}}{\mathrm{d}x}(y')=y''$$

所以 $\frac{\mathrm{d}p}{\mathrm{d}x}=f(x,p)$，已降为一阶微分方程了，从而用一阶的方法做就可以了. 求出 p 后，p 仍为一阶.

例 9-8　求 $(1+x^2)y''=2xy'$ 满足条件：$y|_{x=0}=1$，$y'|_{x=0}=3$ 的特解.

解

$$y''=\frac{2x}{1+x^2}y'$$

令 $p=y'$，$y''=\frac{\mathrm{d}p}{\mathrm{d}x}$，所以

$$\frac{\mathrm{d}p}{\mathrm{d}x}=\frac{2x}{1+x^2}p\quad（可分离变量型）$$

所以

$$\frac{\mathrm{d}p}{p}=\frac{2x}{1+x^2}\mathrm{d}x$$

得

$$p=c_1(1+x^2)$$

即 $y'=c_1(1+x^2)$. 将 $y'|_{x=0}=3$ 代入得 $3=c_1(1+0)$，解得 $c_1=3$，所以

$$\frac{\mathrm{d}y}{\mathrm{d}x}=3(1+x^2)$$

即

$$\mathrm{d}y = 3(1+x^2)\mathrm{d}x$$

得

$$y = 3x + x^3 + c_2$$

将 $y|_{x=0} = 1$ 代入得 $1 = 3\cdot 0 + 0^3 + c_2$，解得 $c_2 = 1$，所以所求特解为

$$y = 3x + x^3 + 1$$

3. $y'' = f(y, y')$

令 $y' = p$，则 $y'' = \frac{\mathrm{d}p}{\mathrm{d}x} = \frac{\mathrm{d}p}{\mathrm{d}y}\frac{\mathrm{d}y}{\mathrm{d}x} = \frac{\mathrm{d}p}{\mathrm{d}y}p$，所以

$$p\frac{\mathrm{d}p}{\mathrm{d}y} = f(y,p) \quad \text{（属于一阶微分方程）}$$

解出 $p = \varphi(y, c_1)$，即 $\frac{\mathrm{d}y}{\varphi(y,c_1)} = \mathrm{d}x$，从而求出解了.

例 9-9 求 $y\cdot y'' - (y')^2 = 0$ 的通解.

解 由题意得 $y'' = \frac{(y')^2}{y}$. 令 $p = y'$，$y'' = p\frac{\mathrm{d}p}{\mathrm{d}y}$，所以

$$p\frac{\mathrm{d}p}{\mathrm{d}y} = \frac{p^2}{y}$$

即 $\frac{\mathrm{d}p}{p} = \frac{\mathrm{d}y}{y}$，从而有 $p = c_1 y$，即 $\frac{\mathrm{d}y}{\mathrm{d}x} = c_1 y$，所以

$$\frac{\mathrm{d}y}{y} = c_1\mathrm{d}x$$

所以所求通解为

$$y = c_2 \mathrm{e}^{c_1 x}$$

9.4 二阶常系数线性微分方程

二阶常系数线性微分方程的形式是

$$y'' + py' + qy = f(x) \tag{9.4}$$

其中，p，q 都是实常数，$f(x)$ 是已知函数.

若 $f(x) = 0$，则称为齐次方程，即

$$y'' + py' + qy = 0 \tag{9.5}$$

若 $f(x) \neq 0$，则称为非齐次方程.

1. 二阶常系数线性齐次微分方程

定理 9.1 设 y_1，y_2 是方程(9.5)的两个解，且 $\frac{y_1}{y_2}$ 不为常数，则方程(9.5)的通解为 $c_1 y_1 + c_2 y_2$（c_1，c_2 为任意常数）.

证 因为 y_1，y_2 是方程(9.5)的解，所以有

$$y_1'' + py_1' + qy_1 = 0 \quad \text{和} \quad y_2'' + py_2' + qy_2 = 0$$

所以

$$(c_1y_1 + c_2y_2)'' + p(c_1y_1 + c_2y_2)' + q(c_1y_1 + c_2y_2)$$

$$= c_1 y_1'' + c_2 y_2'' + c_1 p y_1' + c_2 p y_2' + c_1 q y_1 + c_2 q y_2$$
$$= c_1(y_1'' + p y_1' + q y_1) + c_2(y_2'' + p y_2' + q y_2)$$
$$= c_1 \cdot 0 + c_2 \cdot 0 = 0$$

所以 $c_1 y_1 + c_2 y_2$ 是方程(9.5)的解.

若$\frac{y_1}{y_2} = k$(常数),则 $y_1 = k y_2$,所以

$$c_1 y_1 + c_2 y_2 = (c_1 k + c_2) y_2 = c y_2$$

即 $c_1 y_1 + c_2 y_2$ 仅含一个任意常数,因此,当$\frac{y_1}{y_2}$为常数时,$c_1 y_1 + c_2 y_2$ 不是通解.

由于$\frac{y_1}{y_2}$不为常数时 $c_1 y_1 + c_2 y_2$ 有两个任意常数,故 $c_1 y_1 + c_2 y_2$ 是方程(9.5)的通解.

由定理可知,要求方程(9.5)的通解,只要找两个解,这两个解之比不为常数就可以了.我们将这种解称之为线性无关解.

在方程(9.5)中,一个解的二阶导数、一阶导数及本身与常数乘积之和为 0,也就是说,解的二阶导数与一阶导数是解本身的常数倍,哪种函数具有这种特点呢?我们当然会想到指数函数 $y = e^{rx}$,它的一阶导数 $y' = r e^{rx}$,二阶导数 $y'' = r^2 e^{rx}$,因此,假设 $y = e^{rx}$ 是方程(9.5)的解,则必有

$$e^{rx}(r^2 + pr + q) = 0 \quad (因为\ e^{rx} \neq 0)$$

所以

$$r^2 + pr + q = 0 \tag{9.6}$$

我们将方程(9.6)称为方程(9.5)的特征方程,它的根称为特征根.

对于方程(9.6),由中学所学可知它的根有三种情形,相应的微分方程(9.5)的解也有以下三种情况:

(1) 不同实根,即 $r_1 \neq r_2$,r_1, r_2 是方程(9.6)的两个根,则方程(9.5)的通解为

$$y = c_1 e^{r_1 x} + c_2 e^{r_2 x}$$

(2) 相同实根,即 $r_1 = r_2$ 均是方程(9.6)的根,则方程(9.5)的通解为

$$y = (c_1 + c_2 x) e^{r_1 x}$$

(3) 共轭复根,即 $r_1 = \alpha + \beta \mathrm{i}$,$r_2 = \alpha - \beta \mathrm{i}$ 是方程(9.6)的虚根,其中 α 为实部,β 为虚部,则方程(9.5)的通解为

$$y = e^{\alpha x}(c_1 \cos\beta x + c_2 \sin\beta x)$$

以上结论我们均不证明,仅应用其结果.

由此可见,我们只要将对应特征方程的根求出,就可以写出其通解了.

例 9-10　求 $y'' - 5y' + 6y = 0$ 的通解.

解　对应特征方程为 $r^2 - 5r + 6 = 0$,解得 $r_1 = 2, r_2 = 3$,所以通解为

$$y = c_1 e^{2x} + c_2 e^{3x}$$

例 9-11　求 $y'' - 4y' + 4y = 0$ 的通解.

解　对应特征方程为 $r^2 - 4r + 4 = 0$,解得 $r_1 = r_2 = 2$,所以通解为

$$y = (c_1 + c_2 x) e^{2x}$$

例 9-12　求 $y'' - 2y' + 5y = 0$ 满足 $y|_{x=0} = 1, y'|_{x=0} = 2$ 的特解.

解 对应特征方程为 $r^2-2r+5=0$,解得根为

$$r_1=1+2\mathrm{i},\quad r_2=1-2\mathrm{i}$$

所以通解为

$$y=\mathrm{e}^x(c_1\cos 2x+c_2\sin 2x)$$

有

$$y'=\mathrm{e}^x[(-2c_1+c_2)\sin 2x+(c_1+2c_2)\cos 2x]$$

由 $y|_{x=0}=1$ 得 $c_1=1$,$y'|_{x=0}=2$ 得 $c_1+2c_2=2$,所以 $c_2=\frac{1}{2}$. 故所求特解为

$$y=\mathrm{e}^x\left(\cos 2x+\frac{1}{2}\sin 2x\right)$$

2. 二阶常系数线性非齐次微分方程

定理 9.2 设 y_1,y_2 是微分方程(9.4)的两个不同解,则 y_2-y_1 是方程(9.5)的解.

证 因为 y_1,y_2 是方程(9.4)的解,所以

$$y_1''+py_1'+qy_1=f(x)$$
$$y_2''+py_2'+qy_2=f(x)$$

所以

$$\begin{aligned}(y_2-y_1)''+p(y_2-y_1)'+q(y_2-y_1)&=y_2''-y_1''+py_2'-py_1'+qy_2-qy_1\\&=(y_2''+py_2'+qy_2)-(y_1''+py_1'+qy_1)\\&=f(x)-f(x)=0\end{aligned}$$

故 y_2-y_1 是 $y''+py'+qy=0$ 的解. 证毕.

这个定理说明 $\bar{y}=y_2-y_1$,则有 $y_2=y_1+\bar{y}$,这里 $\bar{y}$ 是方程(9.5)的解,y_1 是方程(9.4)的解. 即方程(9.4)的任一解,均可表示为方程(9.5)的解与方程(9.4)另一解之和. 若 $\bar{y}$ 是方程(9.5)的通解,y_1 是满足方程(9.4)的一个特解,二者之和就是方程(9.4)的通解了. 在前一部分中,我们已介绍了齐次方程的通解,因此,这一部分中,我们仅介绍非齐次方程的特解求法.

(1) $f(x)=a+bx$

特解形式为

$$y^*=x^k(\alpha+\beta x)$$

其中,$k=\begin{cases}0, & 0\text{ 不是特征根;}\\ 1, & 0\text{ 是特征单根;}\\ 2, & 0\text{ 是特征重根.}\end{cases}$ 将 y^* 代入方程,确定系数 α,β.

例 9-13 求 $y''-y=5x$ 的通解.

解 对应特征方程为 $r^2-1=0$,所以 $r_1=1,r_2=-1$. 故齐次通解为

$$\bar{y}=c_1\mathrm{e}^x+c_2\mathrm{e}^{-x}$$

显然,0 不是特征根,所以 $k=0$,即特解可设为 $y^*=\alpha+\beta x$,有

$$0-(\alpha+\beta x)=5x$$

解得 $\alpha=0,\beta=-5$,故所求通解为

$$y=c_1\mathrm{e}^x+c_2\mathrm{e}^{-x}-5x$$

例 9-14 求 $y''+3y'=2x+1$ 的通解.

解　对应特征方程为 $r^2+3r=0$，解得 $r_1=0, r_2=-3$，所以齐次通解为

$$\bar{y}=c_1+c_2\mathrm{e}^{-3x}$$

因为 $r=0$ 是特征根，所以 $k=1$，即特解可设为 $y^*=x(\alpha+\beta x)$，有

$$2\beta+3(\alpha+2\beta x)=2x+1$$

即有 $\begin{cases}6\beta=2,\\2\beta+3\alpha=1,\end{cases}$ 解得 $\begin{cases}\beta=\dfrac{1}{3},\\\alpha=\dfrac{1}{9},\end{cases}$ 所以特解为

$$y^*=x\left(\frac{1}{9}+\frac{1}{3}x\right)$$

故非齐次通解为

$$y=c_1+c_2\mathrm{e}^{-3x}+\frac{1}{9}(1+3x)x$$

(2) $f(x)=a\mathrm{e}^{\lambda x}$

特解形式为

$$y^*=\alpha x^k\mathrm{e}^{\lambda x}$$

其中，$k=\begin{cases}0, & \lambda\text{ 不是特征根；}\\1, & \lambda\text{ 是特征单根；}\\2, & \lambda\text{ 是特征重根.}\end{cases}$ 将 y^* 代入方程，求出 α 即可.

例 9-15　求 $y''-5y'-6y=\mathrm{e}^{-x}$ 的通解.

解　对应特征方程为 $r^2-5r-6=0$，解得 $r_1=-1, r_2=6$，所以齐次通解为

$$\bar{y}=c_1\mathrm{e}^{-x}+c_2\mathrm{e}^{6x}$$

$\lambda=-1$ 显然是特征单根，所以 $k=1$，即特解可写为

$$y^*=\alpha x\mathrm{e}^{-x}$$

有

$$(y^*)'=\alpha(1-x)\mathrm{e}^{-x},\quad (y^*)''=\alpha(-2+x)\mathrm{e}^{-x}$$

所以

$$\alpha(-2+x)\mathrm{e}^{-x}-5\alpha(1-x)\mathrm{e}^{-x}-6\alpha x\mathrm{e}^{-x}=\mathrm{e}^{-x}$$

即有方程组 $\begin{cases}-2\alpha-5\alpha=1,\\\alpha+5\alpha-6\alpha=0,\end{cases}$ 解得 $\alpha=-\dfrac{1}{7}$，所以特解为

$$y^*=-\frac{1}{7}x\mathrm{e}^{-x}$$

故非齐次通解为

$$y=c_1\mathrm{e}^{-x}+c_2\mathrm{e}^{6x}-\frac{1}{7}x\mathrm{e}^{-x}$$

(3) $f(x)=a\cos\omega x+b\sin\omega x$

特解形式为

$$y^*=x^k(\alpha\cos\omega x+\beta\sin\omega x)$$

其中，$k=\begin{cases}0, & \pm\omega\mathrm{i}\text{ 不是特征根；}\\1, & \pm\omega\mathrm{i}\text{ 是特征根.}\end{cases}$ 将 y^* 代入方程，确定 α 与 β 便行了.

例 9-16 求 $y''-4y'+13y=\sin 3x$ 的通解.

解 对应特征方程为 $r^2-4r+13=0$，解得 $r_1=2+3\mathrm{i}, r_2=2-3\mathrm{i}$，所以齐次通解为

$$\bar{y}=\mathrm{e}^{2x}(c_1\cos 3x+c_2\sin 3x)$$

$\pm 3\mathrm{i}$ 不是特征根，所以 $k=0$，故非齐次特解可写为

$$y^*=\alpha\cos 3x+\beta\sin 3x$$

有

$$(y^*)'=-3\alpha\sin 3x+3\beta\cos 3x,\quad (y^*)''=-9\alpha\cos 3x-9\beta\sin 3x$$

将 $y^*,(y^*)',(y^*)''$ 代入原方程得

$$(-9\alpha\cos 3x-9\beta\sin 3x)-4(-3\alpha\sin 3x+3\beta\cos 3x)+13(\alpha\cos 3x+\beta\sin 3x)=\sin 3x$$

即有方程组 $\begin{cases}-9\alpha-12\beta+13\alpha=0,\\ -9\beta+12\alpha+13\beta=1,\end{cases}$ 解得 $\begin{cases}\alpha=\dfrac{3}{40},\\ \beta=\dfrac{1}{40}.\end{cases}$ 所以特解为

$$y^*=\frac{3}{40}\cos 3x+\frac{1}{40}\sin 3x$$

故非齐次通解为

$$y=\mathrm{e}^{2x}(c_1\cos 3x+c_2\sin 3x)+\frac{3}{40}\cos 3x+\frac{1}{40}\sin 3x$$

9.5 差分方程的一般概念

1. 差分

在经济研究中，连续变化的时间范围内，变量 y 的变化速度是用 $\frac{\mathrm{d}y}{\mathrm{d}t}$ 来表示，但在某些情形下，变量按一定的离散时间取值. 例如，在经济的动态分析中，判断某一经济计划完成的情况时，就要依据计划期末指标的数值，经常取在规定的时间区间上的差商 $\frac{\Delta y}{\Delta t}$ 来表示变化速度，如果选择 Δt 为 1，那么 $\Delta y=y(t+1)-y(t)$ 可以近似代表变量 $y(t)$ 的变化速度.

定义 9.1 设函数 $y=f(x)$，记为 y_x. 当 x 取遍非负整数时，函数值可以排成一个数列：$y_0,y_1,\cdots,y_x,\cdots$，则差 $y_{x+1}-y_x$ 称为函数 y_x 的差分，也称为一阶差分，记为 Δy_x，即有

$$\Delta y_x=y_{x+1}-y_x$$

而

$$\Delta(\Delta y_x)=\Delta y_{x+1}-\Delta y_x=(y_{x+2}-y_{x+1})-(y_{x+1}-y_x)=y_{x+2}-2y_{x+1}+y_x$$

记为 $\Delta^2 y_x$，即 $\Delta^2 y_x=\Delta(\Delta y_x)$，称 $\Delta^2 y_x$ 为函数 y_x 的二阶差分.

依此类推，可以定义 n 阶差分 $\Delta^n y_x$，二阶及二阶以上的差分统称为高阶差分.

由以上定义可得出差分具有以下性质：

(1) $\Delta(cy_x)=c\Delta y_x$，其中 c 为常数；

(2) $\Delta(y_x+z_x)=\Delta y_x+\Delta z_x$.

例 9-17 求 $\Delta(x^2),\Delta^2(x^2),\Delta^3(x^2)$.

解　设 $y_x = x^2$，则

$$\Delta y_x = \Delta(x^2) = (x+1)^2 - x^2 = 2x+1$$

$$\Delta^2 y_x = \Delta^2(x^2) = \Delta(\Delta(x^2)) = \Delta(2x+1) = [2(x+1)+1]-(2x+1) = 2$$

$$\Delta^3 y_x = \Delta(\Delta^2 y_x) = \Delta(2) = 2-2 = 0$$

例 9－18　设 $x^{(n)} = x(x-1)(x-2)\cdots(x-n+1)$，且 $x^{(0)} = 1$，求 $\Delta x^{(n)}$.

解　设

$$y_x = x^{(n)} = x(x-1)(x-2)\cdots(x-n+1)$$

所以

$$\begin{aligned}\Delta y_x &= (x+1)^{(n)} - x^{(n)} \\ &= (x+1)x(x-1)\cdots(x+1-n+1) - x(x-1)\cdots(x-n+1) \\ &= [(x+1)-(x-n+1)]x(x-1)\cdots(x-n+2) \\ &= nx(x-1)(x-2)\cdots(x-n+2) = nx^{(n-1)}\end{aligned}$$

2. 差分方程的一般概念

先看下面一个例子.

某种商品 t 时期的供给量 S_t 与需求量 D_t 都是这一时期价格 P_t 的线性函数，即

$$S_t = -a + bP_t \quad (a,b>0)$$

$$D_t = c - dP_t \quad (c,d>0)$$

设 t 时期的价格 P_t 由 $t-1$ 时期的价格 P_{t-1} 与供给量及需求量之差 $S_{t-1}-D_{t-1}$ 按如下关系确定：

$$P_t = P_{t-1} - \lambda(S_{t-1}-D_{t-1}) \quad (\lambda \text{ 为常数})$$

即

$$P_t - [1-\lambda(b+d)]P_{t-1} = \lambda(a+c)$$

像这样的方程就是差分方程.

定义 9.2　含有未知函数差分或表示未知函数 n 个时期值的符号的方程称为差分方程.

例如

$$F(x, y_x, y_{x+1}, \cdots, y_{x+n}) = 0$$

或

$$G(x, y_x, y_{x-1}, \cdots, y_{x-n}) = 0$$

或

$$H(x, y_x, \Delta y_x, \Delta^2 y_x, \cdots, \Delta^n y_x) = 0$$

这些方程都是差分方程. 方程中含未知函数附标的最大值与最小值的差数，称为差分方程的阶.

如 $y_{x+3} - 3y_{x+1} + y_x = 0$ 就是三阶差分方程，$y_x + 2y_{x-1} - 4y_{x-2} = 0$ 也是三阶差分方程.

差分方程的不同形式之间可以互相转化.

例如，$y_{x+2} - 2y_{x+1} - y_x = 3^x$ 是一个二阶差分方程，可以化为

$$y_x - 2y_{x-1} - y_{x-2} = 3^{x-2}$$

又因为

$$y_{x+2} - 2y_{x+1} - y_x = (y_{x+2} - y_{x+1}) - (y_{x+1} - y_x) - 2y_x = \Delta y_{x+1} - \Delta y_x - 2y_x$$

$$= (\Delta y_{x+1} - \Delta y_x) - 2y_x = \Delta^2 y_x - 2y_x$$

所以方程也可化为

$$\Delta^2 y_x - 2y_x = 3^x$$

定义 9.3 满足差分方程的已知函数称为差分方程的解.如在解中含阶数个独立的任意常数,则该解称为通解,不含任意常数的解称为特解.

例如,差分方程 $y_{x+1} - y_x = 2$,$A + 2x$ 就是其通解(A 为任意常数),而 $3 + 2x$ 就是其特解.

习题 9

1. 求下列微分方程的解:

(1) $(1+y)\mathrm{d}x - (1-x)\mathrm{d}y = 0$;

(2) $xy\mathrm{d}x + \sqrt{1-x^2}\mathrm{d}y = 0$;

(3) $3x^2 - 5x - 5y' = 0$;

(4) $y - xy' = a(y^2 + y')$;

(5) $\dfrac{\mathrm{d}x}{y} + \dfrac{\mathrm{d}y}{x} = 0, y|_{x=3} = 4$;

(6) $\dfrac{x}{1+y}\mathrm{d}x - \dfrac{y}{1+x}\mathrm{d}y = 0, y|_{x=0} = 1$.

2. 求下列微分方程的通解:

(1) $y' = \dfrac{y}{y-x}$;

(2) $(x+y)\mathrm{d}x + x\mathrm{d}y = 0$;

(3) $xy' - y - \sqrt{x^2+y^2} = 0$;

(4) $xy^2\mathrm{d}y = (x^3 + y^3)\mathrm{d}x$.

3. 求下列微分方程的通解或特解:

(1) $\dfrac{\mathrm{d}y}{\mathrm{d}x} + y = \mathrm{e}^{-x}$;

(2) $\dfrac{\mathrm{d}y}{\mathrm{d}x} - \dfrac{ny}{x} = \mathrm{e}^x x^n$;

(3) $\dfrac{\mathrm{d}y}{\mathrm{d}x} - \dfrac{2y}{x+1} = (x+1)^3$;

(4) $(x^2+1)\dfrac{\mathrm{d}y}{\mathrm{d}x} + 2xy = 4x^2$;

(5) $\dfrac{\mathrm{d}y}{\mathrm{d}x} - 2xy = x\mathrm{e}^{-x^2}$;

(6) $xy' + y = 3, y|_{x=1} = 0$;

(7) $(1-x^2)y' + xy = 1, y|_{x=0} = 1$.

4. 求下列微分方程的通解:

(1) $y'' = \mathrm{e}^{3x}$;

(2) $y'' - y' = x$;

(3) $y''-5y'+6y=0$；

(4) $y''-6y'-13y=1$.

5. 某商品的需求量 Q 对价格 P 的弹性为 $P\ln 3$，已知商品的最大需求量为 1 200(即当 $P=0$ 时，$Q=1\ 200$)，求需求量 Q 对价格 P 的函数关系.

6. 已知加热后的物体在空气中冷却的速度与每一瞬时物体温度与空气温度之差成正比，请确定物体温度与时间 t 的函数关系式.

7. 求下列函数的差分：

(1) $y_x=c$，其中 c 为常数；

(2) $y_x=x^2$；

(3) $y_x=a^x$；

(4) $y_x=x^{(4)}$.

8. 确定下列方程的阶：

(1) $y_{x+3}-x^2y_{x+1}+2y_x=2$；

(2) $y_{x-2}-y_{x-4}=y_{x+2}$.

9. 求下列差分方程的通解和特解：

(1) $y_{x+1}-5y_x=3, y_0=\dfrac{7}{3}$；

(2) $y_{x+1}+y_x=2^x, y_0=2$；

(3) $y_{x+1}+4y_x=2x^2+x-1, y_0=1$；

(4) $y_{x+2}-2y_{x+1}+2y_x=0, y_0=2, y_1=2$.

第 10 章　经济数学模型简介

数学模型自 20 世纪 80 年代初期引入我国以来由于其应用性强而得到很大的发展. 尤其是全国大学生“数学建模”大赛的存在,几乎每个高校都开设了“数学模型”课,各校大学生们都踊跃参加这项非常有意义的全国大赛.

在经济学上,数学应用更加普遍. 近代的经济学家们,有很多位都是由于建立经济数学模型而获得诺贝尔经济学奖的. 经济的发展,预测是非常重要的环节,而好的数学模型就能很准确地预测,从而指导政府制定出相应的政策和对策.

本章将简单介绍一些常用的经济数学模型.

10.1　数学建模的基本方法和步骤

建立数学模型的方法大体上可分为机理分析和测试分析两类,前者是根据对客观事物的特性的认识,找出反映内部机理的数量规律,建立的模型常有明确的物理或现实意义;后者是将研究对象看作一个“黑箱”系统(即它的内部机理不明晰),通过对系统输入、输出数据的测量和统计分析,按照一定的准则找出与数据拟合得最好的模型.

数学建模一般分为模型准备、模型假设、模型构成、模型求解、模型分析、模型检验及模型应用等步骤,这些步骤之间的关系如图 10 - 1 所示.

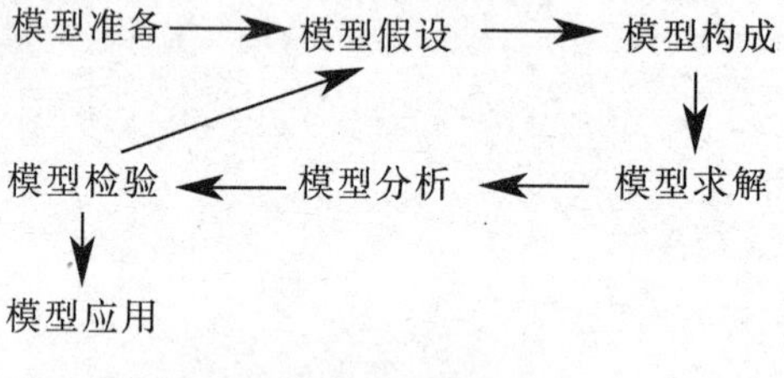

图 10 - 1

(1) 模型准备:分析问题的背景,明确建模目的,搜集相关信息.

(2) 模型假设:依据问题的特点,抓住其本质,作必要的假设以简化问题的求解.

(3) 模型构成:根据问题的要求及假设,用数学语言来反映问题的内在规律.

(4) 模型求解:用数学的方法,将构成的模型求出合理的结果.

(5) 模型分析:对结果进行数学上的分析,讨论其应用或推广范围.

(6) 模型检验:将结果具体应用于现实问题,与实际现象、数据比较,检验其合理性、适应性.

(7) 模型应用:将数学模型应用于实际生活,使其产生效益,并使模型不断改进.

10.2　经济数学模型的例子

1. 人口增长模型

统计资料显示，美国的人口资料如下表所示：

（单位：百万）

年代	人口	年代	人口	年代	人口
1790	3.9	1870	38.6	1950	150.7
1800	5.3	1880	50.2	1960	179.3
1810	7.2	1890	62.9	1970	204.0
1820	9.6	1900	76.0	1980	226.5
1830	12.9	1910	92.0	1990	251.4
1840	17.1	1920	106.5	2000	281.4
1850	23.2	1930	123.2		
1860	31.4	1940	131.7		

请以表中所给的数据预测 2010 年的美国人口.

(1) 指数增长模型

假设人口的年增长率 r 保持不变，当年人口为 x_0，n 年后人口为 x_n，则有

$$x_n = x_0(1+r)^n$$

以 1790 年～1900 年的数据，用回归的方法估计上式中的 x_0，r，得 $r=0.274\,6/(10年)$，$x_0=6.045\,0$. 将所得参数代入上式，计算结果与实际结果如下表所示：

（单位：百万）

年代	实际人口	计算人口 y_1	计算人口 y_2
1790	3.9	4.2	6.0
1800	5.3	5.5	7.4
1810	7.2	7.2	9.1
1820	9.6	9.5	11.1
1830	12.9	12.5	13.6
1840	17.1	16.5	16.6
1850	23.2	21.7	20.3
1860	31.4	28.6	24.9
1870	28.6	37.6	30.5
1880	50.2	49.5	37.3
1890	62.9	65.1	45.7
1900	76.0	85.6	55.9
1910	92.0		68.4
1920	106.5		83.7
1930	123.3		102.5

(续表)

年代	实际人口	计算人口 y_1	计算人口 y_2
1940	131.7		125.0
1950	150.7		153.7
1960	179.3		188.0
1970	204.0		230.1
1980	226.5		281.7
1990	251.4		344.8
2000	281.4		422.1

注:y_1 是以 1790 年 ～ 1900 年数据测估的人口;y_2 是以 1790 年 ～ 2000 年数据测估的人口.

(2) 阻滞增长模型(Logistic 模型)

假设人口增长率是逐年线性下降的,有

$$\frac{\mathrm{d}x}{\mathrm{d}t}=(r-sx)x,\quad x(0)=x_0$$

其中,$s=\dfrac{r}{x_m}$,x_m 是资源所允许生存的最大人口. 即有

$$\frac{\mathrm{d}x}{\mathrm{d}t}=rx\left(1-\frac{x}{x_m}\right),\quad x(0)=x_0$$

用 1860 年 ～ 1990 年的数据拟合,得

$$r=0.255\,7/(10\text{年}),\quad x_m=392.088\,6$$

实际结果与计算结果如下表所示:

(单位:百万)

年代	实际人口	计算人口	年代	实际人口	计算人口
1790	3.9	3.9	1900	76.0	56.2
1800	5.3	5.0	1910	92.0	69.7
1810	7.2	6.5	1920	106.5	85.5
1820	9.6	8.3	1930	123.2	103.9
1830	12.9	10.7	1940	131.7	124.5
1840	17.1	13.7	1950	150.7	147.1
1850	23.2	17.5	1960	179.3	171.3
1860	31.4	22.3	1970	204.0	196.2
1870	38.6	28.3	1980	226.5	221.2
1880	50.2	35.8	1990	251.4	245.3
1890	62.9	45.0			

若将 2000 年的数据也考虑进去,重新估计,得 $r=0.249\,0/(10\text{年})$,$x_m=433.988\,6$. 以此类推,2010 年美国人口将达到 306.0 百万. 让我们等待验证此结果.

2. 存贮模型

企业生产要定期订购原材料,存贮在仓库内供生产用;经销商要成批进货,存贮在仓库以备零售. 这些问题,皆属于存贮问题.

设每隔 T 天订一次货,订货量是 Q 件,每次订货费为 C_1 元,每天每件贮存费为 C_2 元,每

天货物要求量为 r 件. 缺货时，每天每件缺货费 C_3. 现要确定 T 和 Q 的值，使总费用为最小.

设第 t 天后的贮存量为 q，则 q 是 t 的周期函数，周期为 T，且

$$q = Q - rt \quad (0 \leqslant t \leqslant T)$$

缺货时，将 q 看作负值.

显然，货物在 $T_1 = \frac{Q}{r} < T$(天) 内售完，总费用

$$C = C_1 + \frac{1}{2}C_2QT_1 + \frac{1}{2}C_3r(T-T_1)^2$$

其中，T 是可变的，Q 也可变. 日均费用

$$\bar{C} = \frac{C_1}{T} + \frac{C_2Q^2}{2rT} + \frac{C_3(rT-Q)^2}{2rT}$$

为使 $\bar{C}$ 最小，有 $\frac{\partial \bar{C}}{\partial T} = 0$，$\frac{\partial \bar{C}}{\partial Q} = 0$，解得

$$T = \sqrt{\frac{2C_1}{rC_2}\frac{C_2+C_3}{C_3}}, \quad Q = \sqrt{\frac{2C_1r}{C_2}\frac{C_3}{C_2+C_3}}$$

若不允许缺货，则在上式上，取 $C_3 \to +\infty$ 即可.

3. 森林灭火模型

在森林着火时，消防站要派多少消防队员去救火，才能使火灾损失加上救援开支最小？

假设：(1) 火灾损失费与森林烧毁的面积成正比，烧毁面积与失火时间有关. 记失火时刻为 $t=0$，开始救火时刻为 $t=t_1$，火被扑灭时刻为 $t=t_2$. 设森林烧毁的面积为 $B(t)$，C_1 表示单位面积烧毁的损失，则总的森林损失 $L = C_1B(t_2)$.

(2) $\frac{\mathrm{d}B}{\mathrm{d}t}$ 表示单位时间烧毁的面积. 在 $t=0$ 和 $t=t_2$ 时，$\frac{\mathrm{d}B}{\mathrm{d}t}=0$；当 $t=t_1$ 时，$\frac{\mathrm{d}B}{\mathrm{d}t}$ 达到最大，设最大值为 b. 假设在区间 $[0,t_1]$ 和 $[t_1,t_2]$ 中，$\frac{\mathrm{d}B}{\mathrm{d}t}$ 是 t 的线性函数. 在 $[0,t_1]$ 中其斜率为 $\beta>0$，β 是火势蔓延速度；在 $[t_1,t_2]$ 中，其斜率为负，为 $\beta-\lambda X$，X 为消防队员人数，λ 为每个队员的平均灭火速度(见图 10-2).

(3) 每个消防队员单位时间的灭火费用为 C_2，于是每个队员灭火费用为 $C_2(t_2-t_1)$，每个队员的一次性支出设为 C_3.

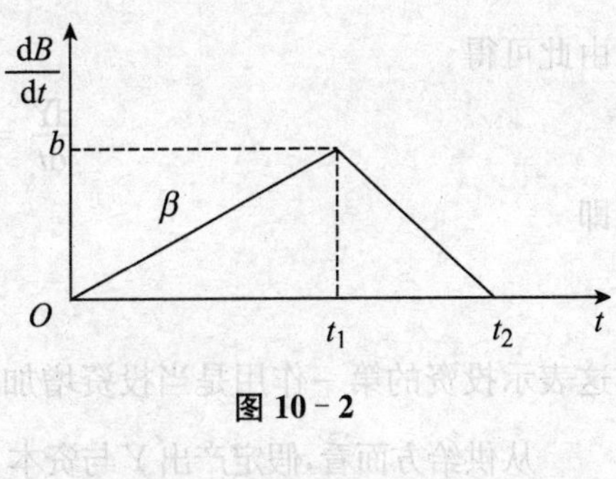

图 10-2

由图 10-2 可知，$\frac{\mathrm{d}B}{\mathrm{d}t}$ 在 $[0,t_1]$ 内线性增加，在 $[t_1,t_2]$ 内线性减少，故烧毁面积

$$B(t_2) = \frac{1}{2}bt_2$$

又因为

$$t_2 - t_1 = \frac{b}{\lambda X - \beta}, \quad \text{即} \quad t_2 = t_1 + \frac{b}{\lambda X - \beta}$$

所以

$$B(t_2) = \frac{1}{2}bt_1 + \frac{b^2}{2(\lambda X - \beta)}$$

由假设可知,森林损失费为 $C_1B(t_2)$,救援总费用为 $C_3X+C_2X(t_2-t_1)$,所以总费用为

$$C(X)=\frac{1}{2}C_1bt_1+\frac{C_1b^2}{2(\lambda X-\beta)}+\frac{C_2bX}{\lambda X-\beta}+C_3X$$

上式中,$C(X)$ 为 X 的函数,求出其极小值即为最小费用,而此时的 X 即为所需的消防队员人数. 可解得

$$X=\frac{\beta}{\lambda}+\sqrt{\frac{C_1\lambda b^2+2C_2\beta b}{2C_3\lambda^2}}$$

4. 哈罗德-多马生产函数模型

现在的经济理论中,哈罗德-多马生产函数模型(又称经济增长模型)是最重要的一种. 在此模型中,假设 G 表示产量 Y(或收入)的增长率,即经济增长率;以 K 表示投资 I 与产量增量之比,有 $K=\frac{I}{\Delta Y}$,即为加速系数;以 Q 表示加速系数的倒数,即资本生产率,有 $Q=\frac{\Delta Y}{I}$;以 S 表示收入中的储蓄比率.

哈罗德模型的基本公式是

$$GK=S$$

多马模型的基本公式是

$$G=SQ$$

因哈罗德和多马都是从凯恩斯的储蓄等于投资的理论出发,故这两个公式表达的经济含义是一致的,可用以下一个公式来表示:

$$G=\frac{S}{K}=SQ$$

以上公式的经济含义和数学解释如下.

从需求方面看,设边际储蓄倾向 S 是固定不变的(即边际消费倾向 $=1-S$ 为常数),则投资函数可表示为

$$\frac{\mathrm{d}Y}{\mathrm{d}I}=\frac{I}{S}$$

由此可得

$$\frac{\mathrm{d}Y}{\mathrm{d}t}=\frac{\mathrm{d}Y}{\mathrm{d}I}\frac{\mathrm{d}I}{\mathrm{d}t}\quad(t\text{ 为时间})$$

即

$$\frac{\mathrm{d}Y}{\mathrm{d}t}=\frac{I}{S}\frac{\mathrm{d}I}{\mathrm{d}t}$$

这表示投资的第一作用是当投资增加时,通过投资系数使收入增加.

从供给方面看,假定产出 Y 与资本 K 的比率 $q=\frac{Y}{K}$ 是不变的,那么 $Y=qK$. 两边对 t 求导得

$$\frac{\mathrm{d}Y}{\mathrm{d}t}=q\,\frac{\mathrm{d}K}{\mathrm{d}t}$$

由投资定义可知 $\frac{\mathrm{d}K}{\mathrm{d}t}=I$,所以有

$$\frac{\mathrm{d}Y}{\mathrm{d}t}=qI$$

这表示投资的第二作用是投资增加使生产设备扩大，从而能增加社会产品产量，进而使收入得到增长.

5. 药物在体内的分布与排除模型

药物进入人体后被血液输送到各器官和组织中，经过吸收、分布、代谢，最终排出体外. 药物在血液中的浓度随时间变化，也随器官而变化. 研究药物在体内吸收、分布和排除的动态过程以及这些过程与药理反应间定量关系的学科分支，称为药物代谢动力学，简称药代动力学.

房室模型是药代动力学的基本模型，它把人体分为若干个房间，认为药物在各个房间的分布是均匀的，而且在不同房间之间是按一定规律进行转移的.

我们将人体的心、肝、肺、肾等器官称为中心室，肌肉组织、表皮等组织称为周边室，从而将人体分成两个房间，称为两房室模型.

(1) 假设中心室（Ⅰ 室）和周边室（Ⅱ 室）两室的容积（血液体积或药物分布容积）在过程中保持不变.

(2) 假设药物从一室向另一室的转移速率及向体外排除速率与该室的血药浓度（药物在血液中的浓度）成正比.

(3) 假设只有中心室与体外有药物交换，即药物从体外进入中心室，最后又以中心室排出体外，不考虑药物被人体吸收. 设 $C_i(t)$，$X_i(t)$ 和 V_i 分别表示第 i 室（$i=1,2$）的血药浓度、药物总量和容积；K_{12} 和 K_{21} 表示两室之间药物转移速率系数，K_{13} 是药物从 Ⅰ 室向体外排除的速率系数；$f_0(t)$ 是给药速率，由给药方式和剂量给定（见图 10－3）.

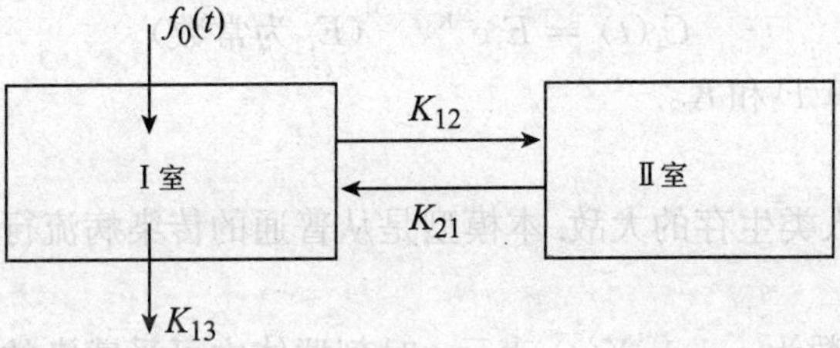

图 10－3

根据上述假设，可以得到以下方程：

$$\frac{\mathrm{d}X_1(t)}{\mathrm{d}t}=-K_{12}X_1(t)-K_{13}X_1(t)+K_{21}X_2(t)+f_0(t)$$

$$\frac{\mathrm{d}X_2(t)}{\mathrm{d}t}=K_{12}X_1(t)-K_{21}X_2(t)$$

由

$$C_i(t)=\frac{X_i(t)}{V_i}\quad(i=1,2)$$

可解得

$$C_i(t)=A_i\mathrm{e}^{-\alpha t}+B_i\mathrm{e}^{-\beta t}+\widetilde{C}_i(t)$$

其中，A_i，B_i 为常数；α，β 满足 $\alpha+\beta=K_{12}+K_{21}+K_{13}$，$\alpha\beta=K_{21}K_{13}$；$\widetilde{C}_i(t)$ 为特解.

对于不同的给药方式，$f_0(t)$ 是不同的，以下分三种情况说明.

(1) 快速静脉给药

设 $t=0$ 时，给剂量 D_0 输入中心室，有

$$f_0(t) = 0, \quad C_1(0) = \frac{D_0}{V_1}, \quad C_2(0) = 0$$

从而解得

$$A_1 = D_0(K_{21} - \alpha)/V_1/(\beta - \alpha)$$
$$B_1 = D_0(\beta - K_{21})/V_1/(\beta - \alpha)$$
$$A_2 = D_0 K_{12}/V_2/(\beta - \alpha)$$
$$B_2 = -A_2$$

(2) 恒速静脉给药

$$f_0(t) = K_0, \quad C_1(0) = C_2(0) = 0$$

解得

$$\widetilde{C}_1(t) = K_0/K_{13}/V_1$$
$$\widetilde{C}_2(t) = K_{12} \cdot K_0/K_{21}K_{13}/V_2$$
$$A_2 = V_1(K_{12} + K_{13} - \alpha) \cdot A_1/K_{21}/V_2$$
$$B_2 = V_1(K_{12} + K_{13} - \beta) \cdot B_1/K_{21}/V_2$$

而 A_1, B_1 由条件 $C_1(0) = C_2(0) = 0$ 所确定.

(3) 口服或肌肉给药

设生物利用度为 F,吸收速率为 K_0,有

$$f_0(t) = FD_0 e^{-K_0 t}$$
$$\widetilde{C}_i(t) = E_i e^{-K_0 t} \quad (E_i \text{ 为常数})$$

通常由血液浓度来测算 F 和 K_0.

6. 传染病模型

传染病的流行是人类生存的大敌.本模型是从普通的传染病流行中,以最简单的方式来估计其规律.

假设:(1) 群体人数为 $n+1$,$X(t)$ 表示 t 时刻群体中可受感染的个体数,即未感染的个体数.

(2) 受感染的个体不通过隔离、复原或死亡而从群体中剔除.

(3) 初始时已感染的个体数为1,即 $X(0) = n$.

(4) 群体中每个人被感染的机会是一样的.

(5) 若 t 时刻可感染的个体数是 x,则在时段 $(t, t+\Delta t)$ 内将发生一个新的传染病的概率为 $uX(n-x+1)\Delta t + o(t)$.

根据以上假设,设 $P_x(t) = P(X(t) = x)$,得

$$\begin{cases} \dfrac{dP_x(t)}{dt} = (x+1)(n-x)P_{x+1}(t) - X(n-x+1)P_x(t), & x = 0,1,\cdots,n-1 \\ \dfrac{dP_n(t)}{dt} = -nP_n(t) \end{cases}$$

其初始条件为 $P_x(0) = \begin{cases} 1, & x = n; \\ 0, & \text{其他}. \end{cases}$

下面讨论上述方程的求解.

令 $q_x(z)$ 表示 $P_x(t)$ 的 Laplace 变换,对上述方程作交换,得辅助方程

$$\begin{cases} zq_x(z) = (x+1)(n-x)q_{x+1}(z) - X(n-x+1)q_x(x), & x = 0,1,\cdots,n-1 \\ zq_n(z) = 1 - nq_n(z) \end{cases}$$

从这两个方程可以得到递推关系

$$\begin{cases} q_x(z) = \dfrac{(x+1)(n-x)}{z+X(n-x+1)}q_{x+1}(z), & x = 0,1,\cdots,n-1 \\ q_n(z) = \dfrac{1}{z+n} \end{cases}$$

从而得到

$$q_x(z) = \frac{n!(n-x)!}{x!}\prod_{k=1}^{n-x+1}[z+X(n-k+1)]^{-1}, \quad x = 0,1,\cdots,n-1$$

因此,得

$$P_x(t) = \lim_{\beta\to+\infty}\frac{1}{2\pi \mathrm{i}}\int_{\alpha-\mathrm{i}\beta}^{\alpha+\mathrm{i}\beta} q_x(z)\mathrm{e}^{zt}\,\mathrm{d}z$$

用母函数的方法和 Laplace 变换的思想,可以求出 $X(t)$ 的期望表达式为

$$E(X(t)) = \sum_x \frac{n!}{(n-x)!(x-1)!}[t(n-2x+1)^2+2-(n-2x+1)]\sum_{j=x}^{n-x}\frac{1}{j}\mathrm{e}^{-x(n-x+1)}$$

其中的和式:当 n 为偶数时,是对 $x=1,2,\cdots,\dfrac{n}{2}$ 求和;当 n 为奇数时,是对 $x=1,2,\cdots,\dfrac{n+1}{2}$ 求和,此时上式表达式须加上 $\dfrac{n!}{\left[\dfrac{1}{2}(n-1)!\right]^2}$ 这一项.

参考文献

1 同济大学数学教研室.高等数学.第4版.北京:高等教育出版社,1996
2 赵树嫄.经济应用数学基础(一).修订本.北京:中国人民大学出版社,1999
3 蒋兴国,吴延东.高等数学(经济类).北京:机械工业出版社,2002
4 李心灿.高等数学.北京:高等教育出版社,1999
5 李志煦.微积分.北京:高等教育出版社,1988